Probleme
der Curriculumentwicklung

Entwürfe und Reflexionen

Herausgegeben von
Wolfgang Klafki, Karl Christoph Lingelbach
und Hans W. Nicklas,

in Zusammenarbeit mit Siegfried Aust, Theodor Börß, Volker Dingeldey, Kurt
Fackiner, Reinhold Freudenstein, Helmut Gräfer, Helmut Hartwig, Hubert Ivo,
Wilfried Kuhn, Herbert Osieka, Änne Ostermann, Gerhard Plass, Hans-Georg
Rommel und Willi Wolf

D1702356

VERLAG MORITZ DIESTERWEG

Frankfurt am Main · Berlin · München

Best.-Nr. 1976

Der vorliegende Band stellt das Zwischenergebnis der „Vorbereitenden Kommission"
unter Leitung von Wolfgang Klafki dar. Die einzelnen Texte wurden als Arbeitspapiere der Kommission vorgelegt, diskutiert und von den Verfassern unter Berücksichtigung des Diskussionsergebnisses noch einmal überarbeitet.

Kommission zur Reform der Hessischen Bildungspläne.
Geschäftsstelle beim Erziehungswissenschaftlichen Seminar der Universität Marburg

ISBN 3-425-01976-7

1. Auflage 1972

© Verlag Moritz Diesterweg, Frankfurt am Main 1972

Zeichnungen: Karl Schilling, Frankfurt (Main)
Druck: Druck + Verlag Paul Dierichs KG & Co., Kassel
Binden: Binderei Adolf Hiort, Wiesbaden

Inhalt

Vorwort 5
GERHARD MOOS

Aufgabenstellung 7
HANS W. NICKLAS

Probleme der Curriculum-Entwicklung. 11
HANS W. NICKLAS

Lernziele
   Zum Begriff des Lernzieles 23
   THEODOR BÖRSS, KARL CHRISTOPH LINGELBACH

   Zum Problem des »Transfers« 38
   KARL-CHRISTOPH LINGELBACH, THEODOR BÖRSS

   Demokratisierung der Schule 40
   HELMUT HARTWIG

   Einige Bemerkungen über Formen des organisierten Lernprozesses
   und zur Beschreibung von Lernzielen 43
   THEODOR BÖRSS

Katalog der Anforderungen an Fähigkeiten, Fertigkeiten und Techniken 47
SIEGFRIED AUST

Die Gliederung des Lehrplans 57
HANS W. NICKLAS, ÄNNE OSTERMANN

Differenzierung durch Kurse 66
WOLFGANG KLAFKI

Formen der Strukturierung von Lehrplänen 75
WOLFGANG KLAFKI

*Zum Problem der „Bildungsstufen"; organisatorische, soziologische
und psychologische Aspekte*
   Zum Problem der Abschlüsse 82
   HANS-GEORG ROMMEL

   Ältere Entwicklungspsychologie und neuere Lerntheorie(-psychologie) –
   Bemerkungen zu ihrer Rolle bei der Begründung von Lernzielen für die
   Curricula des Fachbereichs Geschichte / politische Bildung 83
   HELMUT HARTWIG

Zensierung, Tests
   Formen objektivierter Leistungsmessung 90
   WOLFGANG KLAFKI

Notengebung und Zeugnisse 91
HANS-GEORG ROMMEL

Zum Problem der standardisierten Leistungsmessung.
Beobachtungen in den USA 99
GERHARD PLASS

Zur Problematik von Tests im Bereich der Social Studies 107
VOLKER DINGELDEY

Realisierungsbedingungen
Bedingung der Realisierung von Bildungsplänen 110
KURT FACKINER

Zur Realisierung von Bildungsplänen in den USA 113
GERHARD PLASS

Die Bereitstellung von Lehr- und Lernmaterial 118
REINHOLD FREUDENSTEIN

Notwendige Informationen der Lehrerschaft
als eine Bedingung zur Realisierung von Lehrplänen 120
GERHARD PLASS

Anhang
Zur Bestimmung von Lernzielen im modernen Fremdsprachenunterricht . . 122
REINHOLD FREUDENSTEIN

Anmerkungen zu Problemen der Lernzielbeschreibung
im Fachbereich Deutsch 128
HUBERT IVO

Überlegungen zur Bestimmung von Lernzielen im
im naturwissenschaftlichen Unterricht 136
WILFRIED KUHN

Literaturverzeichnis 144

Vorwort

Organisatorische Änderungen genügen nicht, wenn man es mit der Reform des Bildungswesens ernst meint. Die organisatorische Umgestaltung des Schulwesens muß ergänzt werden durch eine innere Reform der Schule: die Bildungsinhalte und Lernprozesse müssen neu durchdacht und formuliert werden. Beide Ansätze sind gleich wichtig, wenn eine rationale und demokratische Neugestaltung des Schulwesens gelingen soll.

In allen Ländern, die sich in den letzten Jahrzehnten um die Reform ihres Bildungswesens bemühten, wie beispielsweise Schweden und England, stand deshalb die Neugestaltung des Lehrplans gleichberechtigt neben der Umstrukturierung des Schulaufbaus. Im OECD-Bericht „Lehrplanreform und Entwicklung des Bildungswesens" heißt es: „Die Fortentwicklung der Lehrpläne ist ein integrierender Bestandteil der Maßnahmen zur Entwicklung des Bildungswesens."

Die Bildungskommission des Deutschen Bildungsrates hat vor kurzem betont, daß die ersten vier Jahre ihrer Arbeit vor allem der Struktur des Bildungswesens gegolten haben. In der neu beginnenden zweiten Arbeitsphase müsse die Frage der Bildungsinhalte und Lernprozesse und damit das Curriculum im Mittelpunkt der Arbeit stehen.[1]

In Hessen wurde bereits sehr früh begonnen, die curricularen Voraussetzungen und Konsequenzen der strukturellen Reform des Schulwesens zu bedenken. Dabei wurden die beteiligten Wissenschaftler und Schulpraktiker mit vielen Problemen und offenen Fragen konfrontiert, wie das wohl beim Betreten von Neuland nicht anders zu erwarten ist.

Das hessische Unternehmen hat sich ein wesentliches Ziel gesetzt: Es soll ein einheitlicher Lehrplan für die Sekundarstufe I entstehen, gedacht für die neue Integrierte Gesamtschule, aber auch verwendbar in den traditionellen Schulformen: Hauptschule, Realschule, Gymnasium. Der Plan soll nach Lernzielen strukturiert sein und in einem Prozeß entstehen, der ein Höchstmaß an Rationalität und intersubjektiver Überprüfbarkeit besitzt. Das Ergebnis wird einen erheblichen Fortschritt für unser Schulwesen bedeuten, der nicht nur den hessischen Schulen zugute kommen soll. Wie wir alle Anregungen aus der deutschen und internationalen Lehrplanarbeit aufgenommen haben, so sollen auch unsere Ergebnisse allen zur Verfügung stehen, die an den gleichen Problemen arbeiten. Vor allem glauben wir, daß die sehr intensive Arbeit an den Methoden zur Lernzielbestimmung und Lehrplankonstruktion über Hessen hinaus wirken wird.

An dieser Stelle ist Frau Dr. Hildegard Hamm-Brücher, Staatssekretärin im Bundesministerium für Bildung und Wissenschaft, besonders zu danken. Umfang und Anspruch des hessischen Projekts gehen auf ihre Initiative zurück. Sie hat als Staatssekretär im Hessischen Kultusministerium die Curriculumarbeit immer als

---

1 Deutscher Bildungsrat, Empfehlungen der Bildungskommission 1967—1969, Stuttgart 1970, S. II.

ihre besondere Aufgabe betrachtet und das Unternehmen gefördert und vorangetrieben. Ein großer Teil der Arbeit, die der vorliegende Band dokumentiert, vollzog sich während ihrer Tätigkeit in Hessen.[2]

Der vorliegende Band stellt eine Zwischenbilanz dar. Er bildet die Fortsetzung des Bandes „Reform von Bildungsplänen, Grundlagen und Möglichkeiten".[3] Ihm zugrunde liegt der Bericht der „Vorbereitenden Kommission zur Reform der hessischen Bildungspläne", ein Problemkatalog der zu leistenden Arbeit. Der Bericht hat als „Grünes Papier" viel Interesse, nicht nur in der Bundesrepublik, gefunden.

Inzwischen ist die Arbeit weitergegangen. Im Herbst des Jahres 1970 wurden ihre ersten Ergebnisse zur Erprobung in die Schule gegeben. Dabei werden sich Kooperationsformen bewähren müssen, die für das gesamte Projekt charakteristisch sind: die enge Zusammenarbeit von Wissenschaft und Schulpraxis.

GERHARD MOOS
Staatssekretär

---

2 Das Manuskript dieses Buches wurde im wesentlichen bereits Mitte 1969 abgeschlossen. Die später erschienene Literatur ist nicht mehr berücksichtigt.
3 Reform von Bildungsplänen, Grundlagen und Möglichkeiten. (Sonderheft 5 zu RUNDGESPRÄCH) Frankfurt 1969.

Aufgabenstellung

HANS W. NICKLAS

Die Notwendigkeit einer umfassenden Lehrplanreform ergibt sich insbesondere aus vier Gründen:

1. Die internationale pädagogische Forschung hat deutlich gemacht, daß das bisherige Verfahren der Lehrplanherstellung durch Lehrer- und Expertengruppen, die nach den traditionellen Schulfächern getrennt auf Grund ihrer Fachkompetenz und Erfahrung Stoffkataloge erstellen, nicht mehr vertretbar ist. Dieses Verfahren der „informierten Willkür" muß — das ist die übereinstimmende Auffassung der internationalen Lehrplanforschung — ersetzt werden durch rationale intersubjektiv überprüfbare Methoden der Lehrplanerstellung, die zugleich für Lehrer und Schüler transparent sein müssen.

2. Der Lehrplan darf nicht aus einer Addition von Fachplänen entstehen, die nur deklamatorisch zu einem Gesamtlehrplan zusammengeknüpft sind. Der traditionelle Fächerkanon stellt eine mehr oder weniger zufällige Zusammenstellung von Fächern dar, die in verschiedenen historischen Perioden entstanden sind und von verschiedenem Bildungsverständnis ausgehen. Der neue Lehrplan darf deshalb nicht von den isoliert nebeneinander stehenden Fächern ausgehen. Es ist die Berechtigung der historisch entstandenen Fächer zu überprüfen. Es ist die Frage der fächerübergreifenden Lernziele und die Interdependenz der Lernziele zu diskutieren.

3. Die traditionellen Lehrpläne waren vor allem Stoffkataloge. Es ist übereinstimmende Auffassung der Curriculum-Forschung, daß Lehrpläne nur dann effektive Steuerungsinstrumente des Unterrichts sein können, wenn sie keine bloßen Stoffkataloge sind, sondern Lernziele angeben. Die Lernziele sollen in präziser und operationaler Form ausgedrückt werden. „Operational" soll dabei heißen, daß die Unterrichtsprozesse angebbar sein müssen, in denen die beschriebenen Lernziele erreichbar sind und daß es Kriterien gibt, nach denen geprüft werden kann, inwieweit die Lernziele erreicht worden sind.

4. Die Horizontalisierung des Schulwesens, wie sie in Hessen durch die Einführung der Förderstufe und die gesetzliche Verankerung der Gesamtschule begonnen wurde, hat eine Reihe von tiefgreifenden curricularen Konsequenzen. Die traditionellen Lehrpläne der Hauptschule, der Realschule und des Gymnasiums differieren in ihren Lerninhalten, Bildungszielen und schichtspezifischen Sozialisationsvoraussetzungen so stark, daß die Lehrpläne der Förderstufe und der Gesamtschule nicht in einer Kompilation der Lehrpläne der bisherigen drei Schulreformen bestehen können. Nur eine völlige Neukonzeption der Bildungspläne kann verhindern, daß sich in den Kursen der Gesamtschule das traditio-

nelle dreigliedrige Schulwesen mit allen seinen schichtenspezifischen Konsequenzen durchsetzt.

Diese vier Gesichtspunkte bezeichnen die Ansatzpunkte der hessischen Reform der Bildungspläne. Die Durchführung ging in drei Phasen vor sich:

1. Der erste umfassende Ansatz zur Entwicklung rationaler Methoden der Lehrplankonstruktion in der BRD stammt von *Saul B. Robinsohn* und seinen Mitarbeitern im Max-Planck-Institut für Bildungsforschung in Berlin. Es lag nahe, diese Arbeit für das hessische Unternehmen zu nutzen. *Robinsohn* legte am 10. 7. 67 in Frankfurt seine Arbeitsergebnisse zu den „Grundfragen der Curriculumforschung" vor. In zwei Tagungen im hessischen Lehrerfortbildungswerk wurde der *Robinsohn*sche Ansatz zur Curriculum-Revision intensiv diskutiert und auf seine Brauchbarkeit für die Neugestaltung der hessischen Bildungspläne geprüft (September 1967 und April 1968). Es zeigte sich, daß das *Robinsohn*sche Modell zur Curriculum-Revision, trotz seines hohen Perfektionsgrades, nicht unmittelbar für das hessische Unternehmen nutzbar gemacht werden konnte, da es umfassende empirische Untersuchungen voraussetzt, die Jahre in Anspruch nehmen würden. Bei der hessischen Lehrplanreform sollen aber in überschaubarer Zeit erste Ergebnisse vorliegen.

2. Im Frühjahr 1968 beauftragte Frau Staatssekretär Dr. *Hamm-Brücher* den Marburger Ordinarius für Pädagogik, *Wolfgang Klafki*, einen Plan für die weitere Arbeit vorzulegen, der einerseits den Stand der Forschung berücksichtigen, andererseits aber in überschaubarer Zeit für die Schule nutzbare Pläne oder Teile von Plänen zu erarbeiten erlaubte. Der Plan sollte von zwei Voraussetzungen ausgehen:

a) Zunächst soll nur ein Bildungsplan für die Sekundarstufe I, d. h. für die Klassen 5 bis 10 des sogenannten allgemeinbildenden Schulwesens erstellt werden.

b) Der Plan soll für integrierte Gesamtschulen als auch für die traditionellen Schulformen: Hauptschule, Realschule, Gymnasium brauchbar sein.

Dieser Plan wurde im Juni 1968 in Wiesbaden mit einem größeren Kreis von Wissenschaftlern, Pädagogen und Schulpolitikern diskutiert. Im Anschluß an dieses Gespräch wurde eine kleine, vorbereitende Kommission einberufen, die unter Leitung von Wolfgang Klafki die Fragen und Probleme präzisieren sollte, die im Zusammenhang mit einer umfassenden Lehrplanrevision gelöst werden müssen.

Das Ergebnis dieser Arbeit war ein „Problemkatalog" mit ersten Lösungsvorschlägen, der am 18./19. April 1969 vorgelegt wurde und die Grundlage für die weitere Arbeit bildete. Dieser Problemkatalog liegt in überarbeiteter Form dem vorliegenden Band zugrunde. Er bildet insofern einen Zwischenbericht über das hessische Unternehmen, als inzwischen die hier skizzierten Probleme weiter konkretisiert und differenziert wurden.

3. Im Anschluß an die Vorlage des „Problemkatalogs" wurde die „Kommission zur Reform der hessischen Bildungspläne" mit einer Geschäftsstelle am Erziehungswissenschaftlichen Seminar der Philipps-Universität Marburg zur Fort-

führung und Intensivierung der Arbeit berufen. Im Mittelpunkt dieser dritten Phase stand die Arbeit zur Entwicklung von Methoden zur Lernzielfindung und -formulierung.

In die Entwicklungsarbeit des neuen Curriculums wurde von Anfang an eine größere Zahl von hessischen Lehrern einbezogen, die neben der Mitwirkung bei der Erarbeitung des Instrumentariums zur Lernzielgewinnung zugleich sich in die Ergebnisse der Curriculumforschung einarbeiten sollten, um als Multiplikatoren bei der Umsetzung der neuen Pläne in die Schulwirklichkeit dienen zu können. Diese doppelte Aufgabe verlangsamte notwendig die Entwicklungsarbeit der neuen Pläne, erschien aber zugleich notwendig, da alle internationalen Erfahrungen zeigen, daß die bloße Inkraftsetzung neuer Bildungspläne durch Erlaß in der Praxis nicht zu dem angestrebten Erfolg führt, sondern daß den Realisierungsbedingungen eine besonders große Beachtung geschenkt werden muß. Die Lehrer sind durch eine intensive Fortbildung, durch Bereitstellen von Hilfen usw. in den Stand zu setzen, mit einem nach Lernzielen strukturierten Lehrplan zu arbeiten. Insbesondere ist ein möglichst großer Teil der Lehrer frühzeitig an der Lehrplanarbeit zu beteiligen, um Aufnahmebereitschaft und den Willen zur Mitarbeit zu erreichen.

Die Hessische Curriculum-Kommission konzentrierte sich bei ihrer Arbeit vor allem auf drei Verfahren zur Lernzielgewinnung:

a) *Analyse von Lehrplänen und didaktischem Material*
Dieses Verfahren geht von der Analyse von Lehrplänen und vorliegendem didaktischem Material aus. Die in diesem Material explizit oder implizit vorhandenen Lernziele werden formuliert und dienen als Grundlage für die weitere Arbeit, die in der Auswahl, Wichtung und Ergänzung der so gewonnenen Lernziele liegt.

b) *Situationsanalyse*
Der Grundgedanke dieser Methode ist es, zu fragen, welche Qualifikationen der Schüler in den Lebenssituationen braucht, für die ihn die Schule vorbereitet. Dieser abgewandelte *Robinsonsche* Ansatz geht von der Analyse der gesellschaftlichen Bereiche: Familie, Öffentlichkeit, Beruf und freie Zeit aus und versucht, aus dieser Analyse Methoden zur Formulierung, Auswahl und Wichtung von Lernzielen zu gewinnen.

c) *Ableitung von Lernzielen aus Normen*
Hier soll der Versuch unternommen werden, aus Normen und generellen Lernzielen, etwa dem Grundrechtskatalog des Grundgesetzes oder den bisher in den Präambeln der Lehrpläne genannten Zielen wie „mündiger Mensch" und „kritischer Bürger", Einzellernziele abzuleiten.

Die Strukturierung der Lehrpläne nach operational definierten Lernzielen birgt die Gefahr, daß der Lehrplan zu einem technokratischen Steuerungsinstrument von hoher Effektivität, aber geringer demokratischer Substanz wird. Dies soll durch zweierlei verhindert werden: Zunächst soll jedes Lernziel auf den emanzipatorisch verstandenen Bildungsprozeß bezogen werden.

Im Bericht der Curriculum-Kommission heißt es deshalb: „Die Leitidee der jeweils zu leistenden Vermittlung sollte nach Auffassung der vorbereitenden Kommission das Prinzip der Emanzipation sein. Das bedeutet: der Wert eines Lernzieles wird letztlich daran gemessen, inwieweit es innerhalb des organisierten Lernprozesses dazu beiträgt, die Fähigkeit des Schülers zur Analyse gesellschaftlicher Zusammenhänge und damit sein Selbstverständnis und seine Handlungsfähigkeit in der jeweiligen historischen Situation zu fördern."

Zum anderen soll durch die Einbeziehung der Lehrer und der Schüler das Verfahren der Erstellung des Lehrplans ein Höchstmaß an demokratischer Transparenz erhalten. Dies ist nicht ganz einfach, da es in Hessen etwa 30 000 Lehrer gibt; aber die Curriculum-Kommission hat ein Informations- und Rückmeldemodell entwickelt, das vielleicht die geforderte Mitwirkung der Lehrer erreichen kann.

Durch die Erprobung und empirische Überprüfung der ersten Lehrplanteile und Lernzielsequenzen in einer Anzahl von Schulen soll ein Regelkreis in Gang gesetzt werden, durch den erreicht werden soll, daß die Ergebnisse der Schulpraxis in die weitere Arbeit an der Erstellung des Curriculums eingehen und diese korrigieren.

Probleme der Curriculum-Entwicklung

HANS W. NICKLAS

Nach dem heutigen Stand der Diskussion müßten Lehrpläne zwei Forderungen erfüllen:

1. Sie müßten Ziele formulieren, die dem Stand der historisch-gesellschaftlichen Entwicklung entsprechen und den jungen Menschen befähigen, sich mit der Wirklichkeit, in der er lebt, produktiv auseinanderzusetzen und ein möglichst hohes Maß an Selbstbestimmung zu realisieren. Diese Ziele müßten insofern emanzipatorische Ziele sein, als sie nicht nur „in die Gesellschaft einüben", sondern zugleich „gegen sie immunisieren" müßten.[1]

2. Es müßte den Lehrplänen zu entnehmen sein, welche Kenntnisse, Erkenntnisse, Fähigkeiten und Fertigkeiten zur Erreichung der angegebenen Ziele notwendig sind, auf welchem Weg der Schüler sich diese aneignen soll und wie überprüft werden kann, ob er die erstrebten Ziele erreicht hat.

Die traditionellen Lehrpläne sind in der Regel nach folgendem Schema aufgebaut: in einem ersten Teil werden die allgemeinen Ziele der Schulform, die Ziele des Faches und die Prinzipien, an denen sich der Unterricht orientieren sollte, angegeben. Diese allgemeinen Grundsätze sind zumeist Leerformeln. Dazu einige Beispiele:

Die Schüler sollen „zu sittlicher und politischer Verantwortlichkeit, zu beruflicher und sozialer Bewährung und zu freiheitlicher demokratischer Gesinnung" erzogen werden. (Bildungsplan für Mittelschulen)

„Oberstes Ziel des mathematischen Unterrichts ist es, diesen Wesensgehalt der Mathematik verstehen und erleben zu lassen." (Gymnasium)

„Der Musikunterricht soll also im Rahmen einer Bildung, die den ganzen Menschen und alle seine Kräfte erfaßt, das Kind durch Musik zur Musik erziehen." (Volksschule)

„Erziehungsziel der kaufmännischen Berufsschule ist die Höherführung der Schüler zu geistig selbständigen, urteilsfähigen Persönlichkeiten, aber auch zu Menschen mit Herz und Gemüt, mit Ehrgefühl und Liebe zu ihrem Beruf, mit sozialem Verständnis, freiheitlich-demokratischer Staatsauffassung und sittlich-religiöser Grundhaltung." (Kaufmännische Berufsschule)

„Die Einheit der Persönlichkeit in der harmonischen Entwicklung von Intellekt und Gemüt" soll „stets angestrebt werden". (Berufsfachschule, Deutschunterricht)[2]

Diesen Präambeln mit Leerformelcharakter folgen in der Regel Stoffkataloge mit der Angabe des „Pensums" für die einzelnen Klassen. Angaben über die Unterrichtsprozesse, also den Weg, der von den angegebenen Stoffen zu den angege-

---

1 Alexander Mitscherlich, Auf dem Wege zur vaterlosen Gesellschaft. Ideen zur Sozialpsychologie, München 1963, p. 33
2 Nach Herwig Blankertz, Theorien und Modelle der Didaktik (Grundfragen der Erziehungswissenschaft, Bd. 6) München 1969, p. 140 sq. cf. Kurt Fackiner, Müssen Richtlinien so sein? In: Neue Sammlung 5 (1966), p. 435

benen Zielen führte, fehlen in der Regel. Abstrakte, phrasenhafte Ziele stehen somit unvermittelt den Stoffangaben gegenüber. Es läßt sich die berechtigte Vermutung aussprechen, daß die in den Präambeln genannten Ziele — fehlten sie — wohl kaum aus den Stoffkatalogen erschließbar wären.

Dieser Charakter der Beliebigkeit ist auch in der Regel dem Entstehungsprozeß der Lehrpläne abzulesen.

Die wissenschaftliche Kritik wies vor allem darauf hin, daß die bisherigen Lehrpläne entweder Kompromißformeln verschiedener, an der Lehrplanerstellung beteiligter Gruppen darstellen oder aber das Ergebnis von Entscheidungsprozessen aus „informierter Willkür" sind. Der bisher übliche Prozeß der Lehrplangestaltung ist weder wissenschaftlich legitimiert noch transparent, die gefällten Entscheidungen sind mehr oder minder willkürlich und nicht intersubjektiv kontrollierbar.

Es wurde deutlich, daß Kriterien entwickelt werden müssen, die es erlauben, die Neugestaltung von Lehrplänen zu einem möglichst weitgehend rational überprüfbaren und objektivierbaren Prozeß zu machen. Damit wurde die Vorstellung einer Überarbeitung und Modernisierung der bestehenden Pläne durch „Praktiker" im Sinne der traditionellen Lehrplanarbeit aufgegeben zugunsten des Versuchs einer wissenschaftlichen Neukonzeption — wobei natürlich die enge Zusammenarbeit mit der Praxis notwendig bleibt, allerdings mit neuem Stellenwert und auf anderer Ebene.

Dies bezeichnet den Ansatzpunkt der Curriculum-Diskussion der letzten Jahre. Die Gestaltung der Bildungspläne soll sich mit Hilfe von Methoden „vollziehen, welche Entscheidungen über die Inhalte des Bildungsprogramms aus Beliebigkeit und diffuser Tradition hinaus in Formen rationaler Analyse und — soweit möglich — objektivierter Alternativen heben".[3] *Saul B. Robinsohn* begründet den Rückgriff auf den Terminus „Curriculum" der Lehrplantheorie der Barockzeit damit, daß dieser Begriff geeignet sei, die damals gesehene „enge Verbindung der Bemühungen um Auswahl und Planung der Lehrinhalte, um Ausprägung der durch sie intendierten Bildungsziele und um die Erarbeitung der ihnen entsprechenden Lehrmethoden" zu aktualisieren.[4]

Auch die Verwendung des Begriffes Curriculum in der angelsächsischen Lehrplanforschung impliziert dieses rationale Element wissenschaftlicher Gestaltung des Lernprozesses. Der Lehrplan soll als Steuerungsinstrument des Unterrichts den Lernprozeß rational erfassen, planen, durchführen und die Erreichung der angegebenen Ziele überprüfen. Nach einer Definition von *Karl Frey* kann das Curriculum umschrieben werden als „Darstellung des Unterrichts über einen bestimmten Zeitraum, als konsistentes System mit mehreren Dimensionen zum Zwecke der Planung, der optimalen Realisierung und Erfolgskontrolle des Unterrichts".[5]

---

3 Saul B. Robinsohn, Bildungsreform als Revision des Curriculum. 2. durchges. Aufl. Neuwied 1969. p. 1
4 l. c.
5 Karl Frey, Zur Terminologie und Systematik der Curriculumforschung. In: Freiburger Arbeitsgruppe für Lehrplanforschung (FAL), Arbeitspapiere für das Kolloquium über Curriculumreform. Freiburg/Schweiz 1970 (hektographiert)

Die deutsche pädagogische Forschung zur Lehrplangestaltung ist, verglichen mit den internationalen Bemühungen auf diesem Gebiet, bescheiden. Es gibt kaum Literatur zu den bisherigen Methoden der Lehrplangestaltung, geschweige denn wissenschaftliche Anleitung zur rationalen und überprüfbaren Lehrplankonstruktion. Die ersten Ansätze zu einer intensiven wissenschaftlichen Arbeit kamen von *Saul B. Robinsohn* und seinen Mitarbeitern am Max-Planck-Institut für Bildungsforschung in Berlin.

Im Mittelpunkt des *Robinsohn*schen Modelles der Curriculum-Entwicklung steht der Begriff der „Qualifikation". Es sind damit die Verhaltensweisen oder Verhaltensmöglichkeiten gemeint, die der Schüler erwerben muß, um sich in bestimmten Lebenssituationen bewähren zu können: „Wir gehen also von der Annahme aus, daß in der Erziehung Ausstattung zur Bewältigung von Lebenssituationen geleistet wird, daß diese Ausstattung geschieht, indem gewisse Qualifikationen und eine gewisse Disponibilität durch die Aneignung von Kenntnissen, Einsichten, Haltungen und Fertigkeiten erworben werden, und daß eben die Curricula zur Vermittlung derartiger Qualifikationen bestimmt sind."[6]

Um diese für den Menschen in den zu erwartenden Lebenssituationen notwendigen Qualifikationen zu gewinnen und diese dann mit Hilfe geeigneter Bildungsinhalte an den Lernenden vermitteln zu können, hat *Robinsohn* ein dreistufiges Verfahren entwickelt:

1. Analyse von Situationen,
2. Ermittlung der Qualifikationen, durch die diese Situationen bewältigt werden können,
3. Ermittlung der Elemente, durch die man die angestrebten Qualifikationen erwirbt.

Da es Aufgabe der Schule ist, den Menschen für Lebenssituationen auszustatten und dies den Erwerb von Qualifikationen erfordert, die an Lerninhalten erworben werden, müssen als erstes Kriterien für die Auswahl der Inhalte gefunden werden. Solche Kriterien sieht *Robinsohn* in der Bedeutung, die die Inhalte im Gefüge der einzelnen Wissenschaften besitzen, in ihrer Leistung für das Weltverstehen und schließlich in ihren Verwendungsmöglichkeiten im öffentlichen und privaten Leben. Dies kann nicht allein durch Analyse des Wissenschaftsgefüges, der Situationen etc. ermittelt werden, sondern es ist notwendig, die betreffenden Instanzen unmittelbar zu befragen. Da aber bei dieser Befragung die Gefahr besteht, daß die Wissenschaften rein szientistische Aussagen machen und die Abnehmer der Schulabsolventen ideologische Sollensforderungen erheben, ist es notwendig, eine ideologiekritische und didaktische Überprüfungsphase anzuschließen.

Dieses Verfahren: die Ermittlung der Bildungsansprüche, die Bewertung und Wichtung der Zielkataloge und die ideologiekritische Überprüfung dieser Bewertung soll die Möglichkeit eröffnen, die Curriculum-Revision zu einem rationalen, transparenten Verfahren zu machen, das nicht nur für die erste grundlegende

---

6 Robinsohn, l. c., p. 45

Revision geeignet ist, sondern auch die Revision als ständigen Prozeß weiterzuführen vermag. Solche Lehrplantheorien, die von den Situationen des späteren Lebens ausgehen, für die der Schüler ausgerüstet werden soll, müssen sich mit einem kritischen Einwand auseinandersetzen: sind die Lernziele, die nach ihrem Verfahren ermittelt werden, nicht ausschließlich affirmative Lernziele, also solche, die den bestehenden gesellschaftlichen Zustand zementieren? Bei allen Situationen, deren Analyse die Grundlage für die Bestimmung der Qualifikationen bilden, handelt es sich um gesellschaftlich vermittelte Situationen. Wenn sie also Ausgangspunkt für die Ermittlung von Lernzielen werden, so besteht die Gefahr, daß das Bildungssystem zu einem bloßen Reproduktionsinstrument der bestehenden Gesellschaft wird.

Robinsohn hat, um der Gefahr der bloß anpassenden Bildung zu entgehen, die Phase der ideologiekritischen Prüfung in sein Verfahren eingebaut.

Eine Begrenzung des Werts des Verfahrens für die heutige Situation ergibt sich daraus, daß es einen erheblichen empirischen und analytischen Aufwand erfordert, so daß seine Ergebnisse wohl kaum unmittelbar für die notwendige Neugestaltung der heute gültigen Lehrpläne nutzbar gemacht werden können.[7] Dennoch muß jedes Verfahren zur rationalen Gestaltung von Lehrplänen von der Diskussion des *Robinsohn*schen Verfahrens ausgehen.

Lernzielsequenzen statt Stoffkataloge

Es besteht Einigkeit darüber, daß der neue Bildungsplan nicht vom Stoff, sondern von den Lernzielen her strukturiert werden muß, wobei unter Lernzielen ganz allgemein erwünschte oder erstrebte Verhaltensweisen verstanden werden sollen. Der organisierte Lernprozeß in der Schule muß — im Gegensatz zum spontanen Lernen — von solchen vorweg festgelegten Zielvorstellungen ausgehen.

Es soll hier nicht die Problematik des von der behavioristischen Psychologie herkommenden Verhaltensbegriffs diskutiert werden, sondern nur festgelegt werden, daß Lernziele nur dann ihre Funktion im Lehrplan erfüllen können, wenn ihre Erreichung feststellbar oder beschreibbar ist.

Die Lernziele sollen in präziser und operationaler Form ausgedrückt werden. „Operational" soll dabei heißen, daß die Unterrichtsprozesse, in denen die beschriebenen Lernziele erreichbar sind (d. h. die einzelnen Schritte, die zu der erstrebten Verhaltensweise des Schülers führen), angebbar sein müssen, und daß es Kriterien gibt, nach denen geprüft werden kann, ob die Lernziele, d. h. die angestrebten Verhaltensweisen, erreicht sind oder nicht.

Es gilt, die traditionellen Lehrpläne mit ihren vagen und allgemeinen Lernzielen in den Präambeln und den unverbunden folgenden Stoffkatalogen zu ersetzen

---

7 cf. Adalbert Rang, didactica 3 (1969), p. 6: „Wird nicht die Berliner Gruppe auf ihrer Suche nach wohldefinierbaren Qualifikationen und dazugehörigen curricularen Elementen in einen geradezu aussichtslosen Wettlauf mit der Zeit geraten? Wandeln sich viele dieser Qualifikationen nicht bereits so rasch, daß die heute ermittelten in 20 oder 30 Jahren kaum noch brauchbar sein werden?" Über die Möglichkeit eines verkürzten Verfahrens cf. Jürgen Zimmer, Chance zur Demokratisierung der Lehrpläne. In: didactica 3 (1969), p. 50

durch Lernzielsequenzen von einzelnen, miteinander verbundenen Lernzielen (in linearer oder konzentrischer Anordnung), so daß die globalen Lernziele der Präambeln ganz entfallen könnten, da sie dann implizit und damit für den Unterrichtsprozeß zwingend im Lehrplan enthalten sind. Nur auf diesem Wege scheint es möglich zu sein, über den gegenwärtigen Stand hinauszukommen, der charakterisiert ist durch ein Überwiegen der Stoffangaben. Die Umstellung der Lehrpläne von Stoffkatalogen zu Lernzielsequenzen bringt eine ganze Reihe von Problemen. Bei den einfachen Lernzielen — wie etwa der Kenntnis der sprachlichen Funktion der Interpunktionszeichen — ist es nicht allzu schwierig, das Lernziel genau zu beschreiben und die Kriterien anzugeben, nach denen überprüft werden kann, ob das Lernziel erreicht ist. Ist die Operationalisierung von komplexen Lernzielen, wie der „Fähigkeit zur kritischen Teilnahme am literarischen Leben", ebenfalls möglich? Schwierigkeiten treten also bei Lernzielen auf, die auf einer höheren Abstraktionsebene formuliert werden.

Die Diskussion muß ausgetragen werden, wenn nicht das Verfahren der Operationalisierung als Selektionsmechanismus wirken soll, der die Lernziele ausscheidet, deren Operationalisierung Schwierigkeiten bereitet.[8]

Wenn die Lernziele keine Leerformel bleiben sollen, muß prinzipiell an der Forderung nach Überprüfbarkeit festgehalten werden. Ein komplexes Lernziel wie das genannte müßte in Teilqualifikationen zerlegt werden, die eine präzise Beschreibung der Lernschritte und eine Kontrolle zulassen. Allerdings wäre zu überprüfen, ob die Integration der einzelnen Schritte nicht selber wieder ein Lernziel darstellt. Es muß ferner diskutiert werden, ob durch die geforderte Überprüfbarkeit nicht die Realisierung emanzipatorischer Ziele verhindert wird. Es scheint eine prästabilierte Harmonie zwischen der Möglichkeit der Überprüfung und den affirmativen Lernzielen zu geben.

Ein großer Teil der Lernziele dient dazu, dem Schüler notwendige, scheinbar wert- und gesellschaftsfreie elementare Kenntnisse und Fertigkeiten zu vermitteln: Erlernen der Kulturtechniken, Erwerb von wissenschaftlichen Kenntnissen und technischen Fähigkeiten. Solche instrumentalen Lernziele tendieren dazu, den Schüler an die bestehende Gesellschaft anzupassen, ihn mit den sich wertneutral gebenden Kenntnissen und Fähigkeiten auch das Normensystem übernehmen zu lassen, das dahinter steckt. Wie lassen sich solche Lernziele einbeziehen in den als emanzipatorisch verstandenen Lernprozeß? Dies scheint notwendig zu sein, wenn nicht Lernziele wie: „Fähigkeit zur Reflexion der eigenen Position in der Gesellschaft", „Fähigkeit zur rationalen Haltung gegenüber tradierten Normen, Einstellungen und Verhaltensweisen in unserer Gesellschaft" zu bloß deklamatorischen Formeln werden sollen. Schließlich muß verhindert werden, daß der nach opera-

---

8 cf. Klaus Huhse, Theorie und Praxis der Curriculum-Entwicklung. Ein Bericht über Wege der Curriculum-Reform in den USA mit Ausblicken auf Schweden und England (Institut für Bildungsforschung in der Max-Planck-Gesellschaft, Studien und Berichte 13) Berlin 1968, p. 142 sq.

tionalen Lernzielen gegliederte Lehrplan zu einem perfekten Instrument der Leistungsdressur wird. *Wolfgang Edelstein* hat auf die Affinität der behavioristischen Lerntheorie zur „autoritären Leistungsschule" hingewiesen. „Die behavioristische Lerntheorie *Skinners* läßt sich ohne viel Mühe oder Umwege mit den Dressurgewohnheiten der Lernschule versöhnen."[9] Das operationale Lernziel ist die Voraussetzung für eine rationale Planung des Lernprozesses, es kann aber zugleich zur Peitsche eines repressiven Leistungsdrucks werden. Hier spielt die gleiche Dialektik wie in der Gesamtschule: Sie ist notwendig zur rationalen Gestaltung eines demokratischen Bildungswesens, kann aber zugleich mißraten zur „stromlinienförmigen Leistungsfabrik" *(Ludwig v. Friedeburg).*

Weitere Probleme ergeben sich aus der Notwendigkeit zur Einbeziehung von nicht-kognitiven Lernzielen. Die bisherigen Lehrpläne beschränkten sich fast ausschließlich auf kognitive Lernziele (also Faktenwissen, begriffliches Wissen, Methodenwissen), während solche aus dem affektiven Bereich kaum oder nur auf deklamatorische Weise einbezogen wurden. Es besteht jedoch in der neueren Pädagogik Einigkeit darüber, daß Lernzielen wie „Fähigkeit zur Affektkontrolle", „Fähigkeit zu wirksamer Kommunikation", „Bereitschaft und Fähigkeit zur Kooperation" eine hohe Bedeutung zukommt. Wie lassen sich solche Lernziele operationalisieren? Hier sind noch eingehende Untersuchungen notwendig.

Die Bewertung von Lernzielen

Eine weitere Frage, die bei der Neugestaltung der Lehrpläne beantwortet werden muß, ist die Bewertung der Lernziele. Warum sollen bestimmte Lernziele gelten, warum soll ein bestimmtes Lernziel Vorrang vor einem anderen haben? Diese Frage stellt sich vor allem bei den globalen Zielen, die an der Spitze der Lernzielhierarchie (wenn man von einer linearen Anordnung ausgeht) oder im Zentrum (wenn man von einer konzentrischen Anordnung ausgeht) stehen.

In der bisherigen Lehrplandiskussion sind vor allem drei Kriterien für die Bewertung von Lernzielen angegeben worden: der Entwicklungsstand des Kindes, die fachwissenschaftliche Verbindlichkeit der Disziplinen und die gesellschaftlichen Anforderungen.

Das Kriterium „Entwicklungsstand des Kindes" für die Bewertung von Lernzielen ist gerade in der letzten Zeit durch die Ergebnisse der Entwicklungspsychologie problematisch geworden. Es hat sich gezeigt, daß es keine natürlichen Entwicklungsstufen gibt, aus denen zwingende didaktische Folgerungen gezogen werden könnten. Die Entwicklung der Lernfähigkeit etwa ist selber ein Lernprozeß. Die Frage der Altersplazierung der Stoffe ist unlösbar, meint *Hans Aebli,* und die

---

9 Wolfgang Edelstein, Technologie in der Schule. In: Die Neue Gesellschaft 1965, p. 550
Zum Begriff der „autoritären Leistungsschule" cf. Hans W. Nicklas, Leistung und Glück, Überlegungen zur Schulreform. In: Politik, Wissenschaft, Erziehung. Festschrift für Ernst Schütte, Frankfurt/Main 1969, p. 135 ss.

Hoffnung, man könne Lehrpläne auf die spontanen heranreifenden Interessen der Kinder hin orientieren, ist illusorisch.[10]

Die Herleitung der Lernziele aus der Struktur der jeweiligen Wissenschaft beruht ebenfalls auf einer höchst problematischen Voraussetzung: der Vorstellung, es gäbe ein gesichertes, objektives Wertsystem innerhalb der einzelnen Wissenschaften. Die Wissenschaften können keine Kriterien dafür liefern, welche Bereiche und was aus den einzelnen Bereichen gelehrt werden soll. Dies setzte ein System oder eine Hierarchie der Wissenschaften voraus, die es nicht gibt. Ob Biologie oder Psychologie Lehrfach sein soll und ob in der Mathematik etwa die Wahrscheinlichkeitsrechnung oder die Integralrechnung in den Lehrplan aufgenommen werden soll, diese Fragen können die betroffenen Fachwissenschaften mit ihren wissenschaftlichen Methoden nicht beantworten.

Gerade in den letzten Jahren ist das Selbstverständnis einiger für die Schule zentraler Wissenschaften, etwa der Germanistik, in eine Krise geraten, so daß diese Universitätswissenschaften kaum in der Lage sind, Hilfestellung bei der Bewertung von Lernzielen zu leisten. Weiter zeigt sich, daß es stets konkrete historische Prozesse und neue gesellschaftliche Bedürfnisse und nicht aus der Wissenschaft begründete Erfordernisse waren, die zur Hereinnahme neuer Fächer und Stoffe in die Schule führten. So erzwang beispielsweise die industrielle Revolution im 19. Jahrhundert den Einzug der Naturwissenschaften in die Schule — ein Prozeß, der noch nicht abgeschlossen ist.

Die Orientierung des Lehrplans an den Bedürfnissen der Gesellschaft kann zweierlei bedeuten: zunächst Ableitung der Lernziele von den Anforderungen der Gesellschaft, ermittelt durch Arbeitsplatzanalysen, Expertenbefragungen etc. In einem solchen Verfahren würde die gesellschaftliche Funktion der Erziehung reduziert auf die Reproduktion der jeweils bestehenden Gesellschaft und der Lehrplan wäre sozial konservierend, weil zugleich mit der optimalen Anpassung des einzelnen an die Bedürfnisse der bestehenden Gesellschaft deren Herrschaftsstruktur verfestigt würde.

Der Gesellschaftsbezug kann aber auch im Sinne der Erziehungstheorie der Aufklärung emanzipatorisch verstanden werden. *Klaus Mollenhauer* hat gezeigt, wie in *Condorcets* „Entwurf zur Neuorganisation des Unterrichtswesens" von 1792 der Erziehungsbegriff eine „emanzipatorische Dimension" gewinnt: „Die praktischen Erziehungsprobleme sind demnach nicht mehr auf dem Niveau gegebener sozialer Bedingungen allein zu formulieren, sondern unter dem Anspruch fortschreitender Demokratisierung immer auch gegen dieses Niveau. Mit anderen Worten: Ein derart emanzipatorischer Begriff von Erziehung ist nicht mehr funktional, sondern im Sinne des gegebenen sozialen Systems disfunktional. Er markiert einen gesellschaftlichen Konflikt."[11]

10 Hans Aebli, Der Beitrag der Psychologie zur Gestaltung der Lehrpläne. In: 6. Beiheft der Zeitschrift Pädagogik, Weinheim 1966, p. 217 bis 226
11 Klaus Mollenhauer, Funktionalität und Disfunktionalität der Erziehung. In: Erziehung und Emanzipation, Polemische Skizzen. München 1968, p. 27

Kriterium für die jeweils zu leistende Vermittlung zwischen gesellschaftlichem Bedürfnis und Lernziel sollte das Prinzip der Emanzipation sein. Das bedeutet: Der Wert eines Lernzieles wird innerhalb des organisierten Lernprozesses daran gemessen, inwieweit es den Schüler zur Reflexion gesellschaftlicher Zusammenhänge, zu kritischem Selbstverständnis und konkreter Handlungsfähigkeit anleitet und damit zum Selbstbefreiungsprozeß des Menschen beiträgt.

Bei dem Versuch der Umstrukturierung des Lehrplans nach Lernzielen zeigt es sich, daß der traditionelle Fächerkanon eine mehr oder weniger zufällige Zusammenstellung von in verschiedenen historischen Perioden entstandenen, von verschiedenem Bildungsverständnis ausgehenden Fächern darstellt und daß die Fächergrenzen keineswegs mit den Grenzen von Lernzielkreisen zusammenfallen.

Es stellt sich die Frage, ob eine ganze Reihe von völlig neuen Lernzielen überhaupt noch mit Hilfe traditioneller Fächer realisiert werden können oder ob sie dazu zwingen, Fächergrenzen, Fächerkonzeptionen zu verändern und neue Fachgruppierungen einzuführen. In welchem Bereich soll z. B. die notwendige ökonomisch-technische Bildung vermittelt werden?

Im OECD-Bericht „Lehrplanreform und Entwicklung des Bildungswesens" heißt es: „Eine gesonderte Behandlung der einzelnen Unterrichtsfächer reicht nicht mehr aus und muß einer Gesamtschau des Problems einer Weiterentwicklung der Lehrpläne weichen."[12]

Der Lehrplan darf nicht von den isoliert nebeneinanderstehenden Fächern ausgehen. Es ist die Berechtigung der historisch entstandenen Fächer zu überprüfen. warum Geographie, nicht aber Rechtskunde? Warum ist etwa Biologie Schulfach, nicht aber Psychologie oder Soziologie. Es ist die Frage der fächerübergreifenden Lernziele und die Interdependenz der Lernziele zu diskutieren.

Differenzierung

Ein zentrales Problem eines neues Lehrplans ist das Verhältnis von Integration und Differenzierung. Auf der einen Seite ist ein für alle Schüler verbindlicher Kern an Erkenntnissen, Kenntnissen, Fähigkeiten und Fertigkeiten notwendig, auf der anderen Seite sollte ein hohes Maß von Individualisierung nach unterschiedlichen Neigungen, Interessen und Leistungsmöglichkeiten der Schüler gesichert werden. Die Differenzierung bringt eine Reihe von Problemen, die im einzelnen diskutiert und auf Lösungsmöglichkeiten hin untersucht werden müssen. Bei der Leistungsdifferenzierung muß geklärt werden, wie die Durchlässigkeit der Kurse in einem möglichst hohen Maß gesichert werden kann. Es bietet sich etwa die Lösung an, für alle Niveaukurse von der gleichen Basis, einem „Fundamentum" von Lernzielen auszugehen und die Leistungsdifferenzierung durch ein Zusatzpensum herzustellen. Dabei ergibt sich jedoch das Problem, daß das Zusatzpensum der

---

12 OECD Report on Curriculum Improvement and Educational Development, OECD Documents STP (66), Scale 2, vom 16. 9. 1966. cf. Doris Knab, Curriculumforschung und Lehrplanreform. In: Neue Sammlung (1969), 9. Jg., Heft 2, p. 172 sq.

höheren Niveaukurse auf das Basiswissen zurückwirkt oder vorauswirkt. Mit anderen Worten: die Schüler der oberen Kurse beginnen den neuen Abschnitt des Fundamentums mit besseren Voraussetzungen als die Schüler weniger anspruchsvoller Niveaukurse, und so ist wahrscheinlich ein gleichlaufendes Fundamentum auf längere Zeit hin nicht durchzuhalten.

Das Prinzip der Leistungsdifferenzierung ist in der letzten Zeit in der pädagogischen Diskussion immer stärker in Frage gestellt worden. Zunächst hat sich in empirischen Untersuchungen keineswegs bestätigt, daß der Lernerfolg der besseren Schüler in leistungshomogenen Gruppen größer ist als in heterogenen Gruppen. Festzustehen scheint dagegen, daß die schwächeren Schüler durch dieses Verfahren benachteiligt werden. Insbesondere aber scheint die Leistungsdifferenzierung in der Gesamtschule die Reproduktion der schichten-spezifischen Sozialisationsprozesse, die für das traditionelle dreigliedrige Schulwesen charakteristisch sind, zu begünstigen.

Es ist deshalb die Frage zu stellen, wie durch die Verbindung von sozialintegrativen und individualisierenden Verfahren die negativen Wirkungen der Leistungsdifferenzierung vermieden werden können.

Curricularer Zentralismus oder Autonomie der Einzelschule?

Zu den schwierigsten Problemen der Curriculum-Reform gehört der Widerspruch, der sich aus der Notwendigkeit eines curricularen Zentralismus einerseits und der geforderten Verstärkung der pädagogischen Autonomie des Lehrers und der einzelnen Schule andererseits ergibt. Der mit operationalen Lernzielen arbeitende Lehrplan gestattet eine präzise Unterrichtssteuerung. Eine solche zentrale Steuerung ist aus verschiedenen Gründen notwendig. Dabei ist die Einheitlichkeit des Schulwesens im Sinne gleicher Leistungsanforderungen nicht einmal das stärkste Argument. Ein Schulwesen, das nicht nach dem Einbahnstraßenprinzip organisiert sein soll, also das dem Schüler möglichst lange die Möglichkeit offenhalten will, von der einen Schule zur anderen überzuwechseln, setzt ein viel stärker geplantes, einheitliches Curriculum voraus. Das Argument *Hartmut von Hentigs* ist sehr ernst zu nehmen, der die Lehrpläne als „pädagogische Trivialliteratur ohne praktischen Wert mit zugleich unabsehbarer Macht, weil Lehrpläne nur ,repressiv', nicht befreiend benutzt werden können", bezeichnet.[13] Die mit operationalisierten Lernzielsequenzen arbeitenden Lehrpläne sind in noch höherem Maße dem Verdacht repressiver Macht ausgesetzt als die „pädagogische Trivialliteratur" der traditionellen Lehrpläne, weil sie in der Tat zu höchst effektiven, wissenschaftlich kontrollierten Instrumenten einer autoritären Leistungsdressur werden können. Aber der Vorschlag der von den Lehrern der einzelnen Schulen zu erarbeitenden „Richtlinien" fällt zurück hinter den Stand der pädagogischen Reflexion. Diese von den einzelnen Schulen erarbeiteten Pläne reproduzierten vermutlich den ge-

---

13 Hartmut von Hentig, Systemzwang und Selbstbestimmung. Über die Bedingungen der Gesamtschule in der Industriegesellschaft. Stuttgart 1968, p. 132

genwärtigen Stand unseres Schulwesens und könnten kaum Innovationen zu dessen Reform einleiten. Die Lehrpläne gehören zu den wichtigsten Instrumenten einer progressiven Schulpolitik, die von der Voraussetzung ausgeht, daß „Bürgerrecht auf Bildung" durch politische Maßnahmen hergestellt werden muß. Der Gefahr, daß der Lehrplan zu einem technokratischen Steuerungsinstrument von hoher Effektivität, aber geringer demokratischer Substanz wird, kann auf zwei Weisen begegnet werden: Zunächst muß jedes Lernziel auf den emanzipatorisch verstandenen Bildungsprozeß bezogen werden. Zum anderen muß durch die Einbeziehung der Lehrer und der Schüler das Verfahren der Erstellung des Lehrplans ein Höchstmaß an demokratischer Transparenz erhalten.

Die Rolle der Schüler

In den bisherigen Bildungsplänen erscheinen die Schüler lediglich als Adressaten von Unterrichtsveranstaltungen, die ohne ihre Beteiligung geplant und festgelegt wurden und deren Sinn sie daher nicht durchschauen können. So war der Lehrplan auch ausschließlich für die Hand des Lehrers gedacht. Aufgabe im Rahmen der Bildungsplanrevision, die sich als Bestandteil der allgemeinen Schulreform (Demokratisierung der Schule) versteht, wäre es, auch den Lernprozeß, den der Schüler vollziehen soll, in die Überlegungen einzubeziehen. Geht man davon aus, daß für das Erreichen von Lernzielen die Motivierung der Schüler eine entscheidende Voraussetzung bildet, dann wird bei der Formulierung jedes Lernzieles die Frage, wie man den Schüler motivieren kann, ein bestimmtes Lernziel zu erreichen, in die Formulierung des Lernzieles eingehen müssen.

Lehr- und Lernmittel

Ein neues Curriculum kann sich nicht auf die Angabe der zu erreichenden Lernziele beschränken[14]. Es müssen Lehr- und Lernmittel geschaffen werden, die sich in einem lernziel-orientierten Unterricht verwenden lassen.

Die traditionell üblichen Lehr- und Lernmittel für die Hand des Schülers sind fast ausschließlich für die Benutzung im Rahmen jahrgangsmäßig gegliederter

14 cf. Hans Tütken, Vorschläge zur Lehrplanentwicklung. In: Christoph Führ (Hrsg.), Zur Bildungsreform in der Bundesrepublik Deutschland (Unesco-Institut für Pädagogik, Hamburg, Internationale Pädagogische Studien 19) Weinheim 1969, p. 197. „Lehrpläne können in Zukunft nicht nur aus einem Katalog von Lernzielen bestehen. Zu einer angemessenen Realisierung von Lehrplänen ist es notwendig, daß die Lernzielangaben durch Anweisungen über die Mitwirkung aller anderen am Unterricht beteiligten Faktoren ergänzt werden, damit keine Dysfunktionen auftreten und ein optimal erschließendes Wechselspiel im Sinne der Lernziele gesichert ist. Lehrpläne sollten daher im Sinne der amerikanischen Curriculumauffassung zur umfassenden Steuerungsinstanz entwickelt werden und außer den Lernzielen die ihnen angemessenen Formen des Lehrverhaltens, die adäquaten Lehrverfahren und die erforderlichen Lehrmittel etc. festlegen."

Klassenverbände konzipiert. Sie dienen der Nacharbeit oder liefern Text-, Anschauungs- und Übungsmaterial, das sich nur schwer unter speziellen Lernzielorientierungen verwenden läßt. Hier ist notwendig, daß an die Stelle des Lehrbuchs das Lehrwerk tritt, eine Sammlung sorgfältig aufeinander abgestimmter, unter speziellen Zielsetzungen komponierter Informations- und Arbeitshefte. Es ist die Frage zu stellen, ob es nicht sinnvoll ist, die Schulbuchverlage ständig über den Fortgang der Lehrplanarbeit zu informieren, damit sie möglichst früh mit der Entwicklung des benötigten Materials beginnen können. Auch die objektivierten Lehr- und Lernverfahren sind einzubeziehen.

Bedingungen der Verwirklichung des Lehrplans

Die bisherigen Lehrpläne gaben dem Lehrer wenig Hilfe für die konkrete Unterrichtssituation. Wenn der neue Lehrplan die Schulwirklichkeit erreichen und verändern soll, wird es notwendig sein, anzugeben, wie die Lernziele in sinnvolle Unterrichtsvorgänge umgesetzt werden können.

Die Bedingungen müssen untersucht, beschrieben und gegebenenfalls verändert werden, von denen der Lernprozeß der Schüler abhängt. Es ist also vor allem nach dem Bewußtseinsstand des Lehrers — seinem pädagogischen Problembewußtsein — zu fragen, und er ist durch eine intensive Fortbildung, durch Bereitstellen von Hilfen etc. in den Stand zu setzen, mit einem nach Lernzielen strukturierten Lehrplan zu arbeiten. Insbesondere ist ein möglichst großer Teil der Lehrer frühzeitig an der Lehrplanarbeit zu beteiligen, um Aufnahmebereitschaft und den Willen zur Mitarbeit zu erreichen, die auf dem Erlaßwege nicht herzustellen sind, ohne die aber der beste Lehrplan wirkungslos bleibt.

Leider gibt es noch keine Beispiele, wie man die Mitarbeit so großer Gruppen wie Lehrer, Schüler und Eltern in den Prozeß der Lehrplanrevision einbeziehen kann.

Es ist eine Illusion zu glauben, daß mit der Fertigstellung und gesetzlichen Einführung neuer Lehrpläne die Ziele der inneren Reform bereits in die Realität umgesetzt sind. Vielmehr zeigen etwa amerikanische Erfahrungen, daß die Einführung neuer Lehrpläne auf der Seite der Lehrer, Eltern und Schüler zunächst Unsicherheit und Widerstand erzeugt, bis sich die neuen Vorstellungen durchgesetzt haben und zu effektiver pädagogischer Arbeit führen. Man ist deshalb in den USA dazu übergegangen, den Prozeß der Reform selbst wissenschaftlich zu erforschen. Besondere Institute, die „Regional Educational Laboratories", bemühen sich, durch Information bereits während des Prozesses und Beratungen aller Beteiligten, insbesondere der Lehrer, so weit wie möglich die Widerstände gegen die notwendige Reform abzubauen. Diese Erfahrungen sollten in der Reflexion über die Bedingungen zur Realisierung des neuen Lehrplanes unbedingt berücksichtigt werden.

Es müssen bei der Reform der Bildungspläne neue Formen der Kooperation zwischen Lehrern, Schulverwaltung und Wissenschaft erprobt und praktiziert werden.

Curriculum-Reform als rollende Reform

Die Curriculum-Reform ist nicht als punktuelle Neufassung der Pläne zu verstehen, sondern als ständiges Revisionsverfahren.

Der rasche wissenschaftliche, technische und ökonomische Wandel unserer Gesellschaft macht eine ständige Revision der Lehrpläne erforderlich, wenn es nicht zu „anachronistischen Verschiebungen zwischen Leben und Schule kommen soll, zumal die Tendenz besteht, die funktional nicht mehr erforderliche Vorbereitung auf frühere Bedürfnislagen unter dem Gesichtspunkt kultureller Bedeutsamkeit weiterhin als Lehrplanforschung zu legitimieren".[15] Dies ist nicht als fixe Anpassung des Lehrplans an die aktuellen Bedürfnisse der bestehenden Gesellschaft zu verstehen, sondern so, daß der Stand der gesellschaftlichen Entwicklung jeweils neue Reflexionen über die Möglichkeit emanzipatorischer Bildung erfordert. Lehrplanreform ist also heute nur noch als „rollende Reform" konzipierbar.

---

15 Hans Tütken, in: Heinrich Roth (Hrsg.), Begabung und Lernen (Gutachten und Studien der Bildungskommission Bd. 4), 2. Aufl., Stuttgart 1969, p. 462

Lernziele
Zum Begriff des „Lernzieles"

THEODOR BÖRSS, KARL-CHRISTOPH LINGELBACH

In der bisher geführten Diskussion über Lernziele wurde häufig kritisiert, daß die in der BRD üblichen Bildungspläne zwar Lernziele enthalten, daß diese aber zu global seien, um als noch praktikabel anerkannt werden zu können — abgesehen davon, daß manche von ihnen eine problematisch gewordene Wertewelt der Vergangenheit fortführen. Diesen wenig präzise gefaßten Zielen stehen in aller Regel mehr oder weniger ausführliche Stoffpläne gegenüber, ohne daß genügend klar würde, welche konkreten Folgen das Erlernen des Stoffes beim einzelnen Schüler haben soll und wie das erzielte Resultat nachgeprüft werden kann:

Die Beziehungen zwischen bereits vorliegenden, z. B. nach sachlogischen Gesichtspunkten geordneten Lernmaterialien (den Stoffen, Fächern, wissenschaftlichen Disziplinen einerseits und Zielvorstellungen genereller Art hinsichtlich des außerschulischen Verhaltens der Lernenden andererseits) müßten in künftigen Lehrplänen wesentlich deutlicher zum Ausdruck kommen als bisher. Die Angabe von geeigneten Lerninhalten (Stoffen) wird also in neuen Lehrplänen nicht entfallen können. Zwar werden die Lerninhalte (Stoffe) ihren bisher z. T. behaupteten Selbstzweckcharakter verlieren, aber zur Realisierung der einzelnen Lernziele sind sie möglichst präzise zu formulieren.

Wenn man davon ausgeht, daß der organisierte Lernprozeß im Unterschied zum spontanen Lernen von vorweg definierten Zielsetzungen ausgehen muß, so ergibt sich die Frage, welche formalen Voraussetzungen erfüllt sein müssen, damit der Begriff des Lernziels sinnvoll verwendet werden kann. Es liegt nahe, sich zunächst eines *abstrahierenden Oberbegriffs* wie dem des menschlichen *Verhaltens* zu bedienen, um jenen Zusammenhang zu beschreiben, auf den sich organisiertes Lernen generell richtet. Ein Lernziel würde demnach — formal gesehen — eine *Verhaltensbeschreibung* erfordern, um überhaupt als solches anerkannt werden zu können; und der organisierte Lernprozeß bestände dann im *Erwerb von Verhaltenspotenzen*, die zuvor mit hinreichender Genauigkeit beschrieben worden sind, um Mißverständnisse auf ein Mindestmaß zu beschränken. Ob dieses Verhalten dann tatsächlich gezeigt wird oder bloße Fähigkeit bleibt, hängt davon ab, in welchem Umfang die schulische und letztlich die gesellschaftliche Praxis seine Realisierung gestattet.

R. F. Mager[1] bietet folgende Zusammenstellung für die Definition und Beschreibung von Lernzielen:

1. Die Beschreibung eines Lernziels ist eine Zusammenstellung von Ausdrücken oder Zeichen, die eine Ihrer Unterrichtsabsichten verdeutlichen.

---

1 R. F. Mager: Lernziele und programmierter Unterricht; Weinheim 1965, S. 53

2. Durch ein aufgestelltes Lernziel wird Ihre Absicht in dem Maße deutlich, wie Sie beschrieben haben, was der Lernende tun muß, um zu zeigen, daß er das Lernziel erreicht hat, und woran Sie diesen Lernerfolg messen wollen.
3. Zur Beschreibung des Endverhaltens (was der Lernende tun wird):
   a) Bestimmen und benennen Sie das Gesamtverhalten.
   b) Bestimmen Sie die wichtigen Bedingungen, unter denen das Verhalten geäußert werden soll (was dem Lernenden zur Verfügung gestellt wird und/oder was er nicht benutzen darf, und welche anderen Einschränkungen gelten).
   c) Bestimmen Sie den Beurteilungsmaßstab für das als ausreichend geltende Verhalten.
4. Geben Sie für jedes Lernziel eine besondere Beschreibung; je mehr Einzelbeschreibungen Sie angeben, desto größer ist die Wahrscheinlichkeit, Ihre Absicht deutlich zu machen.

Eine Schwierigkeit, die *Mager*schen Formulierungen sinnvoll verwenden zu können, besteht u. a. darin, daß sich unter dem abstrakten Begriff des *Verhaltens* eine Vielzahl von Operationen höchst unterschiedlicher Komplexität subsumieren läßt. Denn Verhalten meint jede Art technischer, intellektueller, emotionaler usw. Aktion und Reaktion eines Subjekts oder einer Mehrzahl von Subjekten. Das Lesen einsilbiger Worte in der deutschen Sprache wäre in diesem Sinne genauso ein Verhalten und die Fähigkeit dazu ein Lernziel, wie etwa die kritische Teilnahme am literarischen Leben der Gegenwart. Während beide Vorgänge formal durch den Begriff des Verhaltens abgedeckt werden, ist doch unmittelbar einsichtig, daß es sich dabei um qualitativ höchst verschiedene Verhaltensweisen handelt, denn die Fähigkeit zur kritischen Teilnahme am literarischen Leben der Gegenwart impliziert ungleich komplizierte Voraussetzungen als das Lesen einsilbiger Wörter. Es ist z. B. klar, daß kritische Teilnahme am literarischen Leben wohl Lesefertigkeit voraussetzt, diese also innerhalb der Qualifikation Teilnahme am literarischen Leben ein Teilverhalten darstellt, während Lesefertigkeit völlig unabhängig von der erstgenannten Qualifikation existieren kann.

Während die Beschreibung des Lernziels Fertigkeit des Lesens einsilbiger Wörter und anderer Lernziele vergleichbarer Art kaum auf größere Schwierigkeiten stoßen dürfte, da die intendierten Verhaltensformen relativ leicht abgrenzbar sind und die Angabe von Kriterien, nach denen geprüft werden kann, ob das beschriebene Lernziel erreicht wurde, keine allzu großen Probleme aufwirft, erfordern komplexe Lernziele, soll ihre Realisation beim Lernenden prinzipiell überprüfbar bleiben und nicht bloße Leerformel werden, einen großen Aufwand an Zerlegung in Teilqualifikationen.

Möglicherweise wird man sich bei Lernzielen globaler Art mit unvollkommeneren Überprüfungsmöglichkeiten zufriedengeben müssen, ohne daß man indes die Forderung nach *Operationalisierbarkeit* fallen lassen dürfte.

Unter „operationalisierbar" wird in diesem Zusammenhang lediglich die Angabe von Kriterien verstanden, nach denen geprüft werden kann, inwieweit das beschriebene Lernziel erreicht wurde.

Das formale Kriterium der Nachprüfbarkeit reicht jedoch zur Bestimmung von Lernzielen nicht aus; es müssen Kriterien für ihre inhaltliche Gültigkeit entwickelt werden. Setzt man den Begriff des Lernziels mit dem der Qualifikation gleich, so wird der Doppelcharakter des Lernzielbegriffs klar. Jede einzelne Qualifikation schließt sowohl die Frage nach ihrem Wofür bzw. Wozu wie auch nach ihrem Wodurch ein. Ein Lernziel im Sinne einer Qualifikation kann erst dann als solches anerkannt werden, wenn in seiner Beschreibung angegeben wird, erstens für welche Aufgaben, Lebenssituationen, Konflikte in Natur, Gesellschaft und privatem Bereich durch seine Realisierung qualifiziert werden soll und/oder welchen Normen (Wertvorstellungen) man damit gerecht werden will und zweitens aus welchen Kenntnissen, Fertigkeiten und Einstellungen das jeweilige spezielle Lernziel besteht. In den Begriff des Lernziels wird so ein didaktisches Moment der wechselseitigen Korrektur von vorhandenen Mitteln und gewünschten Zwecken eingeführt, das potentiell verhindert, daß bestimmte Stoffe oder generelle *Ziel*vorstellungen sich verselbständigen. Damit erlangt das Problem des Transfers von spezifischen Kenntnissen, Fähigkeiten und Haltungen auf andere, nicht mit den unmittelbaren Lernobjekten (Stoffen) identische Bereiche eine große Bedeutung (vgl. S. 38 ff).

Die unterschiedliche Struktur der Lernziele

Eine weitere Schwierigkeit, die von *Mager* genannten Voraussetzungen einer Lernzielbeschreibung zu erfüllen, resultiert aus der unterschiedlichen gesellschaftlichen Funktion von Lernzielen und den ihnen entsprechenden Lernprozessen.

So ist eine Reihe von Lernzielen formulierbar, die die Befähigung des Schülers zur Erfüllung der in der „industriellen Leistungsgesellschaft" an ihn gestellten Forderungen erstreben. Dazu gehören u. a. technische Fertigkeiten, naturwissenschaftliche Kenntnisse, Beherrschung sog. Kulturtechniken, Einhaltung anerkannter Regeln und Normen der zwischenmenschlichen Kommunikation usw. Die Beschränkung auf Lernziele dieser Art fördert die Tendenz, den Schüler der bestehenden Gesellschaftsordnung zu unterwerfen.

Angesichts dieser Gefahr einer lediglich affirmativen Wirkung derartiger Lernziele wird es um so notwendiger, sich auf jene Lernvorgänge zu besinnen, die den Schüler in emanzipatorischer Absicht zur Analyse der sozialen und politischen Bedingungen seines individuellen Lebens befähigen sollen. *Indem der Lehrplan die letzteren Ziele aufnimmt, setzt er bewußt ein Gegengewicht gegen die Anpassungstendenzen schulischer und außerschulischer Lernprozesse an eine möglicherweise schlechte gesellschaftliche Wirklichkeit.* Hierzu gehören z. B. Lernziele wie die Fähigkeit, Konflikte der Klassen und Gruppen sowie die eigene Interessenlage in unserer Gesellschaft zu erkennen oder auch eine ideologiekritische (rationale) Haltung gegenüber tradierten Normen, Einstellungen und Verhaltensweisen in unserer Gesellschaft zu gewinnen.

Schwierig wird die „Operationalisierung" solcher systemtranszendierenden Lernziele u. a. dadurch, daß sie Wertentscheidungen in einer historischen Situation implizieren, die durch quantifizierende Verfahren nur schwer zu überprüfen sind.[2] Sie wird noch mehr erschwert, weil derartige Lernziele kaum als isolierbares und als solches lernbares Verhalten dargestellt werden können, sondern sich erst im Zusammenhang mit Lernzielen affirmativen Typs in sinnvolle Unterrichtsvorgänge transformieren lassen.

Die Interdependenz und das Problem der Koordination von Lernzielen

Die Beschreibung von Lernzielen wirft ein weiteres Problem auf: Wenn es richtig ist, daß den Lehrern die Erkenntnis der inneren Zusammenhänge zwischen den Lernzielen in den verschiedenen Lehrbereichen sowie des Stellenwertes eines einzelnen Lernzieles in seinem Verhältnis zu übergeordneten Zielen des gleichen Bereiches sowie zur Person des Schülers, zur Gesellschaft usw. nur begrenzt zuzumuten ist, dann müßte innerhalb des Lehrplans die Interdependenz von Lernzielen wenigstens in einigen zentralen Beziehungen aufgewiesen werden.

Diese interdependente Beschreibung von Lernzielen müßte gewährleisten, daß die Querverbindungen zu Lernzielen aus verschiedenen Bereichen sowie ihre Bedeutung für Individuum und Gesellschaft berücksichtigt werden.

Wichtiger noch erscheint die Frage, in welcher Weise die Lernenden die Vielzahl unterschiedlicher Lernziele im individuellen Lernprozeß zu integrieren vermögen. Diese individuelle Integration der einzelnen Lernprozesse sollte selbst wiederum als Lernprozeß aufgefaßt werden. Damit ist nicht nur gesagt, daß die Formulierungen der Lernziele in den einzelnen Fachbereichen und Fächern nur insoweit pädagogisch sinnvoll erscheinen, als sie in Korrespondenz zu allen übrigen geschehen, sondern daß die notwendigen pädagogischen Hilfen zur Bewältigung der Lernleistung „Integration" stets mit zu reflektieren sind (vgl. S. 43 ff).

Zum Verhältnis von Lernziel und Lernprozeß

Ein entscheidendes Problem ist die Frage, ob Lernziele bereits in ihrer Beschreibung Angaben über die spezifischen Bedingungen und Schwierigkeiten enthalten sollen, unter denen die Verhaltensänderung beim Schüler erreicht werden muß. Ohne Zweifel war es ein Mangel bisheriger Lehrpläne, daß sie oft nur sehr pauschale, d. h. nicht „operable" Angaben über die Bedingungen und Möglichkeiten ihrer Realisierung enthielten und daher den Lehrern wenig Hilfen zur Lösung der pädagogischen Aufgabe boten, die angegebenen Lernziele in sinnvolle Unterrichtsvorgänge umzusetzen. In künftigen Lehrplänen müßten daher Angaben darüber zu finden sein, welche organisatorischen Voraussetzungen (Struktur der Lerngruppe, Team teaching, Unterrichtsverfahren usw.) erfüllt sein müßten, wie die soziale Lage der Adressaten zu berücksichtigen sei, welche charakteristischen Merkmale das Bewußtsein der beteiligten Lehrer aufweisen sollte und welche speziellen

---

2   vgl. J. Habermas: Technik und Wissenschaft als „Ideologie"; Frankfurt 1968
vgl. H. v. Hentig: Systemzwang und Selbstbestimmung; Stuttgart 1968
vgl. M. Markovic: Dialektik und Praxis; Frankfurt 1968

Schwierigkeiten sich vermutlich ergeben, wenn ein bestimmtes Lernziel erreicht werden soll. In der Tat wäre die Hilfe für den einzelnen Lehrer erst dann vollkommen, wenn Lernziele nicht nur im Hinblick auf mögliche Operationalität, sondern bereits *handlungsanweisend* formuliert würden, und zwar so, daß sie die zu erwartenden Schwierigkeiten der Realisation aufführten. Folgende Fragen werden aber dann weiter zu lösen sein:

1. Welcher Grad von Verbindlichkeit ist der handlungsanweisenden Formulierung beizumessen? Besteht nicht bei zu engherziger Auslegung die Gefahr, daß der Lehrer bzw. die Lerngruppe ihre Flexibilität verlieren?
2. Bis zu welcher Lernzielebene sollte handlungsanweisend formuliert werden? Wäre es möglich, die verschiedenen Problemzusammenhänge durch die Ausarbeitung besonders wichtiger Lernziele – möglicherweise in mehreren Varianten – zu verdeutlichen?
3. Auf welcher Stufe des Verfahrens der Lernzielformulierung sollte die Beschreibung der Realisierungsbedingungen beginnen? Ist evtl. aus arbeitstechnischen Gründen die Verlagerung der Beschreibung der Realisierungsbedingungen auf eine zweite Stufe sinnvoll?

Hypothetisch lassen sich zunächst die Anforderungen *Magers* für die Definition und Beschreibung von Lernzielen durch die Forderung ergänzen: Benennen und beschreiben Sie die Bedingungen und Schwierigkeiten, unter denen die Verhaltensänderung beim Schüler erreicht werden soll oder muß! (Vgl. S. 40 ff.)

Zur Gliederung von Lernzielen

Für die Gliederung der Lernziele ist zunächst die Frage entscheidend, ob die tradierten Schulfächer weiterhin den determinierenden Rahmen des Lehrplanes abgeben oder ob neue Gesichtspunkte eine Rolle spielen sollen. Auch wenn man sich für die Beibehaltung des bisherigen Fächerkanons entscheidet, ist zu erwägen, wie eine Reihe pädagogisch notwendiger Lernziele z. B. aus den Bereichen der Technologie, Ökonomie, Psychologie, Soziologie, Medizin usw. in den Lehrplan eingebaut werden kann. Weiterhin erscheint zweifelhaft, ob Lernziele allgemeiner Natur sich überhaupt in einzelnen Fächern unterbringen lassen oder ob nicht vielmehr von gewissen zentralen Lernzielen her neue Formen der Unterrichtsorganisation und neue Prinzipien der Lernzielgliederung konzipiert werden müssen.

In diesem Zusammenhang wäre zu überlegen, wieweit die bisher vorliegenden Gliederungsformen prinzipielle Vorentscheidungen enthalten. Eine oft gebrauchte Ordnungsvorstellung von Lernzielen ist z. B. die der *Hierarchie*. Sie wirft jedoch u. a. die Frage auf, ob Unterricht damit nicht von vornherein auf einen linearen Lernprozeß im Sinne eines stufenweisen Aufsteigens von einfacheren zu komplexeren und schwierigeren Lerneinheiten festgelegt wird. Eine häufig anzutreffende Katalogisierung der Lernziele gliedert diese auf in *Erkenntnisse, Kenntnisse, Fähigkeiten und Fertigkeiten*. Zu erwägen wäre, ob diese Untergliederungen für Zwecke der Lernzielbeschreibung brauchbar sind (vgl. S. 47 ff).

Weiterhin wäre zu prüfen, ob die von *B. S. Bloom*[3] stammende Gliederung

---

3 vgl. D. R. Krathwole (Hrsg.): Taxonomy of Educational Objectives; Handbook II, London 1964

die möglichen kognitiven Lernzielarten objektiv richtig und relativ vollständig erfaßt und wie seine Taxonomie für Lernzieluntergliederungen fruchtbar gemacht werden kann. Denkbar wären auch Teilübernahmen von *Bloom* in Kombination mit Untergliederungen anderer Autoren. So findet sich bei *Bernhard Möller*[4] eine Ergänzung der *Bloom*schen Klassifikationstabelle der kognitiven Lernziele nach *Rohracher* für den affektiven und nach *Guilford* für den psychomotorischen Bereich. Bei den genannten Klassifikationstabellen handelt es sich um Versuche, Lernzielkomplexe in eine systematische Ordnung zu bringen, die eigentlich zusammengehörende Bereiche voneinander trennt. Die Benutzung dieser oder ähnlicher Tabellen hebt daher die Notwendigkeit keineswegs auf, den Zusammenhang unterschiedlicher Lernziele konkret darzustellen.

Zur Begründung von Lernzielen

Das formale Kriterium der „operationalen Definition" muß ergänzt werden durch Kriterien, an denen die inhaltliche Relevanz eines Lernzieles gemessen werden kann. Es muß daher die Frage beantwortet werden, warum bestimmte Lernziele gelten sollen und warum sie vor anderen möglichen Lernzielen Vorrang haben.

In der Literatur werden im allgemeinen drei zentrale Curriculum-Determinanten genannt:
1. „Gesellschaft";
2. „Kind";
3. „wissenschaftliche und künstlerische Disziplinen"[5].

ad 1: Wenn die Anforderungen der Gesellschaft, die empirisch durch Befragungen von Abnehmern von Absolventen der Bildungsinstitutionen, durch Arbeitsplatzanalysen und das Fixieren von Expertenmeinungen gewonnen werden könnten, *vorrangig* die Struktur des Gesamtcurriculums bestimmen würden, hätte das den Vorteil, daß der traditionell große Gegensatz zwischen dem, was in der Schule gelernt, und dem, was im praktischen Leben gebraucht wird, verringert würde. Der Übertritt in die Berufswelt ginge erheblich reibungsloser vonstatten, und durch eine Institutionalisierung von Lehrplanrevisionen könnte in einem permanenten Innovationsprozeß die Anpassung des Schulunterrichts an die handfest verstandenen Anforderungen der Gesellschaft gewährleistet werden.

Eine zu weit gehende Begünstigung dieses Verfahrens wirft jedoch folgende Probleme auf: Wie kann verhindert werden, daß der faktische und möglicherweise für schlecht gehaltene Zustand der Gesellschaft norminierend wirkt, d. h., die bestehenden Verhältnisse verhärtet, indem das Faktische in der Schule gelehrte Verhaltensnorm wird? In einer Vielzahl ihrer Bereiche erhebt die bestehende Gesellschaft keine eindeutig bestimmbaren Verhaltensanforderungen. Woher aber sollen

---

4 B. Möller: Analytische Unterrichtsmodelle: München — Basel 1966
5 vgl. S. B. Robinsohn: Bildungsreform als Revision des Curriculum; Neuwied 1967

Schüler Maßstäbe zur Beurteilung solcher strittiger Verhaltensnormen entwickeln — etwa aus der individuellen Lebenserfahrung oder aus dem Lehrzusammenhang wissenschaftlicher Disziplinen? Die entscheidende Frage ist jedoch, ob dieses Verfahren — selbst wenn man es nicht puristisch durchführt, sondern sich gegebenenfalls auch mit Auskünften von geringerer Genauigkeit zufrieden gibt — zeitlich und finanziell unter den gegenwärtigen Verhältnissen praktikabel ist. Trotz der angeführten Bedenken gegenüber einer zu einseitigen Auslegung bleibt der Grundgedanke, Lernziele auch danach zu bewerten, inwieweit sie den Forderungen, die an den Schüler in der gegenwärtigen „Industriegesellschaft" gestellt werden, gerecht werden, prinzipiell unbestritten.

ad 2: Die mit „Kind" umschriebene Curriculum-Determinante verlangt gerade in Deutschland schon deshalb besondere Beachtung, weil hier der Schüler oft nur als passiv rezipierender Adressat der Lehrinteressen seines Lehrers oder sonstiger Erwachsener in Erscheinung trat bzw. gewünscht wurde. Andererseits ist es aber riskant, von bestimmten entwicklungspsychologischen Doktrinen her Verhaltensweisen und Motivationen des Kindes einer bestimmten Altersstufe zu hypostasieren und aus ihnen Lernziele oder methodische Prinzipien abzuleiten. Es könnte nämlich sein, daß latente Möglichkeiten des Kindes durch dessen Anpassung an die Verhaltenserwartungen der Erwachsenen überhaupt erst zu seinen „wirklichen Bedürfnissen" werden, denen nun die Entwicklungspsychologen und mit ihnen die Erzieher den Rang von Naturkonstanten zuschreiben. Dagegen ist einzuwenden: aus dem gerade vorfindlichen Stand der Schüler sollte kein Unüberschreitbares gemacht werden, und zwar auch nicht in deren eigenem Interesse (vgl. S. 83 ff).

ad 3: Vielfach wird bis heute angenommen, die Reflexion auf die scheinbar „reine", d. h. gesellschaftlich nicht vermittelte „Struktur" der an der Universität vertretenen wissenschaftlichen und künstlerischen Disziplinen erlaube die Aufstellung und Beschreibung von Lernzielen, die einen Unterricht von angemessenem Niveau garantieren, der sich im Einklang mit der wissenschaftlichen Forschung selbst ständig erneuere. Diese Auffassung beruht jedoch auf einem höchst problematischen Wissenschaftsverständnis und auf einer fragwürdigen Vorstellung des Verhältnisses der Einzelwissenschaften zu den ihnen scheinbar zugeordneten Schulfächern: Wissenschaft wird hier als gleichsam organisch gewachsenes geistiges Gebilde verstanden, der tatsächliche Wandel ihrer Fragestellungen und Methoden und dessen historische Ursachen werden ignoriert. Unterricht wird begriffen als Verlängerung der derart mißverstandenen Einzelwissenschaften in den Raum der Schule.

Nachweisbar aber führten stets übergreifende historische Prozesse und die in ihrem Zusammenhang auftretenden neuen Bedürfnisse herrschender Gesellschaftsgruppen zur Konstituierung neuer Fächer und Fachbereiche in den Schulen. So zwang etwa die industrielle Revolution des 19. Jahrhunderts trotz aller Widerstände der Altphilologen zur stärkeren Berücksichtigung der „Realien", insbesondere der naturwissenschaftlichen Fächer, und bei der Begründung des Faches „Staatsbürgerkunde" in den preußischen Schulen stand das Bedürfnis des wilhelminischen Kaiserreiches nach Selbstdarstellung und nach der Bekämpfung innenpolitischer Gegner, insbesondere der Sozialdemokratie, Pate.

Die Frage nach den Lernzielen einzelner Schulfächer kann daher keineswegs von den ihnen scheinbar zugeordneten Universitätsdisziplinen aus beantwortet, sondern nur von allgemeinen Überlegungen her, wie etwa der, entschieden werden: Was kann dazu beitragen, die Fähigkeit des Schülers zur „Kommunikation und Aktion" in unserer Gesellschaft zu steigern? Erst bei dem Versuch, derartige Fragen zu beantworten, ist die Heranziehung der Wissenschaften — nun aber unumgänglich — geboten. Die oberflächliche Praxis dagegen, Lernziele aus Fragestellungen, Methoden und Resultaten der Einzelwissenschaften unreflektiert abzuleiten, läßt zudem notwendig folgende Fragen offen:

Welchen inneren Zusammenhang haben die einzelnen Fächer und ihre Lernziele zueinander im Rahmen eines Gesamtcurriculums? Welche der zahlreichen wissenschaftlichen und künstlerischen Disziplinen der Gegenwart sollen für den Schulunterricht ausgewählt werden, und nach welchen Kriterien soll das geschehen? Ist die beschränkte Zahl der ausgewählten Disziplinen in der Lage, alle möglichen wünschbaren Lernziele sinnvoll zu integrieren? Welcher wissenschaftlichen Disziplin entsprechen z. B. die „social studies"? Lassen sich alle Lernziele definitiv in bestimmte Fächer aufgliedern?

Das Problem der Lernzielbestimmung besteht jeweils in der Vermittlung der drei genannten Gesichtspunkte. Es geht demnach u. a. um die Frage, welche generellen Verhaltensweisen in unserer Gesellschaft angesichts des Standes der Technik, des Grades der Verwissenschaftlichung, der Prognostizierbarkeit künftiger Entwicklungstendenzen, aber auch tradierter Wertkomplexe für vorrangig gelten sollen. Grundlage für die zu treffenden Entscheidungen müßte die Analyse derjenigen Literatur bilden, die sich

a) wissenschaftlich mit den wesentlichen Trends der Entwicklung in ökonomischen, kulturellen, technologischen, politischen usw. — also objektivierbaren — Bereichen befaßt und

b) die normativen Gesichtspunkte über die wünschenswerten Beziehungen zwischen Individuum und Gesellschaft sowie über die Beziehungen zwischen Individuum und Natur mit empirisch konstatierbaren Trends in Beziehung setzt.

Bei der konkreten Vermittlung der drei genannten Gesichtspunkte zur Lernzielbestimmung wird freilich immer wieder die Entscheidungsfrage auftreten, welchem der Aspekte die Priorität zukomme.

Die Leitidee der jeweils zu leistenden Vermittlung sollte nach Auffassung der vorbereitenden Kommission das Prinzip der Emanzipation sein. Das bedeutet: der Wert eines Lernzieles wird letztlich daran gemessen, inwieweit es innerhalb des organisierten Lernprozesses dazu beiträgt, die Fähigkeit des Schülers zur Analyse gesellschaftlicher Zusammenhänge und damit sein Selbstverständnis und seine Handlungsfähigkeit in der jeweiligen historischen Situation zu fördern.
Der Begriff „Emanzipation" wird demnach hier nicht als ein „oberstes Lern-

ziel" verstanden, aus dem ein System zu erwerbender „Qualifikationen" deduziert werden könnte. Er erfüllt vielmehr eine heuristische Funktion. Zweifellos vollzieht jeder einzelne eine Vielzahl von Anpassungsleistungen, die das gesamte Leben, insbesondere aber jede produktive und verantwortliche Tätigkeit in der „modernen Industriegesellschaft" notwendig voraussetzt. Der Leitbegriff „Emanzipation" dient nun dazu, die soziale Problematik dieser begründbaren Anpassungsforderungen besser zu erkennen. Er hilft darüber hinaus, jene Lernziele bzw. Qualifikationen in den Blick zu bekommen, die erforderlich sind, um bestimmte „Forderungen der Gesellschaft" an den einzelnen begründet zurückweisen zu können.

Lernziele wie etwa die sogen. „Kulturtechniken" — Rechnen, Schreiben, Lesen — können je nach dem curricularen Zusammenhang, in dem sie vermittelt werden, höchst unterschiedliche soziale Funktionen erfüllen. Im Kontext der Vermittlung einer konservativen Ideologie etwa, sind sie durchaus geeignet, vorgegebene Herrschaftsstrukturen zu befestigen, in anderen Zusammenhängen dagegen erscheinen sie als Elemente der Aufklärung und damit als Voraussetzung individueller und sozialer Selbstbestimmung. Zur Bestimmung der sozialen Funktion „instrumentaler" Lernziele ist daher die Orientierung am Leitbegriff „Emanzipation" unerläßlich: sie ermöglicht, jene Curriculumelemente zu finden und zu beschreiben, die ein Mehr an Aufklärung, an Entscheidungsfähigkeit und Selbständigkeit gewährleisten.

Hierzu gehören auch die Organisationsformen des Lernprozesses. „Emanzipatorische" Ziele, wie etwa die Schüler zu selbständigem Denken, kritischer Reflexion und rationaler Stellungnahme zu befähigen, können nur in „demokratischen" Unterrichtsformen verwirklicht werden.

Verfahrenstypen der Lernzielermittlung

In der Curriculumdiskussion werden drei methodische Ansätze zur Ermittlung fachübergreifender, allgemeiner Lernziele idealtypisch unterschieden:
1. Die Analyse vorliegender Lehrpläne und anderer „Materialien", die Aufschluß über die in der Unterrichtspraxis tatsächlich angestrebten Lernziele geben.
2. Die Ermittlung und Analyse lernrelevanter „Situationen".
3. Die Ableitung von Lernzielen aus „gültigen" Normen und „obersten Lernzielen".

ad 1: In drei Schritten wird es möglich, aus dem „Material" der bisher im Unterricht verfolgten Lernziele einen begründbaren Katalog „operationalisierbarer" Lernziele zu entwickeln:
Erster Schritt: Aus dem „Material", das die in der Praxis wirksamen Lernziele dokumentiert (Lehrpläne, Klassenbücher, Lehrbücher und Unterrichtsberichte, empirische Erhebungen), wird ein vorläufiger Katalog „vorgefundener Lernziele" zusammengestellt. Zur Gliederung des Katalogs können die bereits erwähnten Taxonomien herangezogen werden. Man erhält demnach Listen bisher erwünschter bzw. angestrebter Kenntnisse, Erkenntnisse, Fertigkeiten usw.

Zweiter Schritt: Der Katalog vorgefundener Lernziele wird im zweiten Schritt einem *Diskriminierungsverfahren* ausgesetzt, d. h. die ermittelten Lernziele werden an bestimmten Kriterien gemessen. Diejenigen Ziele, die den Kriterien nicht genügen, scheiden aus. Folgende Kriterien zur Diskriminierung vorgefundener Lernziele erscheinen möglich:

a) Das postulierte Lernziel wird gar nicht oder unzureichend begründet. Auch nachträglich „konstruierte" Begründungsversuche versagen.

b) Das Lernziel ist nicht „operationalisierbar".

Dritter Schritt: Der nach diesem Diskriminierungsvorgang noch verbleibende Lernzielkatalog dürfte — an den Forderungen der modernen Didaktik gemessen — ein *Defizit* aufweisen. Zur Auffüllung der Lücken werden u. a. folgende Materialien herangezogen:

a) Moderne „allgemeine" und Fachdidaktiken, soweit sie darauf angelegt sind, Handlungsanweisungen für die Praxis zu bieten,

b) Publikationen zur Bildungsplanung und Schultheorie,

c) Quellen und Darstellungen über Anforderungen gesellschaftlicher Interessengruppen an das Bildungswesen,

d) Ergebnisse der internationalen Curriculumforschung und der auf ihrer Grundlage bereits erarbeiteten Bildungspläne,

e) Sozialwissenschaftliche Analysen und die vorliegenden Ergebnisse der Zukunftsforschung.

Die aus diesem Material erschlossenen Lernziele müssen wiederum im Hinblick auf ihre Operationalisierbarkeit und Begründbarkeit kritisch überprüft werden.

Zusammen mit den aus den Ausgangsmaterialien bereits erschlossenen Lernzielen wird sich als Ergebnis dieses Verfahrens ein rational begründbarer, den Forderungen der modernen Didaktik angemessener Lernzielkatalog ergeben.

Die Hauptschwierigkeit der Methode besteht darin, aus den erwähnten Materialien die Lücken des „vorläufigen" Katalogs aufzufüllen. Tatsächlich sind die in der aufgeführten Literatur erhobenen Forderungen jeweils an bestimmte Wertvorstellungen gebunden, die ihrerseits kritisch zu hinterfragen wären. Hierzu ist es notwendig, die gesellschaftliche Vermittlung und Funktion dieser Normensysteme präzis nachzuweisen. Man ist demnach auf ideologiekritische Verfahren angewiesen, die von einem anderen methodischen Ansatz her ohnehin entwickelt werden müssen. Weiterhin werden in der angeführten sozialwissenschaftlichen Literatur Hypothesen über gesellschaftliche Bedürfnisse entwickelt, aus denen Lernziele abgeleitet werden. Zu ihrer Überprüfung wären Verfahren zur Ermittlung und Analyse lernrelevanter Situationen notwendig.

ad 2: Im Gegensatz zum ersten Verfahren geht der zweite methodische Ansatz davon aus, jene „Situationen" zu ermitteln, die vom Schüler gegenwärtig und künftig „bewältigt" werden müssen. Durch empirische Erhebungen und Expertenbefragungen untersucht z. B. das Institut für Bildungsforschung der Max-Planck-

Gesellschaft derartige „Verwendungssituationen" des Curriculums. Im zweiten Schritt des Verfahrens geht es um die Bestimmung und operationale Beschreibung derjenigen „Qualifikationen", die notwendig sind, um den in der betreffenden Situation gestellten Anforderungen gerecht zu werden. Die „Wichtung" und taxonomische Anordnung der derart ermittelten „Qualifikationen" schließlich führen zur Aufstellung eines Lernzielsystems.

Problematisch erscheint an diesem Ansatz die Bewertung der ermittelten Lernziele. Da über die Berücksichtigung der gesellschaftlichen und fachwissenschaftlichen Anforderungen hinaus die Orientierung an bestimmten ethischen bzw. politischen Normen hier weitgehend vermieden wird, läuft das Verfahren Gefahr, jene „emanzipatorischen" Aspekte des Lernens in ihrer vollen Bedeutung aus dem Blick zu verlieren.

Eine Gruppe der hessischen Lehrplankommissionen versuchte, dieser Gefahr zu entgehen, indem sie ein Suchinstrument für lernrelevante Situationen entwickelte, das von vornherein die ermittelten sozialen Anforderungen mit bestimmten, aus der Leitvorstellung „Emanzipation" deduzierten Postulaten, konfrontiert. Die Gruppe ging von folgender Grobeinteilung sozialer „Situationenfelder" aus: Familie, Beruf, Öffentlichkeit, freie Zeit.

Durch schrittweise Ausdifferenzierung der verschiedenen Aspekte dieser „Situationenfelder" — so kann z. B. das Feld „Beruf" unter dem Aspekt der Arbeitstätigkeit betrachtet werden — gelangt sie zur Fixierung *lernrelevanter Situationen*. Lernziele können nun als mögliche *Reaktionen* des einzelnen auf diese Situationen beschrieben werden. Als Sonde und Beschreibungshilfe zugleich fungiert in diesem Zusammenhang die Leitvorstellung „Emanzipation", deren Komponenten in der Spalte VI des Ableitungsentwurfs aufgeführt werden. Eine derartige Bestimmung von Lernzielen hat zweifellos den Vorteil, daß Erziehung zur bloßen Anpassung verhindert wird und zugleich Anpassung als ein Aspekt des Lernens zur Geltung kommt.

Über die Findung und Formulierung von Lernzielen hinaus möchte das Ableitungssystem zugleich Hinweise zur *Organisation der Lernprozesse* vermitteln, die zur Realisierung der gefundenen Ziele notwendig erscheinen. „Selbstbestimmung" durch Lernen kann nur ermöglicht werden, wenn die Unterrichtsformen selbst mit den ermittelten Zielen in Einklang stehen. Aus diesem Grunde hat die Gruppe zwischen die Ausformulierung der Lernziele in Spalte V und die Analyse der Aspekte eines ausgewählten Situationenfeldes in Spalte III eine Stichwortsammlung eingeschoben, die Hinweise auf mögliche Curricula enthält. Vorschlag der „Gruppe Hartwig":

I. Soziale Bereiche[6]

II. Aspekte der sozialen Bereiche

FAMILIE
- Sozialisationsinstanz
- Sexualgemeinschaft
- Wohneinheit
- Konsumeinheit
- Produktionseinheit

ÖFFENTLICHKEIT
- *formell:*
  Organisation des
  a) politischen,
  b) wirtschaftlichen,
  c) soziokulturellen Systems
  informell:
  und der Entwicklung dieser Systeme

BERUF
- Arbeitstätigkeit
- betriebl. Organisationsstruktur
- gewerkschaftliche / berufsständische Organisation

FREIE ZEIT
- psychische
- physische — Funktion
- ökonomische

IV. Situationen (Stichwörter) als Ansätze zu Unterrichtseinheiten	V. Mögliche Reaktionsweisen — Lernziele — Qualifikationen
Unterrichtsgegenstände	Lernziele
+ Lehrlingsausbildung Schule – ein Betrieb	individuelle Konflikte in gesellschaftlichen Kontext stellen können
+ Sachzwang, Selbstbestimmung Mitbestimmung Arbeitsdisziplin Streik	interessenbestimmte Argumentation (Handeln) durchschauen und üben
+ notwendiger und überflüssiger Zwang	bewußtes Rollenhandeln lernen
+ Berufswahl	Berufsausbilder kennenlernen Notwendigkeit und Funktion von Spezialwissen bestimmen können Funktion von beruflichen Qualifikationen Anpassung Analyse des Entscheidungsprozesses bei der Berufswahl (s. Familie)
Betriebstreue Betriebsausflug	Lernfähigkeit als Bedingung für Selbstbestimmung

III. Strukturanalyse von Aspekten eines sozialen Bereiches
— unter wissenschaftlicher Kontrolle —

formell:	*Rollen:* (Interaktionsformen)
Organisation des Produktionsprozesses	
politisch-ökonomische Analyse	
legale politische Gruppen	Arbeitgeber Arbeitnehmer
Ablauf von Entscheidungsprozessen	
Befehlshierarchie	
	Vorgesetzter
Informationswege (Kommunikation)	Untergebener

inoffiziell:	
politische Gruppierungen	Kollege Bekannter
private Beziehungen	Freund

VI. Übergeordnete Bedingungen
bei der Bestimmung von konkreten Lernzielen und der Entwicklung
von Lernsequenzen

allgemeinstes Lernziel:	*Emanzipation* (Erziehung für eine demokratische Gesellschaft)
inhaltliche Aspekte:	starkes Ich Selbstbestimmung bewußtes Rollenspiel demokratisches Gesellschaftsbild

Demokratische Unterrichtsorganisation als Bedingung für emanzipatorische Wirkung von organisierten Lernprozessen

Stichworte dazu: Selbstorganisation, Kooperation, bewußtes Lernen, reflektierte Interaktion

---

6 Man lese die Seiten 34 und 35 in der Reihenfolge der römischen Ziffern. Ab III wird nur noch ein Teil der sozialen Bereiche (II) aufgegliedert.

ad 3: Aus der Darstellung der beiden bisher betrachteten Verfahren geht bereits hervor, daß schlechthin jede Methode der Lernzielermittlung im Hinblick auf die Bewertung, Sondierung und Wichtung ermittelter „Qualifikationen", auf die Analyse bestimmter Normen angewiesen ist. Das gilt nicht nur für den hier im Vordergrund der Betrachtung stehenden Leitbegriff „Emanzipation", sondern für die Gesamtheit der Normen bzw. Verhaltenserwartungen, die von den verschiedenen Gruppen und Institutionen der Gesellschaft an das Curriculum herangetragen werden. Darüber hinaus ist aber zu fragen, inwieweit die Analyse von Normen und „obersten Lernzielen" nicht ihrerseits ein legitimes Verfahren der Lernzielermittlung darstellt.

Eine weitere Kommission der hessischen Lehrplanrevision hat sich mit dieser Frage beschäftigt. Zwei von Untergruppen durchgespielte Verfahren sind in diesem Zusammenhang denkbar.

a) Die erste Untergruppe ging von der Vermutung aus, daß sich aus dem Leitbegriff „Emanzipation" operationalisierbare Lernziele deduzieren lassen. Vorschlag der „Gruppe Fischer":

Ausgang:	*Leitidee:* das Prinzip „Emanzipation" (Betrachtet unter dem Aspekt der Primärbefähigung zur Analyse gesellschaftlicher Zusammenhänge)

Explikation:	Selbstbestimmung äußert sich in folgenden Verhaltensweisen:	
	z. B. „Politische Sensibilität",	„Soziologische Phantasie"
Konkretisierung:	d. h. „rational begründete Engagementbereitschaft" etc., etc.	„Einsicht in die eigene gesellschaftliche Interessenlage" etc., etc.
Endkonkretisierung:	lernpsychologische Aussagen	
Rektifizierung:	a) an Lernzieltaxonomien b) an Lehr- und Lerninhalten c) an Verwendungssituationen d) an Experteninformationen über erwünschte Qualifikationen	

b) Die zweite Untergruppe versuchte, aus der Literatur, die sich mit den ökonomischen, kulturellen, technologischen und politischen Trends unserer Gesellschaft befaßt und aus jenen Dokumenten, die Aufschluß über die Forderungen der verschiedenen sozialen Gruppen und Institutionen an den Lehrplan geben, „oberste Lernziele" zu entwickeln, die in weiteren Schritten des Verfahrens begründet, konkretisiert und operationalisiert werden sollen.

Vorschlag der „Gruppe Rauschenberger":

Folgender, durchaus ergänzungsbedürftiger und noch keineswegs geordneter Katalog genereller Lernziele läßt sich aus der angegebenen Literatur ermitteln:

Beherrschung elementarer kulturell-relevanter Grundtechniken

Fähigkeit zu wirksamer Kommunikation

Bereitschaft und Fähigkeit zu kooperativem Verhalten

Bereitschaft zu selbständiger Weiterbildung und Erhöhung der Lernfähigkeit (Lernen zu lernen)

Bereitschaft und Fähigkeit zu beruflicher und sozialer Mobilität

„Technische Sensibilität"

Durchschaubarkeit komplexer industrieller Fertigungsprozesse und ihrer sozioökonomischen Bedingungen

Fähigkeit des kritischen Umgangs mit wissenschaftlichen Hypothesen und Modellen (Erkenntnis der Grenzen und Brauchbarkeit)

Fähigkeit zur Verarbeitung stark formalisierter Informationen

Beherrschung elementarer Strategien und Forschungsmethoden, insbesondere im Bereich der Naturwissenschaften (quantifizierende Methoden, technologische Rationalität usw.)

Politische Aktivierung der Schüler (Bereitschaft und Fähigkeit zu kritischer Mitarbeit in den Organisationen und Institutionen unserer Gesellschaft und zu rational begründetem Engagement); „Politische Sensibilität" im Sinne M. Teschners

Kenntnis zentraler rechtlicher und moralischer Normen unserer Gesellschaft

Fähigkeit, Konflikte der Klassen und Gruppen in unserer Gesellschaft zu erkennen und Einsicht in die eigene objektive Interessenlage; „Soziologische Phantasie" im Sinne C. Wright Mills

Durchleuchtung der vielfältigen personellen Abhängigkeitsverhältnisse in unserer Gesellschaft und Kritikfähigkeit gegenüber unbefragbarer Autorität

Ideologiekritische (rationale) Haltung gegenüber tradierten Normen, Einstellungen und Verhaltensweisen in unserer Gesellschaft

Fähigkeit, aktuelle Vorgänge, Einstellungen, Institutionen usw. historisch zu begreifen

Kenntnis und Verständnis von Kulturen und Gesellschaften, deren Normen und Werthorizont erheblich von unseren abweichen

Aufklärung über die Physiologie des menschlichen Individuums sowie über seine Triebstruktur im Zusammenhang mit grundlegenden sozialpsychologischen Prozessen zum Zweck der Affektkontrolle

Fähigkeiten zur sinnvollen Gestaltung der Freizeit (musische Fertigkeiten, Sport, Spiele)

Fähigkeit zu rationalem Konsumentenverhalten (Erziehung zur Wahl nicht nur der Instrumente, sondern auch der Ziele)

Förderung des Gesundheitszustandes der Schüler (Schulsport, Reihenuntersuchungen usw.)

Fähigkeit zur Teilnahme am literarischen und künstlerischen Leben der Gegenwart

Fähigkeit zu divergentem Denken und Handeln mit schöpferischem Charakter (sog. Kreativität)

Beide Untergruppen kommen freilich nicht umhin, die ermittelten Lernziele auf ihre Eignung zur Bewältigung bestimmter „Situationen" zu überprüfen. Hinzu kommt, daß nur die Analyse aller lernrelevanter Situationen über die Vollständigkeit des ermittelten Lernzielkataloges Aufschluß geben kann.

Es wird deutlich, daß die hier idealtypisch dargestellten Verfahren in mehrfacher Hinsicht aufeinander angewiesen sind. Zu prüfen wäre, ob diese Einsicht in die Interdependenz der Verfahren auf die Notwendigkeit zur Konstruktion einer „kombinierten Methode" der Lernzielermittlung hinweist.

Zum Problem des „Transfers"

KARL-CHRISTOPH LINGELBACH, THEODOR BÖRSS

Zur Übertragung gelernter Verhaltensweisen

Im Zusammenhang der Lernzielermittlung ist das Problem des Transfers, der Übertragung bestimmter Fertigkeiten, Erkenntnisse und struktureller Einsichten auf wechselnde Gegenstände und Situationen in zweierlei Hinsicht von Bedeutung.

1. Einmal geht es darum, zugleich mit der Aufstellung bestimmter Lernziele den Bereich der Gegenstände bzw. Probleme anzugeben, auf die diese angewendet werden sollen. Insbesondere ist zu zeigen, wie *Hans Aebli* formuliert, wie der Schüler darauf vorbereitet werden soll, eine gelernte Verhaltensweise „selbständig" auf neue „Fälle" (Objekte, Erscheinungen, Situationen etc.) anzuwenden, d. h. sie auf dieselben zu „transferieren".

2. Zweitens sind diejenigen „Qualifikationen" zu ermitteln, die es ermöglichen, daß die dem Schüler vermittelten Haltungen, Erkenntnisse und Einsichten in der Bewältigung realer Probleme des persönlichen, öffentlichen und beruflichen Lebens wirksam werden.

Schließt die Bestimmung eines Lernzieles bestimmte methodische Fähigkeiten ein, wie etwa die Klassifizierung bestimmter Pflanzen, so wäre zu prüfen, welche Kenntnisse und Fähigkeiten der Schüler benötigt, um die gelernten Bestimmungsmethoden auf alle Pflanzen anwenden zu können.

Ähnlich wirft das Lernziel, bestimmte naturwissenschaftliche oder soziale Zusammenhänge begrifflich zu fassen, die Frage auf, welche Methoden bzw. „Strategien" der Begriffsbildung zur Analyse und Beurteilung unterschiedlicher Probleme nun im weiten wechselnden Gegenstandsfeld gelernt und eingeübt werden sollten.

Rudolf Bergius gelangt in seiner Diskussion der wichtigsten Transfertheorien zu dem Ergebnis, daß die „Organisation struktureller Züge" eine entscheidende Bedingung des Transfers darstellt. Danach reicht z. B. keineswegs die sprachliche Vermittlung methodischer Regeln zur Lösung von Konstruktionsaufgaben aus. Entscheidend ist vielmehr, daß die Regel verstanden und daß erkannt wird, wann und wie sie angewendet werden muß.

Zusätzlich zur Einsicht in strukturelle Zusammenhänge muß demnach die Methode zur Erkenntnis struktureller Zusammenhänge und deren Anwendung auf wechselnde Problemfelder gelernt bzw. eingeübt werden.

Die „operationale" Beschreibung derartiger Transferleistungen ist eine zentrale Aufgabe der Lernzielbestimmung, die nur in enger Kooperation aller Lernbereiche geleistet werden kann.

Lernen und Realitätsbewältigung

Legt man einen strengen Maßstab hinsichtlich der Forderung nach Operationalisierung von Lernzielen an, so erweist sich, daß Operationalität der Lernzielbeschreibung bei Verhaltensweisen von hoher Komplexität nur dann hinreichend geleistet werden kann, wenn a) solche individuellen Verhaltensmuster auf empirischer Grundlage präzise beschrieben worden sind und b) der Transfer von schulischem Lernprozeß und verbaler Demonstration von Erkenntnissen durch den Lernenden zu seinem Verhalten im „wirklichen" Leben (Ernstfall) überprüfbar ist. Je komplexer jedoch eine Verhaltensstruktur (z. B. eine Rolle) ist, desto unüberschaubarer wird der direkte Zusammenhang mit möglicherweise zugrundeliegenden schulischen Lernerfahrungen. Zwischen verbaler Erkenntnis einerseits und tatsächlichem Verhalten andererseits klafft in der Regel eine Lücke, die sich daraus erklärt, daß globale Fähigkeiten wie z. B. generelle Kommunikationsfähigkeit oder Fähigkeit zu rationalem Konsumentenverhalten keineswegs vorwiegend oder gar allein aus schulischen Lernprozessen resultieren, sondern vielmehr Ergebnis der spezifischen Lebensgeschichte und der soziokulturellen Determinanten bei jedem einzelnen Lernenden sind.

Die Möglichkeiten, den Transfer von in der Schule gewonnenen Erkenntnissen auf in der sozialen Wirklichkeit sich abspielende Konflikte beim Lernenden systematisch zu kontrollieren, sind bislang gering. Es wäre daher zu fragen, ob man es bei der jeweiligen Beschreibung eines komplexen Lernziels nicht mit der bloß intellektuellen Produktion und Reproduktion des gewünschten Verhaltens bewenden lassen und dieses als das eigentliche Lernziel ansehen soll, weil es im Unterschied zum Verhalten im Ernstfall für den Lehrer nachprüfbar ist. Auf jeden Fall sollten die solchen Lernzielen (Erkenntnissen) zugrunde liegenden Transferhypothesen, auch wenn sie einstweilen als noch nicht falsifizierbar gelten müssen, benannt werden.

Zu erwägen ist, ob nicht gerade das Transfer in dem eben genannten Sinne den zentralen Bestandteil von Lernzielen in solchen Lernbereichen darstellt, wie sie von den Sozial- und Humanwissenschaften abgedeckt werden. Als eine Möglichkeit, derartigen Transfer zu fördern, erscheinen intensive Analysen von in der jeweiligen gesellschaftlichen Situation strukturell angelegten Konflikten (sozialökonomisch bedingte Interessendivergenzen), verbunden mit einer Konfrontation der dabei hervortretenden Verhaltensmuster. Wenngleich damit ein Transfer auf das Verhalten des Lernenden in der gesellschaftlichen Realität wahrscheinlicher würde, so darf man doch nicht vergessen, daß seine Überprüfung damit noch nicht geleistet ist.

In einigen Fällen werden sich Konflikte — der Lebenswirklichkeit gemäß oder doch ähnlich — im schulischen Bereich simulieren lassen (Gruppendynamik). Ihre Lösungen werden als reales Verhalten im begrenztem Maße nachprüfbar, das Lernziel wäre also mit einer Verhaltensbeschreibung identisch. In anderen Fällen wird man sich mit der vom Schüler verbal reproduzierten Erkenntnis als Lernzielbeschreibung begnügen müssen.

Als ein Weg, gesellschaftlich relevantes Verhalten durch den Lehrer überprüfbar zu machen, bietet sich herrschaftsfreie Kommunikation als dominierende Form der schulisch organisierten Lernprozesse an, weil der Lernende dabei wegen seiner individuell erfolgten Entscheidung keine Sanktionen befürchten muß.

Demokratisierung der Schule

HELMUT HARTWIG

Zu den allgemeinen Lernzielen gehören alle Aussagen, in denen es um die Demokratisierung von Schule und Unterricht geht. Am leichtesten faßbar werden diese Ziele, wenn man die *Lehrer-Schüler-Beziehung* als kontinuierliches Problem von organisierter Erziehung betrachtet.

Damit betreffen die folgenden Überlegungen die Problematik einer *Hierarchie von Lernzielen*, ebenso wie Fragen, um die es der *Organisationssoziologie* und *Gruppendynamik* geht.

In den bisherigen Bildungsplänen erschienen die Schüler weitgehend als Adressaten von ohne sie festgesetzten und für sie mehr oder minder verdeckten Bildungszielen und als Objekte von ohne ihre anerkannte Mitarbeit organisierten Unterrichtsveranstaltungen.

Je mehr die *Formen des Unterrichts als Momente seines Inhalts* — z. B. was die Ziele Sozialintegration der Selbstbestimmung betrifft — anerkannt werden, um so mehr müßten Fragen der Unterrichtsorganisation auch im Rahmen von Lehrplänen an Bedeutung gewinnen. Die Vernachlässigung der Vermittlungsprobleme in einem in einer Gruppe sich abspielenden Lernprozeß deutet auf eine spezifische Vorstellung von der Lehrerrolle und von Unterricht überhaupt hin. Vermittlungsprobleme sind unter der Bedingung irrelevant, daß der Lehrer bloß als Referent von Stoff und der Schüler als Rezeptor von Stoff aufgefaßt werden. In dem Maß, in dem der Schüler Gegenstände, Formen des Unterrichts, Fragestellungen des Lehrers hinnehmen muß, kann er auch aus dem Lehrplan herausgehalten bzw. als bloßes Objekt behandelt werden. Erst wenn Lernen als ein kooperativer Prozeß bestimmt wird, dem selbst „Bildungswert" zukommt, verändert sich die Beziehung Lehrer — Schüler so, daß auch die Aufgaben, die in diesem Prozeß zu leisten sind, nicht mehr definiert werden können ohne Rücksicht auf die Formen, in denen sich der auf spezielle Lernziele gerichtete Lernprozeß abspielt.

Versteht man *Unterricht auch als Sozialisationsprozeß*, dann muß dies Folgen für die Struktur des Curriculum (den Aufbau und Inhalt der Lehrpläne) haben. Man kann Lernziele nicht mehr nennen, ohne sie an Unterrichtsformen zu binden. Diese Unterrichtsformen aber müssen begriffen werden als Interaktionsmuster, durch die sich nicht fachbestimmte Lernziele (mit-)verwirklichen. Mit der Anerkennung von übergeordneten Lernzielen wie „Selbstbestimmung", „Demokratisierung", „Emanzipation" wäre dann zugleich auch ein inhaltliches Kriterium für die Beurteilung von Interaktionsformen gegeben. D. h. ein Aspekt der Konkretisierung dessen, was *Emanzipation* (als Sozialisationsziel) sein könnte, bestände darin, daß man dieses Ziel in der Projektion auf Unterrichtsformen und Interaktionsweisen operationalisiert. Ein Ergebnis dieser Operationalisierung dürfte sein, daß z. B.

Reflexion auf das Gruppenverhalten und den Ablauf des Lernprozesses selbst zu einem unverzichtbaren Lernziel in allen Fächern wird. Ebenso dürfte deutlich werden, daß unter der Forderung „Emanzipation" das Lehrer-Schülerverhältnis zum Gegenstand von Reflexion und Diskussion werden muß, damit institutionalisierte Autorität abgebaut werden kann zugunsten freierer Interaktionsformen.

Dementsprechend müßte das Curriculum Aussagen darüber machen, inwieweit die Aufgabe des Lehrers über die Vermittlung bzw. das Angebot von Fachkenntnissen (Informationen) hinausgehen soll und in welchem *Verhältnis die allgemeine Sozialisationsaufgabe* (Förderung der Fähigkeit zur *Selbstbestimmung)* von Schule und Unterricht *zu der Forderung nach einer Orientierung am Leistungsprinzip* stehen soll.

Eines aber ist schon gesagt: Wenn öffentliche Erziehung unter die Leitidee „Emanzipation" gestellt ist, dann kann dies im allgemeinen Verständnis doch erst einmal nichts anderes heißen, als daß sie nicht primär am Leistungsprinzip oder an der Forderung nach Anpassung orientiert werden soll. Von daher wäre dann die Rechtfertigung repressiver Unterrichtsmethoden mit dem Hinweis auf die Forderungen des Leistungsprinzips ausgeschlossen. Funktion und Grad der Anpassung wären ebenso wie die Bedeutung fachspezifischer Leistungsforderungen erst konkret im Curriculum zu bestimmen.

In Frage steht von daher das *Selbstverständnis des Lehrers.* Bislang verstehen sich die meisten *Lehrer als Fachakademiker,* die auch unterrichten. Von daher wird jede Initiative der Schüler, weil sie meist nicht aus dem Zentrum des Sachproblems kommen kann, als Unterrichtsstörung und Hemmnis im stofflichen Fortschritt empfunden. Anerkennung von Schülerinitiative bei Unterrichtsvorbereitung und Organisation bedeutet die Anerkennung von Umwegen aus pädagogischen Gründen. *Methodenbewußtsein* bei den Schülern zu erreichen, müßte als wichtigstes allgemeines Unterrichtsziel anerkannt werden, weil mit dem Bewußtsein von der Relevanz von Gesprächsformen, Fragehaltungen, Arbeitsweisen, ein Selbstaufklärungsprozeß innerhalb der Gruppe verbunden ist. Konkret: Während ein irrationaler Begriff von Gruppenverhalten zu resignierender Hinnahme auftretender Affekte und Konflikte führt und damit auch die Effektivität des Unterrichts (also auch das Erreichen von Sachzielen, sachspezifischen Lernzielen) vermindert, müßte mit dem *Verständnis für die psychischen Mechanismen im Gruppenverhalten* auch die Rationalität im Verhalten erhöht werden und die Entscheidung für die Art und den Grad der Mitarbeit mit der Anerkennung von Lernzielen und Interaktionsformen verknüpft werden. Nur so kann bloß autoritätsbestimmtes Lernen abgebaut werden.[1]

Im Rahmen einer Bildungsplanrevision müßte klar gesagt werden, in welchem Maße die Lehrer dazu verpflichtet bzw. wenigstens legitimiert werden sollen, die

1 Vgl. zu den Möglichkeiten und Problemen, die mit gruppendynamischen Verfahren verbunden sind, den Aufsatz von Klaus Horn in „Das Argument" 50, Sonderband, Berlin, 1969, „Politische und methodologische Aspekte gruppendynamischer Verfahren", S. 261 ff.

angedeutete Aufklärung zu betreiben und damit nicht nur Sachkenntnis zu fördern, sondern soziales Verhalten zu prägen.

Aussagen dazu hätten Folgen für *Schul- und Unterrichtsorganisation* oder anders ausgedrückt: in der heutigen Organisation von Schule und Unterricht liegen objektive Hindernisse für die Verwirklichung der geforderten Lernziele.

Unreflektiert bleibt bisher die Art, wie die Fachlehrer über „ihre" Unterrichtsstunden verfügen: nämlich wie über Privatbesitz an Produktionsmitteln. Aus der Autorität des für fachspezifische Ziele Verantwortlichen empfinden sie fächerübergreifende, methodologische Reflexionen oder gar spontane Aufhebung des Stundenplans als Eingriffe in den Produktionsprozeß, als Störung. Die Frage einer mobileren Organisation der Schulzeit, die Bereitstellung von Zeit für fächerübergreifende Kooperation ist aber nicht nur eine Organisationsfrage, sondern sie betrifft in ihren Folgen auch die Bewertung von Schule als gesellschaftliche Veranstaltung überhaupt. Eine größere Öffentlichkeit würde auch inhaltliche Folgen für den Unterricht haben, potentielle Öffentlichkeit von Unterricht an Lehrer und Schüler neue Forderungen stellen: Wertsysteme oder Verhaltensweisen blieben nicht mehr gegen die Außenwelt abgeschirmt wie bisher.

Die Legitimierung bestimmter schulischer Organisationsformen hängt also entscheidend zusammen mit dem inhaltlichen Verständnis von Schule. (Kurse statt Klassen; Team-teaching; Fachkonferenzen mit Schülern zusammen; Unterrichtskritik; mobiler Stundenplan; Gruppenprüfungen im Abitur; potentielle Öffentlichkeit von Unterricht; Diskussion über Leistungsbeurteilung; gemeinsame Unterrichtsplanung.)

Es könnte das Argument kommen, hier werde der Schüler behandelt wie ein bereits aufgeklärtes Wesen; tatsächlich aber gebe es für die Mitbeteiligung der Schüler altersspezifische Grenzen und solche, die in ihrer *mangelnden Fachautorität* begründet seien.

Dieses Argument ist in sich doppeldeutig. Mit dem Hinweis auf mangelnde Fachautorität wird Mitbestimmung grundsätzlich abgelehnt. Darüber hinaus deckt das Argument auch oft den Anspruch der Lehrer, in allen Fragen der Schulwirklichkeit die höhere Autorität zu haben. Tendenziell führt diese Argumentation dahin, daß man die Schüler nirgends als autorisierte Gesprächs- und Aktionspartner anerkennt. Hier käme es darauf an zu differenzieren. Man müßte im einzelnen untersuchen, in welchem Maß im Fachunterricht jeweils Mitbestimmung denkbar ist, ohne daß das Erreichen von partiellen, fachbezogenen Lernzielen dadurch unmöglich würde. Unzweifelhaft aber dürfte sein, daß die *Entwicklung von Mitbestimmungsfähigkeit als Ziel eines demokratischen Unterrichts* nur durch die Gewährung von Mitbestimmung geschehen kann.

Gerade zu der letzten These könnte der Einwand kommen, diese *Forderung* und vieles, was hier angesprochen werde, *betreffe nicht den Unterricht in der Sekundarstufe*, um deren Lehrpläne es ja schließlich gehe. Die Verwirklichung der Ziele setze auf der Schülerseite bereits recht weit entwickelte kognitive und soziale Fähigkeiten voraus und sei deshalb erst auf der Oberstufe des Gymnasiums denkbar.

42

Dieser Einwand übersieht, daß die formulierten Aufgaben einer demokratischen Schule auch eine gleichsam negative Zielbestimmung enthalten. Indem man sie anerkennt, wird man darauf verpflichtet, aus dem Erziehungsprozeß von Anfang an Tendenzen herauszuhalten, durch die etwa eine autoritäre Lehrer-Schüler-Beziehung gefördert werden könnte. Von daher wird man im einzelnen zu prüfen haben, wieweit die Verhaltensweisen, auf welche die Stichworte Disziplin, Gehorsam, Ordnung, Fleiß, Anerkennung von Sachautorität hinweisen, nicht im Hinblick auf spätere allgemeine Ziele problematisch sind. Man wird prüfen müssen, ob mit dem Hinweis auf Lernzwang und mit Forderungen, die von speziellen Lernzielen her gerechtfertigt werden, nicht zugleich für die Entwicklung kritischer Rationalität oder bewußten sozialen Verhaltens Hindernisse aufgebaut werden. Im Augenblick scheint die Vorstellung noch weit verbreitet, daß in der Unter- und Mittelstufe der weiterführenden Schulen und in der Oberstufe der Hauptschule das mehr oder minder unkritische Lernen von Sachen, also letztlich die Anerkennung eines von außen kommenden, unvermittelten Leistungsanspruchs — allgemeiner Inhalt von Schule bzw. der meisten Fächer sein müsse, während man die allgemeinen, auch anerkannten demokratischen Ziele derart mit entwickelten kognitiven Fähigkeiten verknüpft, daß für die Entwicklung einer kritisch-rationalen Einstellung zu Situationen, Werten, Ideen, gesellschaftlichen und innerfamiliären Rollenerwartungen im Rahmen der Sekundarstufe kaum Platz bleibt. Eine solche Konzeption aber sieht nicht, daß mit der Einübung in die Anerkennung unreflektierter Sachzwänge auch die Anerkennung einer spezifischen Lehrer-Schüler-Beziehung notwendig verknüpft ist, deren Auflösung „später" außerordentlich schwierig sein dürfte. Insofern käme es darauf an, zu untersuchen, durch welche formalen und inhaltlichen Momente des Unterrichts eine Lehrer-Schüler-Beziehung verstärkt wird, die von den Zielen eines kritisch rationalen Verhaltens her problematisch wäre, bzw. zu sagen, wieweit man diesem Ziel das Primat einzuräumen gewillt ist.

Einige Bemerkungen über Formen des organisierten Lernprozesses und zur Beschreibung von Lernzielen

THEODOR BÖRSS

Man kann idealtypisch zwei Versionen von Lernprozessen unterscheiden, denen sich auch zwei Typen von Lernzielen zuordnen lassen. Die folgende Beschreibung stellt lediglich eine Skizze dar, die keinen Anspruch auf Vollständigkeit erhebt.

1. Die erste Version geht davon aus, daß es sich beim Lernvorgang um die *Erweiterung der subjektiven Erfahrungstotalität* (kognitiver und/oder affektiver und/oder psychomotorischer Natur) handelt, die sich *nicht summativ, sondern integra-*

tiv vollzieht. Bewußtseinserweiterung bzw. -veränderung und die dialektisch damit verschränkten Verhaltensweisen vollziehen sich in Auseinandersetzung mit Realität und/oder interpretierter Realität (Stoff). In dieser Auseinandersetzung mit der Realität stellt die organisiert vermittelte Lernerfahrung in der Schule nur einen Ausschnitt aus der Gesamtheit der individuellen Lernerfahrungen dar[1]. Organisiert vermittelte Lernerfahrung in Form von Unterricht hätte aus dieser Sicht weniger zusätzliche Inhalte zu vermitteln, sondern vielmehr in emanzipierender Kommunikation die vielfältigen Erfahrungen, die der Lernende vor allem außerhalb der Schule macht, in sinnvollen, d. h. sowohl den Erfahrungsobjekten als auch den Bedürfnissen der (jugendlichen) Individuen entsprechenden Zusammenhängen zu interpretieren. Wie sich die Erweiterung des Erfahrungshorizonts im einzelnen vollzöge, wenn es ausschließlich diese Art von organisiertem Lernprozeß gäbe, kann von einer Theorie der Persönlichkeitsentwicklung her nur allgemein formuliert werden und bedarf der konkreten Analyse des Bedingungsgefüges für den Lernprozeß des jeweiligen Individuums[2]. Implizieren würde ein derartig vorgestellter Lernprozeß eine nur zeitweise unterbrochene Reflexion des Subjekts auf seine Lernerfahrungen und ihre Bedeutung für das eigene Leben und/oder die Gesellschaft.

Der ausschließlich dieser Grundvorstellung verpflichtete Idealtypus vom organisierten Lernprozeß würde der Forderung nach Mitbestimmung der Lernenden im Unterricht ausgezeichnet gerecht werden können, denn die Bedürfnisstruktur des Lernenden könnte optimal zur Grundlage des Unterrichts gemacht werden. Der Konflikt zwischen Lernenden und Lehrenden wäre auf ein Mindestmaß reduziert, da Frustrationen und ihnen folgende Aggressionen sofort zum Gegenstand einer Reflexion werden könnten. Aber die Frage, wie eine *planmäßige Veränderung* bzw. Erweiterung des Erfahrungshorizonts dabei zustande kommen könnte, ist schwer zu beantworten, weil die Isolierung einzelner Lernerfahrungen gerade aufgehoben werden soll. Die häufig erhobene Forderung nach Meßbarkeit der konkreten Unterrichtsergebnisse wäre für diesen Typ von organisiertem Lernprozeß nur dann sinnvoll, wenn für jeden Angehörigen der Lerngruppe ein individuelles Maß bestünde, das seine persönliche Horizonterweiterung — die nicht die der anderen sein muß — beschriebe.

Zu fragen wäre nun, welcher Typus von Lernzielen dieser Version von organisiertem Lernen entspricht. Der individualisierende Charakter eines solchen Unterrichtsprozesses läßt jede zu stark einengende Lernzielformulierung an sich

---

1 Zum Verhältnis von schulischem und außerschulischem Lernen siehe insbesondere: Klaus Mollenhauer, Sozialisation und Schulerfolg; Ulrich Oevermann, Schichtspezifische Formen des Sprachverhaltens und ihr Einfluß auf die kognitiven Prozesse — Beide Beiträge in: Begabung und Lernen, Hrsg. Heinrich Roth; Stuttgart 1969
2 Zur Analyse des Bedingungsgefüges siehe u. a. Heinz Heckhausen, Förderung der Lernmotivierung und der intellektuellen Tüchtigkeiten; In: Begabung und Lernen, Hrsg. Heinrich Roth; Stuttgart 1969

fragwürdig erscheinen. Da aber der Lehrer einer einigermaßen operationalen Definition bedarf, könnte diese etwa lauten:

Auf allen Stufen des Lernprozesses, bei dem es zentral um die Integration von konkreten Lernerfahrungen in die Totalität des individuellen Erfahrungshorizonts des Lernenden geht, gilt es zu vermitteln zwischen den subjektiven Integrationsbedürfnissen der Lernenden und dem Stand der wissenschaftlichen Sachstruktur solcher Lernerfahrungen. Um diesen Vermittlungsprozeß in optimaler Weise leisten zu können, bedarf es sowohl auf seiten der Lehrer bzw. der den Kommunikationsprozeß vorrangig bestimmenden Personen wie auch auf seiten der Lernenden einer Reihe von Haltungen, Einstellungen usw. [3], die gleichzeitig als wichtige Lernziele, über deren Operationalisierung zu diskutieren wäre, gelten könnten.

2. Die zweite idealtypisch begriffene Version von organisiertem Lernvorgang geht von dessen vorrangig intentionalem Charakter aus und muß von daher hohen Wert auf die Nachprüfbarkeit des Resultats von Lernprozessen legen. Ein Begriff wie „Integration in die Erfahrungstotalität des einzelnen" ist hier deshalb unbrauchbar, weil individuelle Integration nicht exakt nachprüfbar ist. Ersatzweise wird häufig von der *Summe der Lernerfahrungen* gesprochen. Der Vorgang des Lernens wird also als eine *Summation einzelner mehr oder weniger isolierter Qualifikationen* beim Lernenden verstanden. Diese Qualifikationen müssen in dem Sinne operational definiert werden, daß die einzelnen Schritte (Verhaltensänderungen) möglichst detailliert angegeben werden, mittels derer das zunächst isoliert beschriebene Lernziel vom Lernenden erreicht wird. Die zugrundeliegende Vorstellung vom Lernprozeß wird dabei u. a. durch bestimmte, in extremer Kurzschrittigkeit entwickelnde Verfahren des programmierten Lernens repräsentiert. Der häufig gebrauchte Begriff der „Konditionierung" kennzeichnet sehr gut jenen Prozeß, in dessen Verlauf ein Anfangsverhalten durch bestimmte Stimulifolgen verstärkt wird und das Resultat dieses Lernvorgangs exakt nachgeprüft werden kann. Verhaltensänderung droht hier zum bloßen Dressurakt zu werden.

Geht man bei der Formulierung von Lernzielen ausschließlich von derart verstandenen Lernprozessen aus, so bedeutet das u. a.:

a) Komplexe menschliche Qualitäten, wenn sie nicht „operationalisierbar" sind, stellen keine Lernziele dar und bleiben daher unberücksichtigt.

b) Derartige Formulierungen von isolierten Lernzielen setzen, wenn sie mit dem Gesichtspunkt maximaler Ausnutzung der zur Verfügung stehenden Zeit verbunden werden, der freien Interaktion zwischen Lehrenden und Lernenden sowie der Lernenden untereinander enge Grenzen.

c) Dagegen könnten sie die „Gleichheit der Bildungschancen" erheblich besser garantieren als Lernzielformulierungen entsprechend dem Idealtypus I, weil sie

---

3 Vgl. Hans Aebli, Die geistige Entwicklung als Funktion von Anlage, Reifung, Umwelt- und Erziehungsbedingungen; In: Begabung und Lernen, Hrsg. Heinrich Roth; Stuttgart 1969

u. a. konkrete Förderungsmaßnahmen aufgrund eines eindeutig beschriebenen und begrenzten Leistungsdefizits — evtl. sogar quantifiziert — möglich machen.

Schlußfolgerungen für die Praxis

Beide Idealtypen des Zusammenhangs von Lernprozeß und Lernzielformulierung erweisen, wenn man nur einen von ihnen zur ausschließlichen Grundlage des Unterrichts machen wollte, ihre Ergänzungsbedürftigkeit. Die Produktion von isoliert gelernten und in ihrer Bedeutung für die eigene Person oder die Gesellschaft nur höchst partiell begriffenen Qualifikationen (Verhaltensweisen) entsprechend dem zweiten Idealtypus dürfte sowohl von der Bedürfnisstruktur des einzelnen wie auch im anzunehmenden Interesse der Gesellschaft an der Existenz mündiger, d. h. tendenziell in voller Kenntnis der möglichen Folgen ihres Tuns handelnder Menschen, nicht unproblematisch sein. Andererseits würde ein ausschließliches Vorgehen nach dem ersten Idealtypus dem Individuum nur sehr begrenzt jene konkreten Qualifikationen vermitteln können, derer die Gesellschaft zu ihrer Reproduktion und der einzelne zur Erlangung tatsächlicher und nicht nur gedanklicher Freiheit bedarf.

Die Auffassungen der „radikalen" Schülerverbände drängen auf Lernverfahren gemäß dem ersten Idealtypus zu, die Entwicklung von Lehr- und Lernmaterial der jüngsten Zeit tendiert zu solchen des zweiten Idealtypus, vor allem aus Gründen der leichteren Operationalisierbarkeit.

Beiden Verfahren ist ihre grundsätzliche Notwendigkeit nicht abzusprechen, aber eine prinzipielle Prioritätserwägung ist anzustellen: Angesichts der Grundüberzeugung, daß Selbstbestimmung der Lernenden nur zu erreichen ist, wenn sich der Erwerb von isolierten Qualifikationen mit permanenter Selbstreflexion verbindet [4], kommt der herrschaftsfreien Kommunikation zum Zweck optimaler Integration von Lernerfahrungen in das Bewußtsein der Lernenden der Vorrang gegenüber eindimensionalem Konditionieren zu.

Damit sollen jene Lernprozesse, die sich dem zweiten Idealtypus annähern, keinesfalls abgewertet werden. Sie sind zur Vermittlung von Qualifikationen, die der einzelne im gesellschaftlichen Lebensprozeß braucht, unumgänglich und werden in Zukunft wahrscheinlich immer wichtiger werden. Es wäre aber genau zu klären, welchen Raum man ihnen in der Schule geben will und wie sie konkret mit Lernformen kombiniert werden sollen, die sich dem ersten Typus annähern.

---

4 Siehe dazu insbesondere Jürgen Habermas, Erkenntnis und Interesse; In: J. Habermas, Technik und Wissenschaft als „Ideologie"; Frankfurt 1968

Katalog der Anforderungen an Fähigkeiten, Fertigkeiten und Techniken

SIEGFRIED AUST

1. Die Lernziele „Fähigkeiten, Fertigkeiten und Techniken" sind wie die Inhalte des Lehrplans *planbar*; ihre Verwirklichung schließt eine *kontinuierliche Aufbauarbeit* ein.
2. Beim Zusammenführen von Kindern aus verschiedenen Schulklassen (z. B. beim Übergang in eine andere Schule oder in eine andere Schulform) fehlen oft *gemeinsame Voraussetzungen* hinsichtlich der gen. Techniken und Formen.
   Die genannten Lernziele müssen *allgemeinverpflichtend sein,* damit der Lehrer bei Übernahme einer Klasse bestimmte Fähigkeiten und Fertigkeiten voraussetzen kann.
3. Die *Lernziele* sind nicht als formale Ziele i. S. des historischen Begriffs „formale Bildung" anzusehen, sondern als *formalisierbare Teile eines Lernprozesses,* der anhand konkret bestimmter Inhalte abläuft.
   Fähigkeiten, Fertigkeiten und Gewohnheiten werden bei *Wolfgang Schulz* [1] der pragmatischen Dimension zugeordnet und dort in den Qualitätsstufen Anbahnung — Entfaltung — Gestaltung entwickelt.
   Die im Katalog aufgeführten Anforderungen gehen teilweise über die in der pragmatischen Dimension verstandenen Intentionen hinaus, haben verstärkt *funktionalen Charakter* und können als ein *Instrumentarium* angesehen werden, das zum Vollzug von Lernhandlungen unabdingbar notwendig ist.
   Im *kognitiven Bereich (Bloom)* lassen sich mit Hilfe von „Fähigkeiten, Fertigkeiten und Techniken" Situationen und Phänomene erfassen, problematisieren und intentional verarbeiten, so daß der Lernertrag zur Bewältigung von gegenwärtigen und zukünftigen Verwendungssituationen beiträgt. Als Lernergebnis dürfen dabei nicht nur die erworbenen Kenntnisse und Erkenntnisse angesehen werden, sondern auch der Zuwachs an Methodenwissen und -verständnis muß gewertet werden.
   Im *affektiven Bereich (Rohracher)* können „Fähigkeiten, Fertigkeiten und Techniken" Gefühle, Einstellungen, Affekte, Stimmungen, Triebe und Willen offenlegen und beeinflussen und so Steuerungsmechanismen bereitstellen, die Kontrollfunktionen über den eigenen affektiven Bereich übernehmen und Fremdverhalten deuten helfen.
   Im *psychomotorischen Bereich (Guilford)* sind „Fähigkeiten, Fertigkeiten und Techniken" durch Übung und Training zu mechanisieren und zu automatisieren. Die hier gewonnenen Ergebnisse liegen sowohl innerhalb der Kulturtechni-

---

1   In: Unterricht — Analyse und Planung, Hannover, 1965, S. 27

ken als auch in den musisch-ästhetischen, leibeserzieherischen und handwerklich-technischen Lernfeldern. Sie sind aber auch Ausgangspunkt bzw. Bedingung für die o. g. Bereiche.

4. Die Grundlagen für Fertigkeiten und Arbeitstechniken der Sekundarstufe I und II müssen bereits im Primarbereich gelegt und in den höheren Stufen kontinuierlich weiter geführt werden. Perfektion und Abstraktion sollen in den höheren Stufen zunehmen.

5. Die Forderungen können überschritten werden:
   a) Es kann mehr an ähnlichen Maßnahmen getan werden.
   b) Sie können — altersadäquat — früher verwirklicht werden.

6. a) Es genügt nicht, daß die Fertigkeiten und Techniken gelegentlich „dran" waren, sie müssen *trainiert* und *bei jeder Gelegenheit angewendet* werden.
   b) *Gegenseitiges Helfen:* das *Zusammenarbeiten* ist nicht nur erlaubt, sondern in unserer Situation *die wichtigste Arbeitsform.*
   Der Grundsatz „Jeder für sich!", unter dem bislang der größte Teil der Schularbeit stand („Arbeite für dich!" — „Hast du das allein gemacht?"), hat nicht länger ausschließlich Gültigkeit. Es gibt Gelegenheiten (alle kleinen und großen Prüfungssituationen), bei denen streng Einzelleistungen gefordert werden müssen. Bei dem, was gegenwärtig „Unterricht" darstellen soll, muß der Akzent auf die Forderung nach Kooperierenwollen und Kooperierenkönnen gelegt werden. Daneben beansprucht die Individualisierung einen angemessenen Raum.

Orientierung — Information — Wissen

Orientierendes Lernen hängt von der Möglichkeit ab, Informationen aufzunehmen und zu verarbeiten.

Die Stufen des Kenntniserwerbs und des Erkenntnisgewinns basieren weitgehend auf der Fähigkeit, sich selbständig zu informieren. Im Unterricht sollte daher auf die Vorgabe von Wissen in Inhalt und Menge durch den Lehrer verzichtet werden, wenn Wissen durch die Schüler unter dem Prinzip der Ökonomie (Quellen, Arbeitsmittel u. a.) erworben werden kann. Dazu gehören

1. Das *Sammeln von Fakten und Daten* im verbalen und nicht-verbalen Bereich.
2. Das *Ordnen* unter vorgegebenen und/oder selbst entwickelten Kriterien und
3. das *Sichern der Ergebnisse* in sachadäquaten Verfahrensweisen.

Daraus ergeben sich

Fertigkeiten beim Sammeln und Ordnen von Informationen

1. Schuljahr
Bilder nach Zugehörigkeit ordnen — Sachverhalte in Fragen umformulieren — Tatsachen von Gedanken unterscheiden — Zeitungen und Illustrierte als Lernmaterial benutzen

2. Schuljahr

Einfache Erlebnisse verbalisieren — Bücher nach Themen ordnen — Sachverhalte durch Personenbefragungen erkunden — Unterscheidung von Zeitschriftentypen z. B. Tageszeitungen, Illustrierte, Kinderlesehefte — Gebrauch von Titelseite und Inhaltsverzeichnis — Gebrauch von Orts- und Lagebezeichnungen — Vereinfachung von kompl. Bildern zu Skizzen — einfache Formen des Kartenlesens — Führen von Beobachtungsheften und -tabellen

3. Schuljahr

Einfache Formen des Katalogisierens (Regelheft, Fehlertabelle — Aufstellen eines Fragebogens zur Personenbefragung — Stichwörter benutzen — Oberbegriffe bilden — Umgang mit dem Globus — Anlage einfacher Sammelmappen — Lochen, Abheften, Register — Kurzzeit- und Langzeitbeobachtungen).

4. Schuljahr

Gebrauch von Wörterbuch, Sachverzeichnis, Glossar, Lexikon — Lesen schwierigerer Sachzeichnungen und schematischer Darstellungen — Gebrauch der Legende bei Karten

5. Schuljahr

Gebrauch von Vorwort und Einführung — von Atlas und Weltalmanach — von Kartenverzeichnissen

6. Schuljahr

Notizen während des Unterrichts — Anlage von Protokollen für gut überschaubare Themata

7. Schuljahr

Gebrauch von Fußnoten — Belegen sowie Anführen von kontroversen Fakten und Meinungen — Umgang mit Dokumentationen

8. Schuljahr

Gebrauch eines Quellennachweises — Tagebuch — Referat: Entwurf — Überarbeitung — Darstellung

Fertigkeiten beim Problemlösen und kritischen Denken

Das Ziel des Unterrichts kann nicht darauf beschränkt sein, Wissen zu erwerben und gedächtnismäßig zu speichern, so daß es abfragbar bereitgehalten wird. Wissen in Form von Kenntnissen und Erkenntnissen muß vielmehr *instrumental* verfügbar sein, damit es in Denkhandlungen verarbeitet werden kann. Dazu gehört vor allem die *Analyse und Bewertung von Informationen.*

Operationen dürfen sich aber nicht ausschließlich der Sprache als Medium bedienen; die Verarbeitung mit Hilfe der Mathematik, der Statistik, der Symbolik u. a. ist oft ebenso unabdingbar:

1. Schuljahr
Aufmerksames Zuhören — Erkennen von Fragwürdigkeiten (Was- und Warum-Fragetypen) — Befähigen zur Einzelarbeit

2. Schuljahr
Begründung der Buchauswahl aufgrund von Titel und Ausstattung — Aufbau partnerschaftlicher Arbeitsweisen — sinnvolles Benutzen von Abkürzungen

3. Schuljahr
Beschreibender Vergleich von Informationen aus verschiedenen Quellen — Unterscheiden von Tatsachen, Behauptungen und Meinungen — Entscheiden, wie Fakten zu ordnen sind (räumlich, zeitlich, quantitativ, qualitativ u. a.) — Übernahme von speziellen Aufträgen im Rahmen gemeinsamer Arbeit — Erkennen von objektiven Interessenkonflikten

4. Schuljahr
Interpretation von Bildern, Graphiken, Tabellen — Erkennen von Vergleichbarkeiten, Entwickeln einfacher Kategoriensysteme

5. Schuljahr
Selbständiges Heraussuchen von Quellen — Erkennen von Wörtern, die Gefühle bezeichnen — Sichtbarmachen von Normen, Werten und Wirkungen

6. Schuljahr
Erkennen der Abhängigkeit der Gedankenführung von Bedingungen und Vorurteilen — Erkennen von Manipulation und Propaganda — Beurteilung der Leistung eines Sprechers — Anerkennung von grundlegenden Normen des menschlichen Zusammenlebens — Erkennen der Bedeutung der Kultur für die Persönlichkeitsentfaltung

7. Schuljahr
Kulturelle Faktoren und ihre Wirkung auf den Menschen nach verschiedenen Kulturkreisen unterscheiden

Ordnen von Gedanken setzt voraus, daß sie präzise formuliert werden können. Dazu ist ein *Aktivieren der Sprache* (im semantischen, syntaktischen, lexikalischen Bereich) notwendig, das zugleich darauf zielt, Sprachbarrieren abzubauen. Begriffe dürfen dabei jedoch nicht als Vokabeln betrachtet werden, die mechanisch lernbar sind, sondern müssen beschrieben oder definiert werden können, damit sie bewußt und gezielt einsetzbar sind.

Gedanken haben über ihren *rationalen Ansatz* hinaus Aspekte der *produktiven Phantasie* und des *schöpferischen Denkens,* die zur umfassenden Welt- und Daseinserhellung wesentlich beitragen und die Kreativität stärken können.

Die Gedanken führen von den Dingen und Personen zu den dazugehörigen Funktionen und Handlungen. Eine solche Verlagerung des Schwerpunkts ist auch bei der Zuordnung auf Schuljahre erkennbar:

1. Schuljahr
Lernen, eigene Erfahrungen in Beziehung zu Ereignissen, Personen und Aufgaben zu setzen und zu verbalisieren

2. Schuljahr
Unterscheiden von bedeutsamen und unwichtigen Gedanken innerhalb eines bestimmten Problembereichs — beim Thema bleiben — Unterscheiden von Handeln, Beobachten, Wissen, Erklären

3. Schuljahr
Aufstellen von Listen — Gebrauch von Fachwörtern — Verfeinern einfacher naturwissenschaftlicher Kausalitätsbeziehungen und Finalitäten

4. Schuljahr
Beschreibung wichtiger Personen (Unterscheidung von Funktion und Charakter eines Menschen) — Anfertigung von mündlichen und schriftlichen Darstellungen nach einer stichwortartigen Gliederung — Ordnen von Gedanken aus einem Referat — Unterscheidung verschiedener Denkschemata (Kausalität, Finalität, Interdependenz u. a.) und ihre *bewußte* Anwendung

5. Schuljahr
Herausarbeiten von Schwerpunkten aus umfangreicheren Darstellungen — Ordnen von Geschehnissen — Qualitative und quantitative Eingrenzung von Themen — Überprüfen von Wörtern unter semantischem Aspekt — Darstellen von gegensätzlichen Gesichtspunkten und Feststellungen — Kürzen und Zusammenfassen von Material

6. Schuljahr
Aufstellung von Bibliographien

7. Schuljahr
Anwendung von Fußnoten (Quellenhinweise, Anmerkungen u. a.)

Erzielen eines konstruktiven Kompromisses ist bei der Auseinandersetzung mit Sachen und Menschen geboten.

Bei *Sachen* geht es darum, über die Entscheidung von „richtig" und „falsch"

hinaus, die vielfältigen Spielarten und Akzentuierungen in Bedeutung, Verwendbarkeit und Bewertung zu erkennen und für Erklärungen und Urteile nutzbar zu
machen. Sie werden hier nicht im einzelnen aufgeführt und zugeordnet.

Bei *Personen* handelt es sich um Verhaltens- und Verfahrensweisen, die erlernt
werden müssen, damit Interaktionen produktiv und positiv wertbar (auch beim
Scheitern) verlaufen. Die Kriterien zur Bewertung dieser Verhaltens- und Verfahrensweisen lassen sich aus den Fragen gewinnen:

a) Wieweit verhelfen diese Formen zur Emanzipation und ermöglichen eine ge-
wünschte Veränderung der Gesellschaft?

b) Welche affirmativen Züge haben die Entscheidungen und sichern damit
einen Bestand an grundlegenden Normen, der als solcher bejaht wird?

1. Schuljahr
Anerkennung von grundlegenden Rechtsnormen für das Zusammenleben von Menschen (Eigentum, Gewaltlosigkeit, Gleichberechtigung u. a.)

2. Schuljahr
Erkenntnis der Interdependenz bei interpersonalen Vorgängen (Abhängigkeit von
Ursache und Wirkung) — Vergleich von vorgegebenen Problemlösungen mit eige-
nen Erfahrungen

3. Schuljahr
Bemerken von möglichen Einwänden — Vorschlagen von Lösungsmöglichkeiten
bei interpersonalen Konflikten — simulierte Konfliktsituationen (Streitgespräche)

4. Schuljahr
Fähigkeit zwischen gerechtfertigten und nicht gerechtfertigten Kompromissen zu
unterscheiden

Fertigkeiten beim Umgang mit anderen und bei der Arbeit

Hier werden Ziele angesprochen, die in der Vergangenheit weitgehend mit „Er-
ziehungszielen" bezeichnet wurden. Eine zunehmende Versachlichung des Unterrichts hat den Blick verstärkt auf die Inhalte gelenkt. Es ist aber notwendig, Probleme des Lern- und Arbeitsverhaltens bei der Einzelarbeit und beim gemeinsamen
Handeln verstärkt aufzugreifen, da sowohl Arbeitstugenden als auch Befähigun-
gen zur Koordination, Kooperation und zum Team-work über die Verwendbarkeit
und Selbstbehauptung eines Menschen in unserer Gesellschaft entscheiden. Damit
sind auch die Forderungen nach Mobilität, Flexibilität und Sensibilität technischer, sozialer, gesellschaftlicher und politischer Art eng verbunden.

Es ist jedoch zu beachten, daß die „Spielregeln" zum Umgang mit Personen
oder Personengruppen den Vorstellungen demokratischen Handelns entsprechen
und in der Klassenatmosphäre sowie im Verhalten der Lehrkräfte und des Perso-
nals der Schule ihren Niederschlag finden.

Der Aufbau von Verhaltensdispositionen für den einzelnen muß darauf zielen, ihn optimal lern- und arbeitsfähig zu machen. Dazu gehört, ihm u. a. Lern- und Übungshilfen zu vermitteln, die den Lernprozeß rationeller und ökonomischer verlaufen lassen.

1. Schuljahr
Fair play — Anerkennen der Reihenfolge beim Gespräch und beim Handeln — Beachten von zuvor festgelegten Regeln und Gesetzen — Bereitschaft auf vernünftige Einwände zu hören — Zurückhaltung beim Urteil, bis die Fakten bekannt sind — Beobachtung der Tätigkeiten anderer — Höflichkeit — Lernen, abweichende Meinung zu äußern — konstruktive Kritik — Fähigkeit, Neulinge in die eigene Gruppe zu integrieren — Wertschätzung für Aussagen anderer entwickeln — sich nicht ablenken lassen — die begonnene Sache vollenden wollen — sich für etwas eindeutig entscheiden können — Vorstellen der eigenen Person gegenüber Fremden (sagen, wer man ist) — Wünsche äußern — Auffordern und Einladen

2. Schuljahr
Fähigkeit, auf Einwendungen sachlich und höflich zu reagieren — ebenso bei Vorschlägen und Alternativen — Lernen, die Folgen des eigenen Handelns und der eigenen Forderungen für andere (Lehrer, Mitschüler, Eltern) zu bedenken und zu berücksichtigen — Lernen, Konflikte als natürlich hinzunehmen und nach Formen ihrer Bewältigung zu suchen

3. Schuljahr
Verteidigen eines Berichtes, Beweisführung im naturw.-technischen Bereich

4. Schuljahr
Vorschlagen und Abwägen von Maßstäben bei Beurteilungen von Personen (Lehrer, Mitschüler u. a.) — Entwicklung von Kriterienkatalogen zur Beurteilung von Personen und Sachbereichen aus der Erfahrungswelt des Schülers

5. Schuljahr
Befolgen parlamentarischer Regeln — Kritik — Stellungnahme

In den folgenden Punkten werden Fertigkeiten beschrieben, die aus besonderen Sach- oder Fachforderungen abgeleitet sind oder vom Lernprozeß her begründet werden können. Der Katalog ist unvollständig und muß vor allem in Kenntnis der speziellen anthropogenen und sozio-kulturellen Determinanten erweitert werden. Er bezieht sich vornehmlich auf die Anforderungen für den Primarbereich. Das bedeutet jedoch lediglich, daß hier der Grund zu legen ist. Die elementaren Sach- und Methodenstrukturen müssen aber über den eigenständig stufenbezogenen und propädeutischen Ansatz hinaus entwickelt und vervollständigt werden.

Fertigkeiten beim Gebrauch

von Landkarten und Globus werden bis zum 5. Schuljahr vollständig erarbeitet. Der Globus sollte bereits im 1. Schuljahr zur Verfügung stehen.

Ab 2. Schuljahr Einführung in das programmierte Lernen; Herstellung einfacher Versuchsanordnungen und Lernmittel

Fertigkeiten im Umgang mit der Zeit

1. Schuljahr
Einteilung des Tageslaufs — Gewöhnung an die Erledigung von Arbeiten unter Beachtung des Zeitbedarfs — Umgang mit der Uhr — Erkennen der Bedeutung von Pünktlichkeit

2. Schuljahr
Kennen der Zeitspannen, die für bestimmte Bereiche zur Verfügung stehen (Hausaufgaben, Freizeit u. a.) — Üben von Zeitdispositionen — Umgang mit dem Kalender

3. Schuljahr
Erkennen des Zeitfaktors bei Vorgängen (Herstellung, Wachstum) — Umgang mit historischer Zeit in groben Einteilungen und Längsschnitten — die Generation als Zeitmaß

4. Schuljahr
Umgang mit der Zeit in verschiedenen Zeiteinheiten als Ordnungsprinzip — Präzisieren von Zeitvorstellungen durch Vergleiche — Kennenlernen bedeutsamer Ereignisse in historischer Sicht (Erfindungen, Entdecken)

Fertigkeiten im Umgang mit Hilfsmitteln

1. Schuljahr
Benutzung von Malstiften, Kugelschreiber, Federhalter — Unterstreichen mit Lineal — Handhabung von einfachen Anschauungsmitteln

2. Schuljahr
Untersuchung einfacher Gegenstände mit einer Lupe — Anfertigen einer Skizze — Umgang mit Dreieck, Zirkel (Fadenzirkel) — Anlage und Durchführung einfacher Versuche — sachgerechte Benutzung von Versuchsmaterial

3. Schuljahr
Anlage von Schnitten in der Biologie — Umgang mit geometrischen Modellen — Benutzung von Zollstock und Meßband

4. Schuljahr
Benutzung des Mikroskops, Handhabung einfacher technischer Geräte und Durchführung einfacher naturwissenschaftlicher Versuche

5. Schuljahr
Umgang mit komplizierteren Lehrmitteln — Rechenstab, Tabellen

Fertigkeiten im Umgang mit biologischen Sachverhalten

1. Schuljahr
Begegnung mit Pflanzen und Tieren — Bewußte Begegnung mit dem eigenen Körper — Strukturieren komplexer Figuren (Phänologie)

2. Schuljahr
Beobachten von Entwicklungen bei Pflanzen und Tieren — einfache Mithilfe bei der Tierpflege — Schulung der Entwicklungsvorstellungen (Kurzzeitbeobachtungen) — Erfassen menschlicher Entwicklungen (Schwangerschaft, Säuglingsalter u. a.)

3. Schuljahr
Kurz- und Langzeitbeobachtungen — Schulung der Zeitvorstellungen bei biologischen Vorgängen — Bedingungen von Wachstum und Entwicklung

4. Schuljahr
Verhaltensbeobachtungen und Deutungen bei Pflanzen, Tieren und Menschen — Förderung der Denkfähigkeit an Modellen und in Gesetzmäßigkeiten

Fertigkeiten in den Bereichen Physik, Chemie und Technik

Auf eine Zuordnung nach Schuljahren wird bewußt verzichtet, da es sich hier um Lernabläufe handelt, die anfangs unter einfachsten Bedingungen und geringen Lernforderungen vollzogen werden und sich mit zunehmender Lernreife in Umfang, Richtung und Anspruch steigern.

Das Lernfeld mit den physikalischen, chemischen und technischen Aspekten ist nicht Erlebnisgegenstand, sondern „Forschungsobjekt". Auf naiv künstlerisches Gestalten und einfühlendes, erlebnisbetontes Verstehen muß weitgehend zugunsten eines rationalen Verarbeitens verzichtet werden. Im Vordergrund steht der tätige Umgang mit dem objektiv Nahen und Anschaulichen. Dazu gehört

1. *das Beobachten* in Form der Beschreibung von Objekten und ihrer Spezifika,
   als Erfassung von Vorgängen und Veränderungen,
   als gezieltes Betrachten unter konkreten Fragestellungen und Aufträgen und
   als Festhalten bestimmter Erscheinungen unter Beachtung von Zeit bzw.
   Raum,

2. *das Verbalisieren* in Form einer angemessenen Umsetzung in Sprache unter Beachtung der semantischen, syntaktischen und lexikalischen Darstellungsmöglichkeiten, wobei die Fachsprache sinnvoll einbezogen wird,

3. *das Klassifizieren* in Form des Erkennens der Merkmale und des Einfügens dieser Merkmale in Ordnungssysteme, wobei verschiedene Arten des Codierens (Zahlen, Graphen, Symbole, Begriffe) und des Tabellierens benutzt werden,

4. der Gebrauch von Zahlen unter Benutzung aussagenlogischer und mengentheoretischer Aussageformen,

5. *das Messen* als besondere Form des Vergleichens, das — ausgehend von den Naturmaßen — zu Maßsystemen und ihren Gesetzmäßigkeiten zur Feststellung von Länge, Fläche, Volumen, Gewicht, Temperatur, Kraft und Geschwindigkeit führt. Abgeleitete Maße, die auf spezielle physikalische und biologische Systeme anwendbar sind, müssen besonders eingeführt werden,

6. *der Gebrauch von Raum-Zeit-Verhältnissen,* die durch die genaue Bezeichnung von Form, Bewegung, Richtung, Zuordnung und Veränderung bestimmt werden,

7. *das Darstellen* durch Skizzen und Sachzeichnungen, in denen Abläufe und ihre Art und Richtung durch Pfeile und andere Graphen markiert sind und das Darstellen in Form von Graphiken und Diagrammen,

8. *das Voraussagen* in Form der konsequenten Ableitung von Folgerungen aus bestimmten Bedingungen (Extrapolation) oder in Form der Begründung bestimmter Bedingungen aus konkret beschreibbaren Erscheinungen (Interpolation), sowie das Formulieren von Methoden zur Prüfung von Voraussagen,

9. *das Schlußfolgern,* das gedanklich entwickelt wird, wobei zwischen Folgern und Beobachten deutlich unterschieden werden muß. Zur Überprüfung des Lernerfolges können auch Folgerungen aufgrund von Hypothesen gezogen werden,

10. *der operationale Umgang mit Fakten,* der — von der Kenntnis der Operationalisierbarkeit ausgehend — Formen der Problemlösung entwickelt,

11. *das Formulieren von Hypothesen,* wobei Hypothesen deutlich von Schlußfolgerungen, Beobachtungen und Voraussagen zu unterscheiden sind. Die Konstruktion und die Überprüfung von Hypothesen ist anfangs in einfachen Formen mit wenigen, überschaubaren Bedingungen möglich,

12. *das Interpretieren von Daten,* das von der Beschreibung der experimentell oder durch Beobachtung gewonnenen Daten und den Schlußfolgerungen ausgeht und zu belegbaren, allgemeineren Aussagen führt,

13. *die Kontrolle von Variablen,* die als solche beschrieben sind und in der Veränderung beobachtet werden. Ziel ist es, ein Problem (Hypothese) durch Kontrolle identifizierter Variablen experimentell zu lösen,

14. *das Experimentieren,* das der Überprüfung von Aussagen als auch der Lösung von Problemen dient. Es ist mehr als nur ein handelnder Umgang mit Material oder eine empirische Aufnahme von Fakten. Es ist der Gesamtablauf eines Prozesses, in dem die vorgenannten Lernhandlungen integriert sind.

Die Gliederung des Lehrplans

HANS W. NICKLAS, ÄNNE OSTERMANN

Die bisherige Praxis der Lehrplanerstellung ging von den traditionellen **Fächern** aus: Fachkommissionen erarbeiteten Fachlehrpläne für die in den Stundentafeln der verschiedenen Schulformen erscheinenden Fächer. Diese Fachlehrpläne werden dann in der Regel durch eine gemeinsame Vorbemerkung über das Bildungsziel der Schulform nach einem additiven Verfahren zu dem Gesamtlehrplan der Schulform zusammengeknüpft. Damit sind zwei Vorentscheidungen gefallen, an die sich ein Verfahren, das einen Lehrplan für eine einheitlich konzipierte Sekundarstufe I zum Ziel hat, nicht halten kann.

1. Dieses Verfahren impliziert die Entscheidung für isolierte und konsistente Fächer, deren Zahl und Gestalt ebenso wie ihr Verhältnis zueinander durch die Tradition vorgegeben ist. Veränderungen des Kanons können innerhalb des Systems erreicht werden durch Hinzufügen neuer Fächer, Streichung bisheriger Fächer und Veränderungen im Umfang der einzelnen Fächer. Der Stundenumfang der Fächer orientiert sich ebenfalls zunächst an den vorgegebenen Stundentafeln. Kriterien für die Aufstellung der Stundentafeln selbst lassen sich in diesem Verfahren kaum gewinnen, da anzunehmen ist, daß jede Fachkommission für das von ihr vertretene Fach ein Maximum an Stundenzuteilung anstrebt, zumindest aber den Besitzstand wahren will. Dies führt dazu, daß Veränderungen des traditionellen Fächerkanons nur sehr schwer durchzusetzen sind. Das zeigt eine Analyse der Entwicklung der Lehrpläne der Länder der Bundesrepublik in den letzten 20 Jahren, das zeigt aber auch das Beispiel des Faches Gemeinschaftskunde in der Oberstufe der Gymnasien. Hier wurde eine tiefer eingreifende Veränderung des Fächerkanons versucht, aber nur zum Teil durchgesetzt. Die Praxis in verschiedenen Bundesländern ist, daß häufig unter dem neuen Namen Gemeinschaftskunde die traditionellen Fächer Geschichte, Sozialkunde und Geographie weiter nach dem Fachprinzip — oft von verschiedenen Lehrern — unterrichtet werden. Am Beispiel der Gemeinschaftskunde wird zugleich deutlich, wie das Fächerprinzip durch Ausbildung und Schulpraxis das Bewußtsein der Lehrer geprägt hat, was weiter zur Fixierung des traditionellen Stundenplangefüges beiträgt.

2. Die zweite Vorentscheidung des traditionellen Lehrplans ist seine Bindung an eine bestimmte Schulform. Die Lehrpläne für Hauptschule, Realschule und Gymnasium werden in der Regel ausschließlich von Lehrern der betreffenden Schulform erstellt und es gibt nur ein Minimum von — meist nur verbaler — Koordination der verschiedenen Lehrpläne. Das führt dazu, daß sich in den Lehrplänen der einzelnen Schulformen schichtenspezifische Bildungsziele tradieren. Aufgabe des Curriculums müßte sein, statt von den schichtenspezifi-

schen Voraussetzungen der einzelnen Schulformen auszugehen, diese in Frage zu stellen.[1]

Auch die herkömmliche Trennung von sogenanntem allgemeinbildenden und sogenanntem berufsbildenden Schulwesen hat bisher höchst problematische Konsequenzen für den Lehrplan gehabt, die es kritisch aufzuarbeiten gilt.

Zur Erstellung eines neuen Lehrplans für die Gesamtschule genügt es deshalb keineswegs, einfach die vorhandenen Lehrpläne der drei in ihr aufgehenden Schulformen: Hauptschule, Realschule, Gymnasium zusammenzuschreiben. Zwar werden in allen Schultypen im großen und ganzen die gleichen Fächer unterrichtet[2] — es gibt nur geringe, jedoch typische Abweichungen[3] —, aber die gleichen Fächer werden in der gleichen Altersstufe in einem stark abweichenden Stundenmaß und mit charakteristischen Unterschieden in Stoffplan, Anspruchsniveau und Didaktik unterrichtet. Als Begründung dieser Unterschiede werden die verschiedenen „Bildungsziele" der drei Schulformen angeführt. Wenn auch die Auffassung von einer „volkstümlichen" und einer „wissenschaftlichen" Bildung oder in der abgeschwächten Form einer stärker praxisbezogenen - anschaulichen und einer theoretischen - abstrakten Bildung nirgends mehr ungebrochen vertreten wird, so sind doch die geltenden Lehrpläne und die Schulpraxis an solchen Vorstellungen orientiert. Beispielsweise wird im Rechenunterricht der Hauptschulen darauf verzichtet, die „Theorie des Rechnens", das Wissen, das über die Rechentechnik hinausgeht, zu vermitteln. Ihr Ziel ist die „Rechentüchtigkeit" im Gegensatz zur „mathematischen Bildung".[4] Die neuere Forschung hat gezeigt, daß solche Unterschiede auf schichtenspezifischen Sozialisationsformen aufbauen und sie zugleich festigen und perpetuieren. Die getrennten Lehrpläne der drei Schulformen besitzen gleichsam ein „eingebautes Herrschaftssystem".[5] Diese Problematik ist besonders bei den schichtenspezifischen Formen des Sprachgebrauchs genauer untersucht, ausgehend von *Bernsteins* Unterscheidung zwischen dem restriktiven Code der Unterschicht und dem differenzierten Code der Mittel- und Oberschicht. Die Orientierung des Lehrplans des Gymnasiums am mittelständischen Sprachcode und an mittelständischen Bildungsidealen und Verhaltensmustern ist ein wesentlicher Grund für die geringe Zahl von Unterschichtkindern in dieser Schulform. Auch die weit über dem Durchschnitt liegende Ausfallquote der Arbeiterkinder auf dem Weg zum Abitur hängt damit zusammen.[6] Die Konsequenzen, die aus solchen Erkenntnissen für den neuen Lehrplan gezogen werden müssen, sind nun nicht, daß

---

1 cf. Herwig Blankertz, Theorien und Modelle der Didaktik. (Grundfragen der Erziehungswissenschaft) München 1969 p. 131
2 cf. Joachim Lohmann, Schulzentrum Fröndenberg. Manuskript Fröndenberg 1967, p. 40
3 cf. Lohmann, l. c. p. 40 ss.
4 cf. Lohmann, l. c. p. 53 sq.
5 Hartmut von Hentig, Systemzwang und Selbstbestimmung, 1. Auflage, Stuttgart 1968, p. 116; 2. Aufl. 1969, p. 159
6 Nach einer Untersuchung von P. M. Roeder, zitiert bei Hans G. Rolff, Sozialisation und Auslese durch die Schule. Heidelberg 1967, p. 102

„alle Kinder den gleichen mittelständischen Bildungsidealen und Verhaltensmustern unterworfen werden" müssen.[7] Vielmehr muß der Lehrplan versuchen, die Verbindung zwischen Sozialstatus und Bildung aufzuheben. Der Lehrplan muß von einem sozial-konservierenden Faktor zu einem Instrument der Veränderung der schichtenbezogenen Sozialstruktur werden. Die „Frage nach dem Gesamtinhalt des Curriculums führt zu einer Kritik bestehender Schulformen und Ausbildungsinstitutionen, deren Existenzgrund in längst überholten historischen Konstellationen liegt und die heute von Privatinteressen ... verteidigt werden".[8]

Diese Aufgabe setzt eine kritische Analyse der vorhandenen getrennten Lehrpläne voraus. Dabei muß die Vorstellung einer eigenständigen Didaktik für die einzelnen Schultypen ausgeräumt werden und deren curriculare Ausprägung konfrontiert werden mit den Zielen der Reform: einer gemeinsamen, für die „verwissenschaftlichte Welt" qualifizierenden Bildung.

Diese beiden in der bisherigen Lehrplantradition kaum in Frage gestellten Gliederungsformen — nach Fächern und nach Schulformen — müssen kritisch reflektiert werden.

Zur Frage der Fächer

Das heutige Bildungswesen und der Fächerkanon der als verbindlich anerkannten Unterrichtsfächer sind im Laufe des 18. und 19. Jahrhunderts entstanden. Die idealistisch-klassische Philologie, die Nationalgeschichte, die Naturwissenschaften haben nacheinander „ihren Platz in der Schule erobert" „in dem Maße, in dem sich die Gesellschaft durch diese Wissenschaften gedeutet und gefördert sah".[9] Neue gesellschaftliche Bedürfnisse, insbesondere die Entwicklung der Produktivkräfte, erzwangen die Aufnahme neuer Stoffbereiche in der Schule.

Die Lehrplanentscheidungen waren das Resultat gesellschaftlicher Machtkämpfe.[10] Aus der Geschichte der Unterrichtsfächer und der Motive ihrer Entwicklung läßt sich zeigen, daß kein Schulfach nur durch eine korrespondierende Fachwissenschaft eindeutig motiviert ist, sondern „stets durch andere Kräfte, die sich allerdings im Laufe des 19. und 20. Jahrhunderts immer mehr der Wissenschaften als Instrument ihres Durchsetzungswillen bedienten oder aber zu solcher Disziplinierung gezwungen wurden".[11]

Die Fächer spiegeln entsprechend ihrer unterschiedlichen Entstehungszeit auch ein verschiedenes Bildungsverständnis. Als im Laufe des 18. und 19. Jahrhunderts die damals entstehenden Wissenschaften in die Schule aufgenommen wurden, stand dahinter die Vorstellung einer enzyklopädischen Bildung. Der Gedanke, daß

---

7 Hartmut von Hentig, 1. Aufl. l. c. p. 11, 118
8 Herwig Blankertz, l. c. p. 164
9 Hartmut von Hentig, Gedanken zur Neugestaltung der Oberstufe. In: Analysen und Modelle zur Schulreform. 3. Sonderheft der Neuen Sammlung 1966, p. 44
10 Herwig Blankertz, l. c. p. 136
11 Herwig Blankertz, l. c. p. 129

Bildung Enzyklopädie des Wissens bedeutet, ist angesichts des täglich weiter anschwellenden Wissensstoffs völlig utopisch. Die Frage der Auswahl aus dem vorhandenen Wissen für die Schüler wird damit gestellt. Jetzt erweist es sich als Problem, daß die im 20. Jahrhundert hinzugekommenen Wissensgebiete auf Grund der überhandnehmenden Stoffülle nicht mehr in die Schule übernommen wurden. Man muß sich die Frage stellen, warum ist z. B. Erdkunde Unterrichtsfach, nicht aber Soziologie, warum Religion, nicht aber Psychologie?

Leerstellen ergeben sich allerdings nicht nur neben und zwischen den heutigen Schulfächern. Bei einer Analyse der bisherigen Lehrpläne läßt sich feststellen, daß infolge der starken Spezialisierung einzelne Fächer stark aufgeschwemmt, außer Proportionen geraten sind, ohne daß deshalb alle wichtigen Aufgaben berücksichtigt werden. Zur Zeit der Entstehung der heutigen Schulfächer nahm man in den Lehrplan die Erkenntnisse der jeweiligen Wissenschaft auf. So läßt sich feststellen, daß der Physik-Lehrplan in seinem Kern die Kenntnisse des 19. Jahrhunderts widerspiegelt. Er ist zwar ergänzt worden, aber das Verhältnis zwischen den ursprünglichen Teilen und den späteren Ergänzungen entspricht nicht mehr dem heutigen Stand der Wissenschaft. Das gilt ebenso für das Fach Mathematik. Es ist einerseits viel zu umfangreich, andererseits fehlen so wichtige Gebiete wie Statistik und Wahrscheinlichkeitsrechnung. Neben viel überflüssigem Ballast lassen sich also schon bei einer oberflächlichen Betrachtung eine Anzahl von Gebieten feststellen, die, obwohl sie sehr wesentlich zu sein scheinen, im Lehrplan des Schulfaches nicht berücksichtigt werden. Während in der Forschung fortschreitend eine Verschmelzung und Neuabgrenzung der naturwissenschaftlichen Disziplinen Biologie, Chemie, Physik stattfindet, stehen die entsprechenden Schulfächer in der Regel noch immer völlig beziehungslos nebeneinander.[12]

Daß die Fächer des Gymnasiums sich als wissenschaftliche Fächer verstehen, wird im Selbstverständnis der Lehrer deutlich. Doch das, was der Lehrer in der Schule unterrichten soll, ist nicht nur graduell, sondern qualitativ und in einigen Fächern materiell gänzlich verschieden von der Spezialwissenschaft der Universität. Es fehlt die Reflexion „auf die spezifische Differenz zwischen modernen Spezialwissenschaften und einem Bildungsfach, das zwar Erkenntnisse der Wissenschaften vermittelt, aber deshalb nicht selbst die Form der Wissenschaft hat". Die Aufgabe des Lehrers ist die „Übersetzung von Wissenschaft in Bildung" als Problem zu erkennen und zu durchdenken.[13] Der Vergleich zwischen Universitätsdisziplin und Unterrichtsfach am Beispiel der Biologie zeigt eine Art Schere, die sich zwischen der nach wissenschaftstheoretischer Logik, Forschungstechnik und Nachfrage der Industrie und Verwaltung fortschreitenden biologischen Forschung einer-

---

12 Eugen Lemberg, Zum bildungstheoretischen Ansatz der hessischen Bildungspläne 1956/57. In: Reform von Bildungsplänen. Grundlagen — Möglichkeiten. Sonderheft 5 zu Rundgespräch. Frankfurt 1969, p. 16
13 Georg Picht, Grundlagenprobleme der Schulreform. In: Jugend in der modernen Gesellschaft, hrsg. L. v. Friedeburg. Köln/Berlin 1969, p. 379; cf. Eugen Lemberg, l. c. p. 16; cf. Hartmut von Hentig, Systemzwang l. c. 2. Aufl. p. 185

seits und den Bedürfnissen moderner biologischer Bildung andererseits ständig weiter öffnet.[14] „Immer noch sucht der Historiker Historiker auszubilden, tritt er mit der Fragestellung des Forschers — wenn nicht des Enzyklopäden — und nicht des Geschichtslehrers an Stoffe und Schüler heran, statt durch geschichtliche Bildung in der Gegenwart zu orientieren und politisch zu erziehen."[15] Wie diese Beispiele zeigen, ist nicht nur das Nachhinken der Schule hinter den Wissenschaftlern ein Problem, sondern der qualitative Unterschied zwischen Forschung und Bildung, Forschungsinteresse und Bildungsaufgabe müßte neu durchdacht werden.[16]

Überprüft man den herkömmlichen Fächerkanon daraufhin, ob er den zukünftigen Anforderungen noch genügt, so stellen sich folgende Fragen:

1. Wie ist das Selbstverständnis der „Schulfächer" und ihre Beziehung zu bestimmten Wissenschaften, zu fächerübergreifenden Zusammenhängen, zu soziokulturellen Verhältnissen, Entwicklungen?
2. Welche „Fächer" scheinen weiterhin als selbständige Disziplinen unverzichtbar?
3. Müssen neue „Fächer" angeboten werden? Von welcher Klassenstufe an?

Die Beantwortung dieser Fragen ist kaum vom traditionellen Selbstverständnis der Fächer her zu leisten. Um eine zu frühe Verteidigungsposition der einzelnen Unterrichtsfächer zu verhindern, ist es sinnvoll, den Reformprozeß nicht mit der Etablierung von Fachkommissionen zu beginnen, sondern von der übergreifenden Frage nach den Qualifikationen und generellen Lernzielen auszugehen. Zunächst sind die zentralen Kategorien zur Bewertung der Lernziele zu erarbeiten. Dies kann nicht ohne Gegenstände geschehen, aber die Gegenstände dürfen nicht bereits nach den traditionellen Fachgliederungen in das Verfahren eingehen. Bevor nicht solche anerkannte Kriterien oder Leitvorstellungen, die z. T. selber übergeordnete Lernziele sein könnten, mit hinreichender Präzision formuliert sind, läßt sich die Leistung von Fächern, Kursen oder einzelnen Lernzielen nur sehr schwer abschätzen. Wegen des engen Zusammenhangs zwischen der Formulierung allgemeiner Lernziele und dem Problembereich „Gliederung des Lehrplans" müssen diese Punkte ständig miteinander konfrontiert werden. Der Weg über generelle Lernziele und Qualifikationen wird höchstwahrscheinlich ergeben, was sich bereits bei der oberflächlichen Betrachtung der vorhandenen Fächer und Unterrichtsstoffe zeigte, daß die Lernziele sich durchaus nicht ohne weiteres mit dem Stoff der bisherigen Unterrichtsfächer decken. Drei verschiedene Beziehungsformen dürften zu erwarten sein:

1. Große Teile der bisherigen Fächer sind entbehrlich, d. h. sie sind ungeeignet oder nicht notwendig zur Erreichung der für den Schüler gewünschten Qualifikationen.
2. Einzelne Lernziele lassen sich in gleicher Weise und gleich gut an verschiedenen Stoffen und in verschiedenen der bisherigen Fächer erreichen.

---

14 Eugen Lemberg, l. c. p. 16
15 Eugen Lemberg, l. c. p. 17
16 Eugen Lemberg, l. c. p. 18

3. Ein Großteil der Qualifikationen läßt sich an keinem der bisherigen Stoffe erreichen.

Wenn man also nach der Vorstellung der Curriculumforschung davon ausgeht, den Unterricht, d. h. Unterrichtseinheiten, konsequent im Anschluß an Lernziele, Lernzielsequenzen zu konstruieren, wird man zu dem Ergebnis kommen, daß eine Neuabgrenzung, Neugliederung und Ergänzung der bisherigen Unterrichtsfächer und -stoffe notwendig erscheint.

Abschied vom Fach

Diese Überlegungen werden wahrscheinlich dazu führen, daß es notwendig ist, der traditionellen Vorstellung vom konsistenten, durch die ganze Schulstufe oder **über mehrere Klassen hinweg reichenden Fach den Abschied zu geben.** Genauso wie das Jahrgangsklassensystem, das eng mit dem Fächersystem (Zwangskoppelung aller Fächer) zusammenhängt, ist das durchgängige „Fach" obsolet geworden.[17]

Die Strukturierung des Lehrplans nach Qualifikationen oder Lernzielen fordert neue Gliederungsformen, die sehr wahrscheinlich die Form von Kursen, Projekten, Lehrgängen, Blöcken haben werden und die Teile traditioneller Fächer, mehrere Fächer gemeinsam und bisher nicht vorhandene Bereiche abdecken können. Dabei ist die Gefahr der Zerstückelung des Curriculums zu bedenken: Es gilt „die Mitte zwischen zwei Gefahren zu halten: zwischen einer völligen Zerstückelung des Unterrichts in Kurzkurse und der ausgedehnten Scheinkontinuität des bisherigen deutschen Systems, in dem 9 Jahre hindurch ohne Unterbrechung der dünne Faden der gleichen Sache weitergesponnen wird. Mit Verlaub: auf diese Weise wird der Faden fad und jedenfalls nie zu einem haltbaren Tau! Die Lerntheorie belehrt uns, daß es für den Lerneffekt mehr auf a) den richtigen Zeitpunkt der ersten Begegnung mit dem Gegenstand, b) die Intensität der Vermittlung ankommt. Der Kampf wird in dem Maße, in dem diese Einsichten zum pädagogischen Gemeingut werden, nicht wie bisher um die Stundentafel und den Anteil eines Faches an der Oberstufe gehen, sondern umgekehrt um einen frühen und wirksamen ersten Einsatz".[18]

Statt der durchgehenden Fächer wird der Unterricht in Form eines Baukastensystems organisiert werden müssen. Wie kleine Bausteine, Blöcke und durchgehende Streifen werden die Unterrichtseinheiten zum Gesamtcurriculum sich zusammenfügen müssen. „War das Organisationsproblem einst: Wie verteile ich die Schulgegenstände auf den Tag (so war es im Mittelalter), dann auf die Woche (das ist unser gegenwärtiger Zustand), dann auf das Schuljahr (das ist der so selten verwirklichte Epochenunterricht)? — so heißt es jetzt: Wie verteile ich sie sinnvoll auf die gesamte Ausbildungszeit? Wann fördere ich die Schüler am nachhaltigsten durch

17 Hartmut von Hentig, Systemzwang, 2. Aufl. p. 182
18 Hartmut von Hentig, Systemzwang, 2. Aufl. p. 182 sq

die Naturwissenschaften, wann durch welche Form von Geschichte, wann durch die Analyse von Sprache und Begriff usf.? — und alles jeweils in welchen besten Kombinationen?"[19]

Die neuen Unterrichtseinheiten können völlig verschieden sein. Sie können zeitlich, thematisch oder von den angestrebten Qualifikationen her festgelegt sein. Das hängt allein von dem Ziel ab, das mit dieser Unterrichtseinheit erreicht werden soll. Diese Unterrichtseinheiten können verschieden organisiert werden. Sie enthalten:

1. Teile eines einzelnen „Faches",
2. Teile verschiedener „Fächer",
3. neue Arbeitsgebiete.

Für die unter 1. genannte Form böte sich z. B. ein Literaturkurs im „Fach" Deutsch an. Diesen Aufgabenbereich könnte man in der unter 2. genannten Form erweitern, indem man Literatur unabhängig von der Sprache behandelte, also etwa die Kurzgeschichte an Beispielen aus verschiedenen Sprachen zum Thema machte. Als völlig neue Aufgabe im Bereich des Sprachunterrichts (3.) bietet sich der kompensatorische Sprachunterricht zur Überwindung schichtenspezifischer Sprachvoraussetzungen an.

Sicher werden verbindliche Grundkurse in einer Reihe von Fachgebieten notwendig sein, die den Schüler möglichst früh[20] einführen in die spezifische Denk- und Arbeitsweise des Fachbereichs und ihm die grundlegenden Voraussetzungen für die spätere selbständige Arbeit vermitteln. Diese Lehrgänge müßten wahrscheinlich über mehrere Semester die notwendigsten Voraussetzungen für die weitere, dann nicht mehr systematisch aufgebaute Arbeit schaffen. Hier müßte das Handwerkszeug erworben werden: Grundlagenwissen, Arbeitsweisen, Denkstrukturen usw. Hier können dann auch, wenn man größere Fachbereiche zusammenfaßt, Gemeinsamkeiten solcher „Fächer", Fachbereiche deutlich werden, die Tatsache z. B., daß im Bereich der Naturwissenschaften kein Gebiet mehr isoliert betrachtet werden kann, sondern daß neue Erkenntnisse auf dem Gebiet der Physik Folgerungen für den Bereich der Chemie nach sich ziehen und umgekehrt. Die Notwendigkeit solcher Grundlagenkurse sollte allerdings sehr genau überprüft werden. Es besteht sonst die Gefahr, daß alle bisherigen Schulfächer glauben, darauf nicht verzichten zu können, und versuchen, die heutigen Unterrichtsformen zu stabilisieren.

Möglichst früh sollte dann die Arbeit in einem gelockerten Rahmen erfolgen. Dabei muß darauf geachtet werden, daß für den Schüler immer die Chance besteht, in ein Gebiet, das ihn interessiert, neu einzusteigen und sich einzuarbeiten.

Ein besonderes Problem bedeutet die Frage, wie man im Bereich der Fremdsprachen über mehrere Jahre hinweg gewährleistet, daß der Schüler genug Möglichkeiten zum Gebrauch und zur Übung der Sprache hat, ohne daß er gezwungen wird, diese Sprache in der bisherigen Form als ständiges „Fach" zu lernen.

19 Hartmut von Hentig, Systemzwang, l. c. 2. Aufl. p. 183
20 Hartmut von Hentig, Systemzwang, l. c. 2. Aufl. p. 183

Die Gliederung der Fachbereiche

In welcher Weise lassen sich einzelne Fachgebiete bzw. Disziplinen oder Gegenstandsfelder hinsichtlich ihrer didaktischen Funktion im Gesamtlehrplan zu Fächergruppen zusammenfassen? Damit verbunden sind Konsequenzen für die spätere zeitliche Organisation des Lehrplans im Wochenstundenplan. (Welche Veranstaltungen dürfen zeitlich parallel liegen usw.? Ermöglichung von Großgruppenunterricht und Team teaching usw.)

Zwei Einteilungsprinzipien sind denkbar:

a) nach sachlichen Beziehungen,

b) nach dem Grad der Verbindlichkeit und der organisatorisch-didaktischen Form des Angebotes:

Kernunterricht, fächerübergreifender Unterricht, leistungsbezogene Kurse, neigungsbezogene Unterrichtsveranstaltungen (Arbeitsgemeinschaften, Wahlkurse o. ä.) (vgl. S. 66 ff).

Diese Formen können auch verschränkt werden.

Während in der Forschung fortschreitend eine Verschmelzung und Neuabgrenzung der wissenschaftlichen Disziplinen festzustellen ist, stehen die entsprechenden Schulfächer noch immer völlig beziehungslos nebeneinander. In einem zukünftigen Lehrplan wird es notwendig sein, den Zusammenhang der verschiedenen Bereiche stärker zu verdeutlichen. Dabei bieten sich folgende Zusammenfassungen zu Fachbereichen an:

a) Arbeit, Wirtschaft, Technik,

b) die Naturwissenschaften,

c) Sprachen,

d) Politik und Gesellschaft,

e) der ästhetische Bereich.

Die Problematik einer solchen Einteilung liegt auf der Hand, aber es erscheint notwendig, die Kurse, Lehrgänge etc. auf mittlerer Ebene noch einmal zusammenzufassen, um zu verhindern, daß der Lehrplan in kleine Einzelteile zerfällt, ohne daß der Zusammenhang der Teile deutlich würde.

Konsequenzen für die Lehrerbildung

Diese Überlegungen hätten bei einer Realisierung erhebliche Konsequenzen für die Ausbildung und Arbeit der Lehrer. Wenn das Curriculum die traditionelle Fächergliederung aufgibt, ist das systematische Studium eines oder zweier Fächer an der Universität keine geeignete Ausbildung für den Lehrer mehr. Die Mängel der bisherigen Ausbildung, die das wissenschaftliche Studium eines Universitätsfachs in den Vordergrund stellte, ohne die Probleme der didaktischen Umsetzung genügend zu reflektieren, werden um so stärker hervortreten, je weniger sich der Unterricht als eine wie auch immer verkürzte Darbietung einer (scheinbaren) Wissenschaftssystematik versteht.

Auch für das Unterrichtsmaterial wird die Umstrukturierung des Curriculums nach Lernzielen einschneidende Folgen haben. Die traditionellen, systematisch aufgebauten Schulbücher werden wahrscheinlich nur noch in den Grundlagenkursen verwandt werden können. Die Aufgabe der Schulbuchverlage wird es sein, das notwendige Anschauungsmaterial für einzelne kleine Unterrichtseinheiten nach Themenbereichen gegliedert zusammenzustellen. Auch hier wird man am besten nach dem Baukastensystem vorgehen, um die Variationsmöglichkeiten für die Unterrichtseinheiten nicht einzuengen, und nur kleine Hefte, Broschüren oder sogar nur Blätter anfertigen. Der Lehrer muß dann mit seinen Schülern aus dem Angebot das geeignete Demonstrationsmaterial zusammenstellen (vgl. S. 118 ff).

Differenzierung durch Kurse

WOLFGANG KLAFKI

Grundsätzliches zur Differenzierungsfrage

Es darf als allgemein anerkannt gelten, daß ein neuer Lehrplan zwei Prinzipien gerecht werden muß: er soll

a) einen gemeinsamen, für alle Schüler verbindlichen Grundbestand an Erkenntnissen, Kenntnissen, Fähigkeiten und Fertigkeiten formulieren und

b) Individualisierung nach unterschiedlichen Ausgangsbedingungen, hinreichend lange erprobten Leistungsmöglichkeiten und nach unterschiedlichen Interessen sichern.

Häufig wird dem unter a) genannten Prinzip der sog. *Kernunterricht*, dem unter b) genannten Prinzip der sog. *Kursunterricht* zugeordnet. Zuordnungen in dieser schematischen Form sind jedoch problematisch. Sie beschwören die Gefahr herauf, in der Form des Kursunterrichts die traditionelle Dreigliedrigkeit des sog. „allgemeinbildenden" Schulwesens umkorrigiert wieder einzuführen und damit die „Kernfächer" den in Kurse differenzierten Fächern gegenüber abzuwerten. Vielmehr muß die polare Spannung von Integration und Differenzierung für beide Organisationsformen, also für Kernunterricht *und* Kurse, gelten, und entsprechend müßten die Ziele gesetzt und der didaktische und methodische Aufbau entwickelt werden.

In *den* Fächern, die sukzessiv in Niveau- bzw. Eignungskursen oder in Grund- und Intensivkursen oder in Fundamental- und Zusatzkursen (diese Begriffe werden weiter unten erläutert) organisiert werden, bildet das Fundamentum als gemeinsamer Lehrplankern das Element der Integration, andererseits erfolgt die Differenzierung nicht nur als äußere, sondern innerhalb der Niveaukurse ist prinzipiell jederzeit weitgehende innere Differenzierung möglich und erstrebenswert. Diese aber ist auch im Kernunterricht möglich und notwendig.

Es muß noch einmal betont werden, was oben in der Formulierung des Individualitätsprinzips (b) bereits angesprochen wurde: Es ist ein Mißverständnis, das sich leider auch in die Diskussionen um die Förderstufe und die Gesamtschule eingeschlichen hat, wenn man die Frage nach der Differenzierung allein als Frage nach den sog. Niveau- oder Leistungskursen versteht. Demgegenüber gilt: das Differenzierungsproblem muß von vornherein komplexer gesehen werden, es gibt verschiedene Gesichtspunkte für pädagogisch notwendige oder sinnvolle Differenzierung; dem Aspekt *des Ausgleichs soziokulturell bedingter, unterschiedlicher Lernvoraussetzungen* der Schüler kommt dabei besondere Bedeutung zu (vgl. S. 83 ff).

Die folgenden Hinweise auf spezielle Probleme der äußeren Kursdifferenzierung müssen auf dem Hintergrund dieser grundsätzlichen Bemerkungen verstanden werden.

Nach der jeweiligen Zielsetzung bzw. Funktion in ihrer Auswirkung auf die Unterrichtsorganisation sind vier Grundformen der Kursdifferenzierung zu unterscheiden:

1. *Niveau- oder Eignungskurse* in allgemeinverbindlichen Pflichtfächern oder Wahlpflichtfächern, insbesondere Mathematik, Fremdsprachen, gegebenenfalls Deutsch, Naturwissenschaften, Geschichte, Erdkunde.

   Wir empfehlen die Bezeichnung „Niveau-" oder „Eignungskurse" anstelle der verbreiteten Begriffe „Leistungskurse" bzw. „Fachleistungskurse" bzw. „Leistungsfächer". Denn einerseits beschwört dieser Sprachgebrauch das Mißverständnis herauf, allein in diesen Fächern werde ein Leistungsanspruch gestellt; andererseits kann jene Terminologie leicht einen verengten Begriff von Leistung bzw. Schulleistung provozieren.

   Diese Niveau- oder Eignungskursdifferenzierung wird prinzipiell nur als konsequent fachspezifische Differenzierung (setting) dem Individualisierungsprinzip gerecht, d. h. nur dann, wenn ein Schüler in verschiedenen Fächern verschiedenen Niveau- bzw. Eignungskursen angehören kann. Ein fächerübergreifendes streaming-System erfüllt diese Bedingung nicht.

   Niveau- oder Eignungskurse müssen so lange wie möglich durchlässig gehalten werden, d. h. Umstufungen ermöglichen. Das ist nur gewährleistet, solange für alle Kurse ein gemeinsames inhaltliches Fundamentum fixiert wird, das in den anspruchsvolleren Kursen durch Zusatzpensen ergänzt wird.

2. *Ausgleichs(Kompensations)- und Schwerpunktkurse.* Im gleichen Fach werden Kurse gleicher Zeitlänge und Intensität, aber mit unterschiedlichen inhaltlichen Schwerpunkten angeboten; und zwar können diese Schwerpunktbildungen formuliert werden

   a) entsprechend unterschiedlichen Ausgangsbedingungen (Lernvoraussetzungen) im Hinblick auf prinzipiell verbindliche Anforderungen (Ausgleichs- bzw. Kompensationskurse, z. B. die unterschiedliche Förderungsbedürftigkeit im Hinblick auf bestimmte Bereiche der Sprachbildung, etwa infolge unterschiedlichen häuslichen Sprachmilieus).

   Beispiel: Deutsch, Differenzierung im Kursunterricht auf gleicher Niveaustufe, z. B. im Grund-(Normal-)Kurs:

   Grundkurs 1:
   Schüler mit spezifischen grammatischen Sprachschwächen (Schwerpunkt: Spezifische Sprechsituationen zur Übung richtiger grammatischer Strukturen)

   Grundkurs 2:
   Schüler mit Leseschwierigkeiten

   Grundkurs 3:
   Schüler mit schwacher Sprechmotivation (Schwerpunkt: Stark motivierende Situationen)

   Grundkurs 4:
   Schüler mit überdurchschnittlich schlechter Artikulation (Schwerpunkt: Situationsbezogene Sprecherziehung)

   b) nach Interesse (fachimmanente „Wahlpflicht"), z. B. in der politischen Bildung

(Sozialkunde), im Technischen Werken bzw. in der „Arbeitslehre", in der Kunsterziehung o. ä.

Beispiel:

Rahmenthema: Politik als Konfliktfeld

Schwerpunktkurse, z. B. je ein halbes Jahr, parallel geschaltet:

1) Wirtschaftspolitik: der Konflikt verschiedener Interessengruppen am Beispiel der Mitbestimmungsfrage

2) Verkehrspolitik: Die Diskussion um den Leber-Plan

3) Außenpolitik: Der Konflikt zwischen Israel und den Arabischen Staaten und die Position der Bundesregierung und der entsprechenden Interessengruppen (z. B. Exporthandel)

4) Kulturpolitik: Konflikte in der Kulturpolitik der letzten Jahre (Konfessionsschule — Gemeinschaftsschule, Dorfschule — Mittelpunktschule u. ä.)

3. *Intensivkurse (Langkurse) und Grundkurse (Kurzkurse)* innerhalb allgemeinverbindlicher Pflichtfächer.

Der Schüler kann hier in einem bis zum Ende der Schulzeit oder bis zu einer bestimmten Klassenstufe obligatorischen Fach einen zeitlich längeren und dementsprechend intensiveren oder einen kürzeren, elementaren Kurs wählen.

Die Grundkurse enthalten das Fundamentum, die Intensivkurse zusätzlich zum Fundamentum weitergehende Lernziele im Hinblick auf Erkenntnisse, Wissen und Fähigkeiten.

Je zwei der betreffenden Fächer werden zeitlich so parallel bzw. so hintereinander geschaltet — ggf. im Trimester- oder Semesterwechsel —, daß die Schüler in einem der Fächer einen Intensivkurs wählen können, im anderen parallel dazu oder anschließend einen Grundkurs. Es sind bestimmte, feste Auflagen möglich, z. B. die, daß jeder Schüler ein- oder mehrmals während der Schuljahre 7—10 in jedem Fach Intensivkurse belegen muß u. ä.

Anwendungsbereiche dürften vor allem Physik und Chemie, Erdkunde und Biologie, ggf. Technisches Werken und Wirtschaftslehre sein, aber auch Geschichte, Musik, Kunsterziehung, ggf. Politische Bildung (bzw. Sozialkunde) und der Literaturunterricht.

4. *Obligatorische Fundamentalkurse und wahlfreie bzw. alternativ wählbare Zusatzkurse*

Zu gemeinsamen Fachkursen werden verschiedene erweiternde zusätzliche Kurse angeboten, unter denen der Schüler entweder wählen *muß* oder die wahlfrei sind. Sofern alternative Wahlpflicht besteht, kann sie sowohl auf Zusatzkurse *innerhalb* des gleichen Faches wie auf Zusatzkurse *verschiedener Fächer* bezogen sein.

Vorwiegende Anwendungsbereiche sind Sport, künstlerische Fächer, technische Fächer.

Beispiel für alternative Wahlpflicht im gleichen Fach: 3 Stunden Sport wöchentlich; davon obligatorischer Fundamentalkurs „Grundausbildung" mit einer Stunde; alternativ wählbare Kurse (Wechsel z. B. nach 1/2 Jahr möglich): „Fußball", „Volleyball", „Leichtathletik", „Bodenturnen" usw., zwei Stunden wöchentlich.

Beispiel für alternative Wahlpflicht in verschiedenen Fächern: Grundkurse für Musik (14tägig 1 Stunde) und Kunsterziehung (14tägig 2 Stunden) für alle Schüler verbindlich; alternativ wählbar; Zusatzkurs Musik: 2 Stunden 14tägig oder Zusatzkurs Kunsterziehung: 2 Stunden 14tägig.

Das Problem „Fundamentum" – „Zusatzpensen" als durchgehende lehrplantheoretische Kernfrage für die Differenzierungsformen 1, 3 und 4.

Für die Differenzierungsformen 1–3 (in entsprechender Transposition auch für die Differenzierungsform 4) ist die Frage der Bestimmung des für alle Schüler verbindlichen und identischen Fundamentums und der differenzierenden Zusatzpensen, ihrer Zuordnung und Verzahnung, die entscheidende Voraussetzung.

Für die Niveau- oder Eignungskurse hängt davon die in den deutschen Förderstufensystemen und in analogen ausländischen Versuchen bisher nicht befriedigend gelöste Problematik der Umstufungs-, besonders der Aufstiegsmöglichkeiten innerhalb des Kurssystems ab; bei den Grund- und Intensivkursen und den Fundamental- und Zusatzkursen die Möglichkeit sinnvoller, variabler Wahlentscheidungen über einen Zeitraum von mehreren Jahren hin.

Zwei Kernfragen sind für alle Fächer bzw. Fächergruppen und für alle Differenzierungsformen jeweils zu beantworten:

1. Nach welchen Gesichtspunkten wird das Verhältnis von Fundamentum und Zusatzpensen bestimmt. Z. B. als „Grundlage" und „Erweiterung" (etwa: im Fundamentum Grundwortschatz im Englischen für das Sachgebiet „Mahlzeiten, Essen"; als Zusatzpensen quantitative Erweiterungen dieses Wortschatzes)
oder
als „Grundlage" und „Differenzierung" z. B. im Fundamentum: Grundwortschatz für ein bestimmtes Sachgebiet, dieser Wortschatz mit einem geringen oder mittleren Differenzierungsgrad; als Zusatzpensen: weitere Spezifizierungen des im Fundamentum vermittelten Wortschatzes.

2. Wie lange läßt sich ein gemeinsames Fundamentum durchhalten? Die letzte Frage stellt sich unvermeidlich, weil „Fundamentum" und „Zusatzpensen" im Lernprozeß des Schülers nur bedingt und wahrscheinlich nur für begrenzte Zeiträume voneinander abgehoben werden können. Die gelernten Zusatzpensen werden, im Laufe der Zeit immer stärker, auf den Lernprozeß im Bereich des Fundamentums zurückwirken oder vorauswirken. D. h.: Die „Zusatzpensen" bestimmter Kursgruppen (höhere Niveau-Kurse oder Intensiv-Kurse oder Zusatzkurse) wirken auf den Lernprozeß im nächstfolgenden Abschnitt des Fundamentums ein, Schüler der Niveau- oder Intensiv- oder Zusatz-Kurse beginnen den neuen Abschnitt des Fundamentums mit besseren Voraussetzungen als die Schüler weniger anspruchsvoller Niveau-Kurse oder der Grundkurse oder nicht fach-adäquater Zusatz-Kurse. (Z. B.: Die Teilnehmer von Zusatzkursen in Musik beginnen den nächsten Fundamental-Kurs Kunsterziehung mit geringeren Voraussetzungen als die Teilnehmer an den Zusatzkursen in Kunsterzie-

hung — das Umgekehrte gilt für die letzteren im Hinblick auf den jeweils folgenden Fundamentalkurs „Musik".)

Erläuterung zur ersten Grundform der Differenzierung: „Niveau- oder Eignungs-Kurse"

1. Prinzipiell gilt für die Überführung eines Faches in die Form der Niveau-Kursdifferenzierung: Sie sollte erst dann erfolgen, wenn die Möglichkeiten innerer Differenzierung erschöpft sind, weil jede äußere Differenzierung die Wahrung des Prinzips der Gleichheit der Bildungschancen unvermeidlich erschwert: *äußere Differenzierung so spät wie möglich.* Daraus folgt zugleich, daß die Anzahl der Niveau-Stufen so gering wie möglich gehalten werden sollte, so daß die Schwierigkeiten der Umstufung vermindert werden.

2. Nach allen Plänen für Gesamtschulen und auch nach neueren Plänen für noch nicht integrierte Schularten, z. B. für Hauptschulen, soll die Differenzierung in *Englisch* und *Mathematik* zu Beginn oder im Laufe des 5. (in Berlin des 7.) Schuljahres einsetzen, wobei die Zahl der Kursstufen nicht von vornherein fixiert ist, sondern sukzessiv zunehmen kann. *Deutsch* wird in einigen Stunden (gewöhnlich in 1—2 Wochenstunden), und zwar mehrfach erst vom 6. Schuljahr an, für die Niveaukursdifferenzierung vorgesehen, die übrigen Deutschstunden gehören dann zum gemeinsamen Kernunterricht. Für die Naturwissenschaften wird in Gesamtschulen ab Klasse 7 oder 8, in Berlin ab Klasse 8 oder 9 an eine Niveaudifferenzierung gedacht, z. T. soll hier von Klasse 9 ab auch in Geschichte und Erdkunde äußere Differenzierung durchgeführt werden.

Umstufungsmöglichkeiten zwischen den Kursen sind in den meisten Fällen in der Regel halbjährlich, in wenigen Fällen mehrmals pro Jahr vorgesehen.

Anfangs werden in der Fremdsprache und in den äußerlich zu differenzierenden Teilen des Deutschunterrichts wahrscheinlich zwei Stufen genügen, sie können bei Bedarf schrittweise vermehrt werden. Mehr als vier Kursstufen sollten aus den o. g. Gründen vermieden werden.

Als Normalform der Kursdifferenzierung kann folgender Aufbau gelten:

Grundkurs bzw. Normalkurs
Erweiterungs- oder Aufbaustufe, ggf. in zeitlicher Aufeinanderfolge zu differenzieren nach
Erweiterungs- oder Aufbaustufe A
Erweiterungs- oder Aufbaustufe B

Für Schüler, die den normalen Grundkurs nicht bewältigen, werden *Förderkurse* eingerichtet, die entweder durch zeitliche Ausdehnung (um eine Wochenstunde) oder durch geringere Gruppenstärke oder durch eine spezielle Methodik die Möglichkeit bieten, den inhaltlichen Anforderungen des Grundkurses, ggf. mit gewissen Reduktionen, gerecht zu werden.

Zeitweiliges Nachlassen oder Versagen in einer Kursstufe versucht man durch zeitlich begrenzte *Stützkurse* (in Berlin auch *Aufbaukurse* genannt) im Umfang von wöchentlich einer Stunde aufzufangen, bevor eine Abstufung in einen weniger anspruchsvollen Kurs erwogen wird. Andererseits empfehlen sich bei Aufstufungen zeitlich begrenzte *Liftkurse* (bisweilen auch *Förderkurse* genannt) im Umfang von ein bis zwei Wochenstunden, die „aufsteigenden" Schülern den Anschluß an die anspruchsvolleren Kurse erleichtern sollen.

Im sogenannten Grundkurs wird die Bewältigung des Fundamentums die gesamte Wochenstundenzeit in Anspruch nehmen. Die anspruchsvolleren Kurse (Aufbau- oder Ergänzungskurse) unterscheiden sich nun dadurch vom Grundkurs, daß sie von ihren Schülern die Bewältigung des Fundamentums in kürzerer Zeit fordern und darüber hinaus *zusätzliche* Pensen behandeln. Entscheidend bleibt, daß das Fundamentum für den gesamten Zeitraum ein sachlogisches Kontinuum darstellt. Wer also in einen anspruchsvolleren Kurs aufsteigt, soll im Fundamentum vom ersten Tag der Umstufung an sachgerecht mitarbeiten können. Er braucht nur die Zusatzpensen aufzuholen. Die Einrichtung der oben erwähnten Lift- (Förder-)kurse soll solche Übergänge erleichtern.

3. Die generelle Hypothese, die allen Niveaukurs-Systemen zugrunde liegt, besagt, daß in bestimmten Fächern der Lernerfolg verschieden leistungsfähiger Schüler steigt, wenn man sie — nach einer hinreichend langen Beobachtungszeit (als welche z. T. die Grundschulzeit, z. T. darüber hinaus die Zeit der Förderstufe, mindestens in ihrem Beginn, gilt) — in einigermaßen leistungshomogenen Gruppen zusammenfaßt.

Nun ist schon die Bestimmung der Kriterien für „Leistungshomogenität" ein Problem, da es sich dabei offenbar um ein komplexes Phänomen handelt: Unterschiedliche „Leistungsfähigkeit" in einem Fache kann auf Unterschieden in der Vorbildung, des Interesses, der vorhandenen Lernmotivationen (die ihren Ursprung sowohl außerhalb als auch innerhalb der Schule haben können), der „Begabung" (die selbst wiederum ein höchst komplexes Phänomen darstellt), auf Unterschieden im Lerntempo, in der Behaltensfähigkeit (anders ausgedrückt: im Umfang notwendiger Übung) oder anderer Teilfaktoren des Lernpotentials beruhen. Eine befriedigende *Theorie solcher Faktoren* und ihrer etwaigen Bedeutung für die Bildung relativ homogener Leistungsgruppen fehlt bisher, und daher fehlen auch gute diagnostische Hilfsmittel (Tests) für die Zuordnung zu bestimmten Gruppen und für Umstufungen in höhere oder niedrigere Kurse. Einstweilen fungieren vielfach noch die üblichen Schulzensuren, deren Problematik eben darin liegt, daß sie ihrerseits nicht auf einer solchen Faktorentheorie beruhen, als Kriterium für die Kurszuweisung.

Jene Voraussetzung, daß Schüler in relativ homogenen Gruppen effektiver lernen als in inhomogenen Gruppen, ist jedoch inzwischen entschieden in Zweifel gezogen worden. Die Untersuchungen von *Sixten Marklund, Nils-Eric Evenson, W. F. Koontz, J. Justmann, M. L. Goldberg und A. H. Passow, J. W. French, R. B. Ekstrom, D. Biran* und *G. R. Ortar, W. R. Borg, F. C. Daniels, W. D. Dockrell* und anderen weisen in der Mehrzahl der Fälle darauf hin, daß die homogene Gruppenzusammensetzung für die leistungsschwächeren Schüler fast durchweg negativer wirkt als die heterogene und daß für die mittleren und die überdurchschnittlich begabten oder schulleistungsfähigen Schüler homogene und heterogene Zusammensetzung keine wesentlichen Unterschiede zeitigen. Allerdings bestätigen andere einschlägige Untersuchungen diese Ergebnisse nicht völlig.

Sofern man einstweilen an der vergleichsweise konservativen Hypothese festhält, daß in bestimmten Fächern bei homogenen Niveaugruppen mit einem größeren Lernerfolg zu rechnen ist als in Gruppen mit starkem Niveaugefälle, wird man sich einstweilen vielfach weithin der Schulzensuren als Kriterien bedienen müssen. Allerdings ist eine gewisse Objektivierung dieser Zensuren durch informelle Leistungstests oder Normarbeiten bereits heute möglich.

In jedem Falle sind Zensuren, Ergebnisse von Leistungstests oder Normarbeiten als Differenzierungskriterien nur vertretbar, wenn eine längere Erprobungszeit und Versuche, vorhandene Ungleichheiten der Ausgangssituation der Schüler auszugleichen, vorausgegangen sind. Die Grundschulzensuren der Kinder z. B. können nicht ungeprüft als Differenzierungskriterien vorausgesetzt werden, da sie selbst nicht auf einheitlichen Kriterien beruhen.

Darüber hinaus werden die allgemeine Lehrplankommission bzw. die Fachgruppen- und Fachkommissionen — insbesondere für die ersten ein bis zwei Jahre, in denen in bestimmten Fächern Niveau- bzw. Eignungskurs-Differenzierung einsetzt — nachdrücklich detaillierte Empfehlungen dafür ausarbeiten müssen, daß auch andere als die an den üblichen Schulleistungsmaßstäben orientierten Differenzierungsgesichtspunke erprobt und jeweils spezifische didaktische und methodische Schwerpunktprogramme, bei identischem Fundamentum, entwickelt werden.

Z. B. Differenzierung nach

a) dem Lerntempo

b) spezifischen Lernschwächen (z. B. Intonation in der Fremdsprache, Textverständnis bei Textaufgaben in Mathematik usw.)

c) verschiedenen Ausgangssituationen der Schüler oder verschiedenen Motivationen (z. B.: Schüler, die früh zu formalabstrakter mathematischer Betrachtungsweise neigen, bedürfen der schrittweisen Hinführung zur mathematischen Durchdringung von Sachzusammenhängen, also intensiverer Arbeit an Sachrechenaufgaben. Umgekehrt bedürfen Schüler, die zu sachbezogenem, rechnerischem und geometrischem Denken tendieren, einer speziellen und intensivierten Hinführung zur mathematischen Formalisierung usw.).

Zur zweiten Grundform der Differenzierung: „Ausgleichs-(Kompensations-)Kurse und Schwerpunkte"

Insbesondere den Ausgleichs- bzw. Kompensationskursen sollte in Zukunft besondere Aufmerksamkeit geschenkt werden. Zahlreiche wissenschaftliche Untersuchungen haben gezeigt, daß die Unterschiedlichkeit der Lernvoraussetzungen, die Schüler im Schulunterricht zeigen, in vielen Fällen durch ihre sozio-kulturelle

Herkunft bedingt ist. Das gilt für Unterschiede des Wissens und Könnens, des Selbstvertrauens, der Lernmotivation, der Bereitschaft und Fähigkeit zu selbständiger Mitarbeit im Unterricht, insbesondere für die in alle vorher genannten Faktoren hineinspielende Unterschiedlichkeit des Sprachniveaus. Es gibt bei den Eltern der verschiedenen Sozialgruppen oder Sozialschichten typische Unterschiede des Sprachverhaltens, der Einstellung zur Schule und zum Lernen, unterschiedliche Erwartungen hinsichtlich der Schulleistungen der Kinder, eine unterschiedliche Einflußnahme auf die Bereitschaft der Kinder, die Befriedigung momentaner Bedürfnisse aufzuschieben und Lernanstrengungen auf sich zu nehmen usf.

Dem Prinzip der Bildungsgerechtigkeit entsprechend sind daher besondere Anstrengungen notwendig, solche Unterschiede — soweit sie nicht durch *innere Differenzierung* aufgefangen werden können — in der Form besonderer Ausgleichsbzw. Kompensationskurse zu berücksichtigen. Das Ziel, den benachteiligten Schülern jeweils möglichst schnell und nachhaltig die gleichen Ausgangsbedingungen zu vermitteln und zu erhalten, wie sie Schüler aus günstigeren sozio-kulturellen Verhältnissen bereits mitbringen, wird nur erreicht werden können, wenn die betreffenden Kurse kleine Teilnehmerzahlen haben und wenn der Unterricht besonders stark motivierend und für jeden Schüler besonders arbeits- und übungsintensiv gestaltet werden kann, z. B. durch spezielle Arbeitsmittel.

Zur dritten Grundform der Differenzierung: „Intensivkurse (Langkurse) — Grundkurse (Kurzkurse)"

Das Prinzip der Differenzierung nach Intensivkursen (Langkursen) und Grundkursen (Kurzkursen) ist bisher m. W. nur in der Odenwaldschule praktiziert worden. Der Einbau dieses Organisationsprinzips könnte für die Sekundarstufe aller traditionellen Schularten wie aller Gesamtschulsysteme (darüber hinaus auch für die gymnasiale Oberstufe) insofern von größter Bedeutung sein, als damit eine produktive Lösung angesichts der bisher unbewältigten Alternative sich abzeichnet: entweder Ausfall oder Abfall ganzer Fächer und Fachbereiche über Jahre hinweg (z. B. der Wirtschaftslehre und des Technischen Werkens für die „Gymnasiasten" in der Sekundarstufe, die Abwahl von Physik, Chemie, Biologie in der gymnasialen Oberstufe in den sprachlichen Zweigen usw.) oder Festhalten am Prinzip, alle betreffenden Fächer bis zum jeweiligen Schulabschluß für alle Schüler mit gleicher (und damit notwendigerweise gleichmäßig geringer) Stundenzahl.

Das System von Intensiv- und Grundkursen würde es dagegen ermöglichen, etwa in Wirtschaftslehre und Technischem Werken bzw. Technologie, in Physik und Chemie, Biologie und Erdkunde, Sozialkunde und Geschichte, ggf. auch Musik und Kunsterziehung *für alle Schüler einen verbindlichen Grundkanon* zu fixieren und gleichzeitig jedem Schüler in einem oder wenigen dieser Fächer, seinen individuellen Interessen und/oder Fähigkeiten gemäß, eine *Schwerpunktbildung zu ermöglichen.* Allerdings darf dieses Organisationsmodell auf keinen Fall

dahingehend mißverstanden werden, daß die Grundkurse ein stoffliches Mindest-
wissen zu vermitteln hätten, während nur die Intensivkurse sich auch oder domi-
nant *methodische Bildung* zum Ziele setzen könnten; etwa so, daß im Grundkurs
Geschichte in traditioneller Weise Faktenvermittlung im Vordergrund stünde, im
Intensivkurs dagegen Quellenlektüre betrieben würde oder im Grundkurs Physik
„Lehrbuchwissen" übermittelt, im Intensivkurs dagegen experimentiert würde. Gerade die Grundkurse bedürfen entschiedener *stofflicher Entlastung* zugunsten
methodischer Bildung (in Geschichte z. B. der Entlastung in der älteren und mit-
telalterlichen Geschichte zugunsten neuerer und neuester Geschichte mit kritischer
Quellenlektüre; entsprechendes gilt für alle anderen genannten Disziplinen).

Als Beispiel eines konkreten Versuches läßt sich die Regelung der Odenwaldschule anführen. 1967 galt folgende Regelung:
1. Ab Klasse 7 werden Erdkunde und Biologie in der Form von Kurz- und Langkursen
   (Grund- und Intensivkursen) angeboten.
2. Ab Klasse 8 werden Physik und Chemie einerseits, Geschichte andererseits in der Form
   von Grund- und Intensivkursen angeboten.
3. Ab Klasse 9 ist geplant, aber noch nicht realisiert, Musik in der Form von Grund- und
   Intensivkursen anzubieten.
4. Jeder Schüler muß in jedem Fach mindestens einen Intensivkurs absolvieren.

Je zwei der betreffenden Fächer werden im Stundenplan zusammengelegt und
vor ihrem Beginn den Schülern zur Wahl als Intensiv- oder Grundkurs in epocha-
ler Folge angeboten. Die Stundenzahl der Intensivkurse ist doppelt so hoch wie die
der Grundkurse. Im Sinne des epochalen Prinzips folgen für die einzelnen Schüler
je ein Intensivkurs in einem und ein Grundkurs in einem anderen Fach innerhalb
jedes Halbjahres aufeinander. Wer z. B. in Klasse 8 im ersten Vierteljahr den Intensivkurs Erdkunde mit zwei Stunden wählte, erhält im zweiten Vierteljahr Biologie als Grundkurs mit einer Wochenstunde usw.

*Zur vierten Grundform der Differenzierung: „Obligatorische Fundamentalkurse
und wahlfrei bzw. alternativ wählbare Zusatzkurse"*

Diese Grundform dürfte, wie oben erwähnt, besondere Bedeutung für die Lehrplangestaltung des Sportunterrichts, der künstlerischen Fächer und der „Hinführung zur Wirtschafts- und Arbeitswelt" (bzw. der ökonomisch-technischen Bildung) haben. Insbesondere bietet sie die Möglichkeit, einen gestuften Übergang
vom obligatorischen Unterricht (etwa bis Klasse 7 und 8) zur Wahlmöglichkeit im
Sinne von Wahlpflichtfächern zu organisieren (statt eines abrupten Schnittes zwischen Pflichtunterricht und Wahlpflichtunterricht nach irgendeiner Klassenstufe).

Eine der Realisierungsmöglichkeiten dieser dritten Grundform der Differenzierung ist die Organisation als Semester- oder Trimestersystem.

Bei Trimesterkursen für die künstlerischen Disziplinen kann man z. B. je ein
Trimester Kunst und ein Trimester Musik pro Schuljahr als obligatorischen Fundamentalkurs, das dritte Trimester als alternativ wählbare Zusatzkurse „Kunst"
oder „Musik" organisieren.

Entsprechende Regelungen sind im Bereich der ökonomisch-technischen Bildung
(Hinführung zur Wirtschafts- und Arbeitswelt) notwendig.

Formen der Strukturierung von Lehrplänen

WOLFGANG KLAFKI

Systematischer Ort und Begriff der „Strukturierungsformen von Lehrplänen"

Die Aufgabe eines Lehrplanes kann im Sinne der vorangehenden Abschnitte dahingehend bestimmt werden, daß er

a) die allgemeinen Lernziele oder Lernzielkomplexe bzw. die generellen Lernzielhierarchien formulieren muß, die durch Schulunterricht erreicht werden sollen,

b) die fächerübergreifenden Unterrichtseinrichtungen, die Fächer und die Differenzierungsmöglichkeiten benennen muß, die den organisatorischen Rahmen für die Verwirklichung der Lernziele bilden sollen,

c) innerhalb dieses organisatorischen Rahmens (b) die Konkretisierung der allgemeinen Lernziele bzw. Lernzielkomplexe oder Lernzielhierarchien (a) leistet, indem er diesen *allgemeinen* Lernzielen in zeitlich fixierbaren Einheiten *speziellere* Lernziele und diesen wiederum Erkenntnisse, Kenntnisse, Fähigkeiten, Fertigkeiten (Techniken), durch die die speziellen und allgemeinen Lernziele erreicht werden sollen, zuordnet.

Die Form bzw. die Formen dieser Zuordnung allgemeiner Lernziele, spezieller Lernziele und der Erkenntnisse, Kenntnisse, Fähigkeiten, Fertigkeiten werden hier mit dem Begriff *„Strukturierungsformen des Lehrplans"* bezeichnet.

Bei der Erörterung solcher Strukturierungsformen ist ständig darauf zu achten, daß sich in jenem Zuordnungsprozeß nicht unbemerkt traditionelle (oder auch moderne) Anordnungs-Schemata gegenüber den Lernzielen verselbständigen; Schemata, die ggf. die Erreichung bestimmter, prinzipiell akzeptierter Lernziele gerade verhindern können. Zweckmäßige „Strukturierungsformen" können nur im Hinblick auf eindeutige Lernziele bestimmt werden.

Was eine „zweckmäßige" Strukturierung von Lernzielen und zuzuordnenden Erkenntnissen, Kenntnissen, Fähigkeiten und Fertigkeiten ist, hängt nicht allein von einer vermeintlichen „Sachlogik" der Ziele bzw. der zuzuordnenden Erkenntnisse, Kenntnisse, Fähigkeiten und Fertigkeiten ab, sondern zugleich von den *Bedingungen, unter denen der Lernprozeß vollzogen wird:* Der zu strukturierende Zusammenhang muß also durchgehend als *Lehr- und Lernzusammenhang* verstanden werden, d. h. als Komplex von Lehr- und Lernprozessen, die unter bestimmten Zielsetzungen eine das Verhalten junger Menschen bestimmende Aneignung von Erkenntnissen, Kenntnissen, Fähigkeiten und Fertigkeiten ermöglichen sollen.

Da die besonderen Lehr- und Lernbedingungen, die zur Bestimmung jenes Zusammenhanges hinzugehören, letztlich allein von Lehrern bzw. Lehrerteams in den jeweils konkreten Schulsituationen ermittelt werden können, kann ein Lehrplan nur formal Möglichkeiten der Strukturierung und (hypothetisch) typische Strukturierungsformen im Hinblick auf typische Lehr- und Lernbedingungen benennen. In gesteigertem Maße gilt das für die folgenden Hinweise, die sich auf der Ebene einer allgemeinen Theorie des Unterrichts bewegen.

Insofern die Strukturierungsformen u. a. im Hinblick auf typische Lehr- und Lernbedingungen formuliert werden, können verschiedene Strukturierungsformen der gleichen Zielsetzung zugeordnet werden: Im Hinblick auf das gleiche Ziel können also unter den Bedingungen a), b), c), z. B. die thematisch-konzentrische Strukturierungsform (s. u.), unter den Bedingungen d), e), f) z. B. die lineare (lehrgangsartige) Strukturierungsform als *zweckmäßigste* Zuordnungsweisen erscheinen.

Zugleich ergibt sich aus dem Vorangehenden eine Einsicht über das Verhältnis von Strukturierungsformen einerseits und Unterrichtsorganisation und -methodik andererseits: Da in die Bestimmung der Strukturierungsformen Überlegungen über Lehr- und Lernprozesse und typische Lehr- und Lernbedingungen eingehen, haben diese Strukturierungsformen jeweils bestimmte Affinitäten zu bestimmten Organisationsformen und Unterrichtsmethoden (z. B. Gruppenunterricht, Erkundungen, Einzelarbeit, programmiertes Lernen usw.). Die Strukturierungsformen setzen also jeweils bestimmte Rahmenbedingungen für die Unterrichtsorganisation und das unterrichtsmethodische Verfahren, ohne sie jedoch im Detail festzulegen.

Über das Verhältnis von „Strukturierungsformen" einerseits und „Gesamtgliederung des Lehrplans" (vgl. S. 57 ff) und „Differenzierungsformen" (vgl. S. 66 ff) andererseits ist folgendes zu sagen: Die Gliederung der Lehrpläne nach Kern- und Kursunterricht, Wahlleistungs- und Wahlpflichtunterricht usw. ist nicht identisch mit den Strukturierungsformen; sowohl „thematisch-konzentrische" wie „lineare" wie „diskontinuierliche" Strukturierungsformen können in den Lehrplänen für den Kernunterricht oder für Wahlleistungsfächer, für Wahlpflichtfächer usw. auftauchen. Die Klärung der „Strukturierungsformen" ist jedoch eine der notwendigen formalen Voraussetzungen für die Zuordnung z. B. von „Fundamentum" und „Ergänzung", Pflichtkursen und Wahlkursen, Grundkursen und Intensivkursen usf.

Das Problem der Strukturierungsformen ist in der allgemeinen Lehrplantheorie ungeklärt, umfassende systematische oder empirische Untersuchungen neueren Datums gibt es dazu nicht. Daher können auch die folgenden Bemerkungen nur als vorläufige Hinweise, die die Problematik beleuchten, sie aber nicht lösen, betrachtet werden.

Typische Strukturierungsformen

Zunächst ist es (— ohne Anspruch auf Vollständigkeit —) möglich, drei tendenziell unterschiedliche Strukturierungsformen formal voneinander abzuheben:

1. Lineare (lehrgangsartige) Strukturierung
2. Thematisch-konzentrische (projektartige) Strukturierung
3. Diskontinuierliche (auf situative Verwirklichung angelegte) Strukturierung.

ad 1: Dieser Oberbegriff umfaßt Zuordnungs- bzw. Anordnungsformen, bei denen die Lernziele bzw. bestimmte Lernzielkomplexe weitgehend sukzessiv-linear aufeinander folgen. Von einem „Endziel" bzw. einem Komplex wechselseitig voneinander abhängiger „Endziele" her werden die Teilziele in eine lineare Folge (a), ggf. in eine Folge von Teilziel-Komplexen (b) gebracht, so daß das jeweils folgende Teilziel bzw. der jeweils folgende Teilzielkomplex auf dem vorangehenden aufbaut und ihn voraussetzt. Sofern es sich um eine Folge von Teilzielkomplexen handelt, brauchen *die* Lernziele, die jeweils zu einem bestimmten Teilzielkomplex gehören, *untereinander* nicht im Verhältnis linearer Abfolge zu stehen.

Mögliche Beispiele:
Abbildungsgeometrie I: Euklidische und affine Abbildungen
Physik: Elektrizität I: Der elektrische Strom
Hauswirtschaft III: Backen
Sport: Grundlehrgang II: Bodenturnen
Erste Hilfe
Technisches Werken: Einfache Maschinen: Bauen, Demontieren, Montieren
Deutsch: schriftsprachliche Zweckformen: Lebenslauf, Bewerbung, Gesuch, Beschwerde, Antrag

Schematische Veranschaulichung der linearen (lehrgangsartigen) Strukturierungsform:

a)		b)	
„Endziel"	x	„Endziel-Komplex"	x y z
Teilziel ▲	w	Teilziel-Komplex ▲	t u v w
Teilziel	v	Teilziel-Komplex,	q r s
.	.	.	.
.	.	.	.
.	.	.	.
.	.	.	.
Teilziel	b	Teilziel-Komplex	d e f g
Teilziel	a	Teilziel-Komplex	a b c

Ein durchgearbeitetes Beispiel für eine vorwiegend lineare Anordnung von Lernzielen und zugeordneten Erkenntnissen, Kenntnissen, Fähigkeiten und Fertigkeiten bietet das Beispiel „Physik" (von *Wilfried Kuhn* im Anhang). Der Verfasser betont jedoch, daß die gleichen Lernziele auch in thematisch-konzentrischer (projektartiger) Strukturierungsform angestrebt werden könnten!

„Lineare Strukturierung" kann, wenn sie in überschaubaren Einheiten (in der Literatur bisweilen „Lehrgänge" genannt) erfolgt, die Schüler im Blick auf das klar formulierte Endziel motivieren (z. B. Lehrgänge von der Dauer eines Monats, eines Trimesters, eines halben Jahres o. ä.). Solche „Lehrgänge" können relativ leicht programmiert werden (Möglichkeit des Nachholens, der Einzelarbeit), das Erreichen oder Nichterreichen der Lehrgangsziele kann durch Testarbeiten überprüft werden.

Im Hinblick auf die Differenzierung erleichtert „lineare Strukturierung" z. B. die Fixierung von Grundkursen und Aufbaukursen, die Abgrenzung von „Fundamentum" und „Zusatz" usw.

Ein „Lehrgang" kann in mehrere aufeinander aufbauende *„Lehrgangsabschnitte"*, die durch Teil- oder Zwischenziele definiert sind, gegliedert sein (z. B. können innerhalb eines Lehrgangs verschiedene „Fertigkeitskurse" zur Aneignung bestimmter Arbeitstechniken — z. B. Arbeit mit geographischen Spezialkarten, Metallbohren, Beherrschung des Rechenschiebers usw. — notwendig werden).

Mehrere Lehrgänge können eine *Lehrgangsfolge* ergeben, an deren Ende eine bestimmte Schulabgangs- oder Übergangsqualifikation (Berechtigung) steht (z. B. Mathematikabschluß der Sekundarstufe).

Zur Problematik der linearen (lehrgangsartigen) Strukturierung

In etlichen herkömmlichen Lehrplänen dominieren einseitig scheinbar lineare Aufbau- bzw. Anordnungsformen, bei denen überdies oft rein stofflich benannte Inhalte — unter bestimmten Hauptüberschriften für größere Stoffkomplexe — aufgezählt werden.

Und zwar gilt das für die (meist nicht kommentierte) Anordnung größerer Stoffkomplexe genauso wie für die Anordnung der einzelnen Themen bzw. Themenkreise *innerhalb* eines Komplexes.

Beispiel (aus einem Realschul-Lehrplan für Physik, 1967): 7. Schuljahr (Klasse 3)

Grundplan	*Empfehlungen*
Mechanik I (ca. 18 Std.)	
Einführung in das neue Fach	
Abgrenzung gegenüber den anderen	
Disziplinen der Naturwissenschaften.	
Schauexperimente	
Einfache Maschinen	
Physikalische Grundgrößen, Maßeinheiten.	Anwendungen:
Seil, Stange, feste Rolle, Hebel,	Waagen, Kran, Wellrad,
lose Rolle, Flaschenzug.	Schiefe Ebene,
Kraft, Arbeit, Leistung.	Schraube — Kraftübertragung.
Aufbau der Körperwelt	
Raum, Gewicht, Masse.	
Zustandsformen.	
Molekül, Molekularkräfte, usw.	

Diese Anordnungsform erweckt oft den Anschein, als beruhte sie auf „in der Sache begründeten Notwendigkeiten". Es scheint dann so, als *müßten* die Themen bzw. Themenkomplexe in 'der Reihenfolge im Unterricht „behandelt" werden, in der der Lehrplan sie aufzählt, und zwar oft in einer über lange Zeiträume, z. B. mehrere Jahre, sich erstreckenden Folge. Dieses Verfahren findet — weiter detailliert — in vielen Schulbüchern seine unreflektierte Fortsetzung bzw. Parallele.

Die lineare Anordnungsform birgt zwei Gefahren in sich:

a) Die Fächer laufen nicht nur in den Plänen, sondern auch bei der Realisierung im Unterricht in vermeintlich jeweils sachnotwendigem Aufbau beziehungslos nebeneinander her;

b) auch der Unterrichtsprozeß wird als vermeintlich allein von der Sache her diktierter, einspuriger Lehr- und Lernablauf verstanden und vom Lehrer in diesem Sinne geleitet.

Obwohl wahrscheinlich auch in Zukunft linear strukturierte Lehrplanpassagen („Lehrgänge") unverzichtbar sein werden, muß in der Arbeit der allgemeinen Planungskommission, der Fachbereichs- und Fachkommissionen nachdrücklich darauf geachtet werden, daß die Problematik linearer Anordnungsfolgen immer wieder ins Bewußtsein gehoben wird. Vor allem gilt es zu betonen, daß die lineare Strukturierungsform *nirgends* Selbstzweck ist, sondern unter dem Gesichtspunkt der Zweckmäßigkeit reinen *Dienstcharakter* hat. Ob eine linear aufgebaute Lehrplanpassage sinnvoll und erfolgreich war, muß daran gemessen werden, ob das mit Hilfe dieser Strukturierungsform Gelernte dem Schüler als aktive Erkenntnis, als „arbeitendes Wissen", als kritisch anwendbare Fähigkeit oder Fertigkeit zur Verfügung steht. Das aber kann selbst nicht in Form eines linearen „Abprüfens" (Abfragens) oder Testens festgestellt werden, sondern nur angesichts komplexer, thematisch formulierter Aufgaben (Problemthemen, Projekte, Vorhaben, aktuelle Situationen usw.).

ad 2: Unter diesem Terminus werden Zuordnungs- bzw. Anordnungsformen zusammengefaßt, bei denen die Teilziele nicht in linearer Folge, sondern konzentrisch auf das „Endziel" bzw. den „Endziel"-Komplex bezogen sind, wobei die Teilziele untereinander in unterschiedlichen Beziehungen, insbesondere in Wechselbeziehungen stehen.

Im einzelnen sind hier zu unterscheiden:

a) die (fachübergreifende oder fachspezifische) thematische Einheit bzw. das Projekt (der ursprünglich in der Dewey-Schule spezifisch verwendete Begriff „Projekt" wird hier in dem weiten Sinne verwendet, der sich in der deutschen und internationalen Didaktik mittlerweile vielfach eingebürgert hat, synonym zum Begriff der „thematischen Einheit".)

Beispiele: Kann sich die Weltbevölkerung im Jahre 2000 ernähren?
Politik als Konfliktfeld (Analyse aktueller politischer Konfliktsituationen; vgl. S. 68)
Analyse der literarischen Situation nach 1945 am Beispiel des literarischen Motivs „Krieg" (vgl. S. 133 ff)
Juden und Araber
Bach und Play-Bach

b) Das „Vorhaben" („Projekt" im ursprünglichen Sinne). Es handelt sich dabei um eine spezielle Variante von a), nämlich um schulische Unternehmungen, deren Ziel ein verändernder Eingriff in die Schulsituation oder die außerschulische Umwelt ist und bei der alle unterrichtlichen Maßnahmen streng auf dieses kollektive Ziel bezogen sind.

Beispiele: Wir bauen eine Spielplatzanlage für den Schulkindergarten.
Sozialgeographische Bestandsaufnahme der Wohngemeinde im Rahmen einer offiziellen Gemeindestudie (Zusammenarbeit mit entsprechenden Behörden)

Erarbeitung und Erprobung eines neuen Konzepts für die Schülermitbestimmung in der Schule.
usw.

Schematische Veranschaulichung der thematisch-konzentrischen (projektartigen) Strukturierungsform

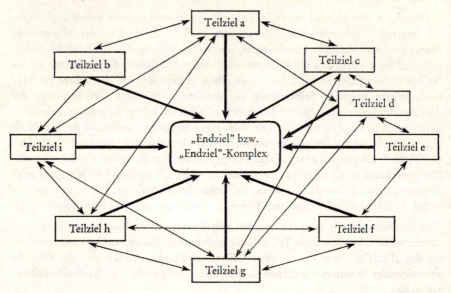

In den Zusammenhang einer vorwiegend thematisch-konzentrischen Strukturierung von Lernzielen und zugeordneten Erkenntnissen, Kenntnissen, Fähigkeiten, Fertigkeiten können — zur Bereitstellung notwendiger Voraussetzungen — lehrgangsartige Passagen „Fertigkeitskurse“ einbezogen werden, sofern sie streng auf die zentralen Zielsetzungen der thematischen Einheit bzw. des Projekts bezogen werden.

Die Überprüfung der in thematischer Form angeordneten Lernziele kann nicht oder allenfalls partiell durch Testarbeiten mit summativen Aufgabenbatterien erfolgen, sondern durch komplexe Aufgabenstellungen, die eine Transfer-Leistung — die Übertragung von der im Unterricht behandelten thematischen Einheit auf neue, aber analoge Problemzusammenhänge — erfordern.

Bei Vorhaben besteht die Möglichkeit zu objektivierter Kontrolle durch Überprüfung der Funktionstüchtigkeit oder der Brauchbarkeit des erarbeiteten „Werkes“ (Beispiel: Spielplatz) bzw. durch Beurteilung der kollektiven Leistung durch Experten (Beispiel: sozialgeographische Bestandsaufnahme der Wohngemeinde).

ad 3: Zwischen „Endzielen“ und Teilzielen besteht bei dieser Zuordnungsform kein zeitlich kontinuierlicher Zusammenhang. Z. B. kann das Ziel „Fähigkeit zur Reflexion auf die Standortbedingtheit eigener Auffassungen und Urteile im

Sozialgefüge" wahrscheinlich weder *allein* durch die Behandlung einer thematischen Einheit oder eines „Vorhabens" noch durch einen zeitlich kontinuierlich angelegten Lehrgang (z. B. im Umfang von einem drittel oder einem halben Jahr) erreicht werden, sondern dadurch, daß aktuelle Anlässe — schulische und außerschulische Erfahrungen der Schüler — aufgegriffen, im Rahmen dieser Aktualität dann aber *systematisch* im Hinblick auf das übergeordnete Ziel bearbeitet werden. Aus solchen Anlässen heraus kann sich durchaus auch eine „thematische Einheit" (ein Projekt) entwickeln. Überdies läßt sich unter dem Gesichtspunkt der Kompliziertheit der mit den Schülern zu reflektierenden gesellschaftlichen Voraussetzungen sowohl im Hinblick auf situationsgebundenes Vorgehen wie auch auf die Strukturierung entsprechender „thematischer Einheiten" (Projekte) eine graduelle Stufung der Schwierigkeit vornehmen; aber eine genaue zeitliche Festlegung widerspräche hier wahrscheinlich dem entscheidenden Zusammenhang zwischen Lernmotivation und Lernziel. Im allgemeinen ist anzunehmen, daß erst eine mehrmalige, zeitlich vorweg nicht oder nur in begrenztem Umfang zu fixierende Behandlung entsprechender aktueller Erfahrungen zur Annäherung an das allgemeine Lernziel führen kann.

Zielsetzungen, die eine diskontinuierliche Realisierung im Lernprozeß erfordern, können im Lehrplan nur in Form von Beispielen und von Angaben über Bedingungen und Möglichkeiten für die situationsgerechte Verwirklichung konkretisiert werden.

Eine kurzschrittige Überprüfung des Lerneffekts ist hier wahrscheinlich nicht durchführbar, sie könnte die Erreichung des Lernzieles geradezu gefährden.

Abschließende Bemerkungen

Die Unterscheidung dreier Grundtypen möglicher Strukturierung und ihrer Unterformen ist kein gesichertes, auf die konkrete Lehrplangestaltung anzuwendendes Schema, sondern eine vorläufige gedankliche Ordnungshilfe. Es wurde bereits mehrfach angedeutet, daß sich

a) in der konkreten Arbeit an der Lernzielbestimmung und der Lehrplan-Strukturierung oft Kombinationen der drei genannten und möglicherweise weiterer Strukturierungsformen als sinnvoll erweisen werden und daß

b) je nach den gegebenen Ausgangsbedingungen verschiedene Strukturierungsformen bzw. verschiedene Kombinationen solcher Formen für die *gleichen* Zielsetzungen geeignet sein können.

Aus b) ergibt sich, daß es

c) zweckmäßig sein dürfte, in den einzelnen Fach- und Fachbereichsplänen Beispiele für verschiedene Kombinationsmöglichkeiten zwischen den einzelnen Strukturierungsformen im Hinblick auf *gleiche* Lernziele zu entwickeln.

Zum Problem der „Bildungsstufen"; organisatorische, soziologische und psychologische Aspekte

Zum Problem der Abschlüsse

HANS-GEORG ROMMEL

Die Gliederung und Struktur eines Lehrplans ist insgesamt nur als äußerst komplexes Gebilde zu begreifen, das von zahlreichen Variablen, u. a. Lernzielbestimmung, Gesamtgliederung und -struktur, bestimmt wird. Als weitere Variable findet sich in zahlreichen Bildungsplänen und den Vorschlägen des Deutschen Bildungsrates (demnächst: Experimentalprogramm sowie Abschlüsse) die Gliederung nach Bildungsstufen z. B.:

Klasse 5—8 Eignungsstufe
Klasse 9—10 Optionsstufe
Klasse 5—6 Block 1
Klasse 7—8 Block 2
Klasse 9—10 Block 3
Abschluß Klasse 10 = erster Verteilerkreis

Für die Begründung solcher Stufen fließen neben den in den Abschnitten Lernziele und Gliederung des Gesamtlehrplanes (S. 23—65) diskutierten Variablen häufig folgende Überlegungen ein:

1. Gesellschaftliche Anforderungen (u. a. Arbeitsplatzbeschreibungen, Allgemeine Schulpflicht)
2. Fragen zur Entwicklungspsychologie und allgemeine Ergebnisse der Lernpsychologie.

Die folgenden Erörterungen zeigen, daß durch sehr gegensätzliche Auffassungen sowohl zu den gesellschaftlichen Anforderungen als auch zu den psychologischen Fragen alle Hypothesen zu „Bildungsstufen" ständig auf ihre Relevanz überprüft werden müssen und Lehrplanrevision auch in diesem Bereich sich nur als „rolling reform" verstehen und vollziehen kann.

Gesellschaftliche Anforderungen

Die grundsätzliche Problematik ist bereits unter „Begründung der Lernziele" diskutiert.

Darüber hinaus ist zu erwähnen:

1. Überlegungen, alle Bildungsprozesse als „Stufenbildung" durchzuführen, wobei sich das Stufenprinzip vor allem auf den zeitlichen Wechsel von schulischer Theorie und beruflicher Praxis bezieht (Vorschläge des DGB-Berufsgrundschuljahrs).

82

2. Forderungen aus differenzierten Analysen der Entwicklung der Berufsnach-frage *(Basler Schule-Widmaier/Bombacher, Gutachten Hajo Riese 1967)*. Diese sehr komplexen Modellrechnungen wurden zunächst mit großer Skepsis aufge-nommen, zumal sie sowohl der These von der Bildung als Bürgerrecht wie der Schule als Medium der Selbstverwirklichung des Menschen entgegenstehen.

In jüngster Zeit wird — insbesondere im Zusammenhang mit der Kapazität der tertiären Bildungsstufe — wieder stärker auf sie zurückgegriffen.

Dabei geht es primär um die Frage, ob und für welche Altersstufen ein auf spä-tere berufliche Qualifikationen bezogenes Angebot im zunächst weiteren und dann engeren Sinne vor dem Abschluß der Mittelstufe angeboten werden soll, das nicht nur auf die betriebliche Ausbildung, sondern auch auf die folgenden berufsbezoge-nen Schulformen vorbereiten soll.

Unabhängig von der für Hessen damit verbundenen Frage der Berufsfachschu-len sollte dabei die Entwicklung im Ausland nicht übersehen werden, wobei z. B. Schweden zu Lösungen kommt, die die Fähigkeit zur kritischen Auseinanderset-zung in Zusammenhang mit grundlegender beruflicher Bildung für alle vorrangig vor berufsspezifischer Bildung betonen.

Ältere Entwicklungspsychologie und neuere Lerntheorie(-psychologie) — Bemerkungen zu ihrer Rolle bei der Begründung von Lernzielen für die Curricula des Fachbereichs Geschichte/politische Bildung

HELMUT HARTWIG

Entwicklungsstufen und Lernfähigkeit

Die menschliche *Entwicklung ist viel weniger natürlich determiniert als die tra-ditionellen Phasentheorien behaupten.* Die meisten Verhaltensweisen „entfalten" sich nicht, „reifen" nicht (im metaphysisch-organizistischen Sinne oder im biologi-schen Sinne), sondern werden erworben und gelernt. Die natürlichen Momente dieser Entwicklung sind gegenüber den sozio-kulturellen weniger relevant. In Übereinstimmung mit breiten Ergebnissen der Verhaltensforschung legen die Un-tersuchungen von Lernprozessen nahe, daß mangelnde Lernreife und begrenzte Lernfähigkeit bereits als Ergebnisse von sozialen Prozessen gesehen werden müs-sen.

Danach wird der *Erziehungsvorgang* in einem viel höheren Maße als ein *gesell-schaftlicher Reproduktionsprozeß* begreifbar, bzw. als ein Lernprozeß organisier-bar, in welchem mehr oder minder bewußt gesellschaftlich wünschenswerte Ver-haltensweisen vermittelt werden.

Die *Lernpsychologie* (z. B. *Corells*) beschreibt diesen Lernprozeß allerdings eher in seinen formalen Momenten, während Reflexion auf die Struktur und Herkunft der inhaltlichen Setzungen nur sporadisch und allgemein auftauchen. Von daher besteht die Gefahr, daß in die formale Beschreibung unbewußt inhaltliche Vorentscheidungen mit eingehen. So ist z. B. die Tendenz zu beobachten, Anpassungsleistungen höher zu bewerten als Verweigerung von Anpassung. *Aus der Perspektive der Lernpsychologie leisten allgemeine Phasenqualifikationen wie „abstraktes Beziehungsdenken" oder gar „Wertbewußtsein" (vgl. unten) für die Bestimmung von Lernzielen nichts,* sofern nicht gesagt wird, welche spezifischen Operationen damit gedeckt werden. Insofern ist die *Bestimmung der spezifischen Lernfähigkeit* bzw. Lernreife ein Vorgang, in welchem *zugleich* (begrenzte) *Lernziele bestimmt* werden. Dabei kann die Faktorenanalyse formal bleiben oder sich um die Aufdeckung der soziokulturellen Bedingungen bemühen *(Bernstein, Oevermann)*. Die Ergebnisse hängen dann wieder von der Leistungsfähigkeit der Theorie ab, die man der Beschreibung zugrunde legt.

So könnten bei einer Bestimmung der Lernfähigkeit Verhaltensschwierigkeiten aus der Freudschen Theorie erklärt werden: die Triebstruktur als Ergebnis eines innerfamiliären, und darüber hinaus wäre zu ergänzen, sozialen Prozesses. (Modifikation des lernpsychologischen Ansatzes durch Fragen, wie sie *A. Mitscherlich* stellt.)

Von dem Problem der Lernzielbestimmung her wird die *Frage* nahegelegt, *wieweit Qualifikationen von der Struktur des Gegenstandes her bestimmt bzw. gar legitimiert werden* oder sein sollten. Was also „Beziehungsdenken" im politisch-historischen Bereich und im mathematischen Bereich heißt und ob es da etwas Identisches gibt bzw. ob das Identische der Operationen relevant ist, müßte Gegenstand von Reflexion werden.

Hier hätte ein dialektischer Ansatz — der in der Lernpsychologie theoretisch nicht gegeben ist — seinen Stellenwert. Das angesprochene Problem erscheint in der Lernpsychologie als *„Transferproblem"*.

Zu diesen Hinweisen einige recht allgemeine Zitate aus neueren Arbeiten zur Entwicklungs- bzw. Lernpsychologie. Sie sollen nur die Tendenz gegenüber der traditionellen Phasentheorie andeuten; und wenn hier allgemein von der „Lernpsychologie" oder der *modernen Entwicklungspsychologie* gesprochen wird, dann nur im Hinblick auf diese Tendenz.

Daß man dort kaum Aussagen mittlerer Allgemeinheit über den Ablauf des Entwicklungsprozesses findet, entspricht nur der Theorie: behauptet sie doch, daß sich exakte Aussagen nur für begrenzte Fragestellungen machen lassen.

1. „Gegenüber den sensu-motorischen Reifeprozessen wie etwa ‚Gehen und Greifen' sind gerade diejenigen Entwicklungsprozesse, die zur sogenannten seelisch-geistigen ‚Reife' führen, ausgesprochene Lernprozesse und ohne den ständigen Umwelteinfluß nicht möglich. Die für die Entwicklung entscheidenden Reifungsprozesse scheinen vorwiegend in der frühen Kindheit zu liegen.

Die spätere Entwicklung kann immer weniger mit solchen Reifungsvorgängen in Verbindung gebracht werden. Deshalb sind wir gezwungen, uns nach anderen Gesetzmäßigkeiten umzusehen, wenn wir die psychische Entwicklung in späteren Altersstufen beschreiben wollen."[1]

Diese Gesetzmäßigkeit findet *Oerter* in einem *Strukturierungsprozeß,* den er mit Begriffen wie fortschreitende Differenzierung, Zentralisation, Verfestigung, Kanalisierung beschreibt; Hinweise auf die historischen Implikationen dieses Prozesses erscheinen nur sporadisch, der Rahmen personaler Interaktion bleibt als soziales Feld gegenüber gesamtgesellschaftlichen Prozessen recht isoliert.

2. Nach dem Strukturmodell von *Piaget/Inhelder* gibt es zwar einen unumkehrbaren Entwicklungsprozeß, der auch qualitativ gestuft ist (nach *Oerter* erscheint er dagegen als „kontinuierlich", S. 209), doch lassen sich die Stufen nicht an bestimmte durchschnittliche Altersstufen anknüpfen:

„Die Aufeinanderfolge der Entwicklungssequenzen und ihrer Stufen ist konstant, jedoch werden die durchschnittlichen Lebensalter, in welchen die Stufen und Sequenzen erreicht werden, sowohl durch Motivationsfaktoren als durch soziale und kulturelle Mitwelt beeinflußt."[2]

3. Auflösung von Entwicklung in eine *Fülle konkreter* — an konkreten Gegenständen (Aufgaben) orientierter — *Lernprozesse* erscheint als Bedingung für Rationalität (Überprüfbarkeit) von Aussagen in der Lernpsychologie:

„Da es keine Lernreife im allgemeinen gibt, sondern nur eine Reife zum Lernen bestimmter Lerngegenstände, können wir feststellen, daß für jeden einzelnen Lernreifezustand auch ein bestimmter Status der Intelligenzentwicklung vorausgesetzt werden muß."[3]

Probleme und Folgerungen für ein Curriculum Geschichte/politische Bildung

1. — nach der traditionellen Entwicklungspsychologie
2. — nach der modernen Entwicklungspsychologie und Lernpsychologie

Traditionelle Entwicklungspsychologie

1. Eine ideologiekritische Anlyse von *Remplein*[4] ergibt, daß mit den entwicklungspsychologischen Argumenten ein autoritärer Normenanpassungsprozeß gedeckt wird. Die Übernahme spezifisch gesellschaftlicher Verhaltensweisen und Werte erscheint als natürlicher Entwicklungsprozeß.

„Das Absinken der typischen Pubertätsegozentrik macht den Heranwachsenden auch reif für die Einsicht, daß im menschlichen Zusammenleben Autorität und

---

1 Rolf Oerter, Moderne Entwicklungspsychologie, Donauwörth ²1968, S. 16.
2 Bärbel Inhelder, Die Stadientheorie des Genfer Arbeitskreises in: „Psychologie und Pädagogik", Heidelberg 1959, S. 148.
3 Werner Corell, Lernpsychologie, Donauwörth ⁵1967, S. 105.
4 „Psychologie des Schülers" in „Pädagog. Psychologie für Höhere Schulen", hrsg. von Kurt Strunz, München/Basel ²1961.

Ordnung, Gesetz und Gehorsam nötig sind. Die Bereitschaft, dies anzuerkennen und danach zu handeln, bedeutet den letzten Schritt der sozialen Reifung. Kein Wunder, daß sich im Zusammenhang damit — allerdings mehr auf männlicher als auf weiblicher Seite — ein lebhaftes Interesse für Politik regen kann, was sich u. a. in der Lektüre des politischen Teiles der Tageszeitungen meldet und eine psychologische Vorbedingung für die Fruchtbarkeit des Sozialkundeunterrichts darstellt. Die Befreiung aus der selbstbezogenen Haltung und die prinzipielle Bereitschaft zur Unterwerfung unter Autoritäten schaffen auch einen Ausgleich in dem Verhältnis der Heranwachsenden zu Eltern und Lehrern . . .“[5]

Die *Phasentheorie Rempleinscher* Provenienz — *Rempleins* Entwicklungspsychologie ist noch weit verbreitet — bildet weitgehend die *Grundlage der Geschichtsdidaktiken (Roth, Ebeling, Küppers)*. Nach *Remplein* läuft die *Höherentwicklung im kognitiven Bereich* über folgende qualitative Stufen ab:
anschauliches Denken (realistische Geisteshaltung: Siegfriedideal) — unanschauliches Denken — psychologisches, geisteswissenschaftliches verstehendes Denken — Problemdenken.

Dieses Modell impliziert:

a) eine an recht unbestimmten, allgemeinen Kategorien orientierte Vorstellung von der Begrenzung der Lernfähigkeit;

b) eine Bewertung höherer und niederer geistiger Fähigkeiten, in deren Rahmen Verstärkungen des Höheren als Verstärkung einer natürlichen Entwicklung erscheinen.

2. In den *Geschichtsdidaktiken* erscheinen diese vagen Vorstellungen in der Forderung nach ebenso vager „Anschaulichkeit“ für den Unterricht bis etwa Klasse 9. Entsprechend der bei *Remplein* implizierten Bewertung erscheint bei *Heinrich Roth*[6] „Verständnis für die Motive der handelnden Personen“ als Weiterentwicklung und als höchste Stufe — ganz im geisteswissenschaftlichen Sinne — „Verständnis für die Wirksamkeit von Idee“ bzw. „Überblick über das Ganze“ oder Einsicht in die „Zeitlichkeit“ des Menschen.

Auch das Buch von *Waltraud Küppers* enthält ein problematisches Phasenmodell als Prämisse. Die Stufe des *„abstrakten* Beziehungsdenkens“ erreicht der Schüler erst am Ende der Volksschulzeit.[7]

Das impliziert, daß Volksschüler während ihrer ganzen Schulzeit vorher noch *kein Verständnis für „überindividuelle Ordnungen“* haben. Entscheidend die näheren Angaben dazu: *„Gesellschaftsordnungen, Staatsformen, soziale Beziehungen der verschiedensten Art“.*[8]

3. *Folgende Probleme müßten untersucht werden:*

a) *Was für Vorstellungen* von „sozialen Beziehungen, Staatsformen, Gesell-

---

5 A. a. O. S. 86.
6 Kind und Geschichte, S. 83, 88, 60.
7 Zur Psychologie des Geschichtsunterrichts, Stuttgart 1960.
8 Küppers, a. a. O. S. 121.

schaftsordnungen" liegen dort zugrunde, wo „abstraktes Beziehungsdenken" beim Verständnis vorausgesetzt wird?

b) Sollten „soziale Beziehungen" usw. nach dem Modell formaler Systeme (*formallogisch*) verstanden werden, dann erhebt sich die Frage, ob *diese Art Verständnis* als Bestandteil eines historischen bzw. politischen Bewußtseins *wünschenswert* ist.

c) Der *implizierte Begriff von Geschichte und Geschichtsbewußtsein müßte unter Ideologieverdacht gestellt werden.* Im Zusammenhang mit der Rolle, die bei *Remplein* entwicklungspsychologische Argumente haben, ist die Vermutung begründet, daß als höhere Form des Geschichtsbewußtseins jenes Denken gilt, für das „soziale Beziehungen" usw. nicht mehr Beziehungen zwischen konkreten Menschen bzw. gesellschaftlichen Gruppen oder Ergebnis von Macht- und Interessenkonflikten sind, sondern von der Geschichte abgelöste ideelle Systeme.

d) Von daher muß die *Ableitung didaktischer Forderungen aus altersspezifischen Verhaltensdispositionen neu überprüft werden.* Nimmt man nämlich „soziale Beziehungen" usw. in dem angedeuteten Sinne historisch und konkret, dann böte die Stufe des „konkreten oder anschaulichen Denkens" vielmehr einen guten Ansatz. Bisher erschienen aber *Beziehungsdenken, Verständnis für soziale Beziehungen* und *Prinzip der Anschauung geradezu als Alternativen.* Unter dem Prinzip Anschauung können die meisten Autoren nur Orientierung an der Persönlichkeit und unmittelbare Anschauung von geschichtlichen Aktionen subsumieren.

„Das Erlebnis des Vorbilds, das Erlebnis der Aktion, das Erlebnis der Veränderung und das Erlebnis des Mythischen und Religiösen können in diesem Sinne als auslösende Faktoren für den Zugang zum Geschichtlichen angesehen werden."[9]

Neuere Lernpsychologie[10]

1. Die moderne Entwicklungspsychologie und Lernpsychologie stellt als ganze eine *bedeutsame Kritik an der Argumentationsweise und Theoriebildung der traditionellen Entwicklungspsychologie dar,* die allerdings durch Ideologiekritik ergänzt werden müßte.

Wenn sie auch ihre besondere Aufmerksamkeit partiellen Operationen widmet, ohne auf den Zusammenhang und den Zweck zu reflektieren, dem sie ein- bzw. untergeordnet sind, so enthält 'die empirische Legitimierung des theoretischen Postulats, Entwicklung tendenziell als soziales Lernen zu betrachten, doch zugleich die Aufforderung an die Sozialwissenschaftler, Untersuchungen anzustellen zu der Frage, welche Momente an Verhaltensweisen in welchem Maß und durch welche konkreten Bedingungen gesellschaftlich determiniert sind.

2. Von ihrem *operationalen Intelligenzbegriff* her untersucht die moderne Entwicklungspsychologie (in der Tradition des Behaviourismus) Lernen fast

---

9 a. a. O. S. 121.
10 Inzwischen ist der von H. Roth herausgegebene Band: „Begabung und Lernen", Stuttgart 1969, erschienen, der wichtige Hinweise zu den hier behandelten Problemen enthält.

ausschließlich in Versuchsanordnungen, die sich an einem in den Naturwissenschaften entwickelten Begriff des Experiments und damit an einem spezifischen Wissenschaftsbegriff orientieren. Wenn *Piaget* das „moralische Urteil" zum Gegenstand einer Untersuchung macht, so reflektiert er kaum auf dessen historischen Gehalt. In den Büchern von *Correll* und *Oerter* wird nirgends von Untersuchungen berichtet, die unter den von der modernen Entwicklungspsychologie geforderten Bedingungen die *Entwicklung des historischen und politischen Bewußtseins* untersucht haben. Dies dürfte kein Zufall sein und man müßte untersuchen, ob es nicht von dem beschriebenen Ansatz der Lernpsychologie her geradezu unmöglich ist, jene Leistungen zu erfassen, die ein historisches Bewußtsein ausmachen. Kommt es doch dort darauf an, Zusammenhänge immer unter den Bedingungen ihrer Entstehung und damit als Prozesse zu denken, was bedeutet, daß von der Struktur des Gegenstandes her der Operationalisierung eines Problems Grenzen gesetzt sind. Von daher ergibt sich der Zwang, tendenziell zwischen Lernzielen zu unterscheiden, die auf die Entwicklung einer *analytischen und einer reflexiven (historischen) Intelligenz* hin orientiert wären. In einem Vorlesungsmanuskript deutet *Jürgen Habermas* einen anderen Aspekt dieses Problems an.

„Die Stärke der Ich-Identität hat mit der Beherrschung des analytischen Sprachgebrauchs (der die Verwendung von Symbolen in Übereinstimmung mit Regeln der formalen Logik zum Zwecke der rationalen Erfassung objektiver Sachverhalte ermöglicht) nicht unmittelbar zu tun; sie hängt vielmehr von der Beherrschung des reflexiven Sprachgebrauchs ab."

Damit ergeben sich *einige bedeutsame Probleme*

a) wie kann verhindert werden, daß die angesprochenen Typen von Lernprozessen alternativ auseinandertreten und die Einheit des Lernens aufgegeben wird?

b) Wie kann verhindert werden, daß der beschriebene wissenschafts-theoretische Ansatz dazu führt, daß Probleme deshalb unsichtbar werden, weil sie unter dessen Voraussetzungen nicht existieren dürfen: Lernziele, die nicht in dem genannten Sinne operationalisierbar sind (reflexive Operationen), dürften nicht existieren;

c) daß andererseits für das historische Bewußtsein (als einer komplexen Fähigkeit) ein irrationaler Raum gefordert wird, weil es äußerst schwierig zu sein scheint, die Bedingungen anzugeben, unter denen die Lernziele — durch Tests etwa — überprüft werden können.

d) Es ergibt sich die Frage, wieweit von der strukturellen Unterschiedlichkeit der Lernziele her (andere Funktion von Sprache) auch die Beschreibungsformen entsprechender Lernprozesse (Unterrichtsmodelle) sich unterscheiden müssen. Es müßte eine Theorie der Beschreibung von Unterrichtsprozessen entwickelt werden, die davon ausgeht, daß mit der Form der Beschreibung Vorentscheidungen über den Inhalt der Lernziele eingehen.

In dem Zitat von *Habermas* deutet sich die Richtung an, in der die Lösung der Probleme gesucht werden könnte. Da historisches Verständnis und politisches Bewußtsein entscheidend sprachlich (umgangssprachlich) vermittelt sind, müßten Untersuchungen über *das sprachliche Medium* angestellt werden, *in welchem die jeweils intendierten Lernprozesse stattfinden*. Sprache als praktisches Interaktionsmedium müßte in den Mittelpunkt rücken. Insofern dürften die Untersuchungen von *Bernstein, Oevermann* und *Roeder* für die Entwicklung von Lernzielen, Lernprozessen und damit Lehrplänen in Geschichte und politischer Bildung ebenso wie die Untersuchungen zur Wirksamkeit der politischen Bildung (*Becker* u. a.; *Teschner*) als empirische Basis wichtiger sein als etwa die vorliegenden Didaktiken des Geschichtsunterrichts, in denen zudem das Lernziel „Geschichtsverständnis" meist unreflektiert als eine selbständige Qualifikation gesetzt wird. Neben der Klärung dessen, was als historisches und politisches Bewußtsein am Ende des Lernprozesses stehen sollte, müßten Untersuchungen angestellt werden zu der Frage, wieweit politische Kategorien, Vorurteile, Gesellschaftsbilder — also in weitem Sinne politisches Verhalten — an sprachliche Strukturen und an die Fähigkeit zu reflexivem Sprachgebrauch geknüpft sind und wann bzw. unter welchen Bedingungen diese Strukturen erworben werden.

Während die traditionelle Entwicklungspsychologie davon ausgeht, daß Verständnis für „das Politische" oder „das Historische" erst recht spät entwickelt wird und werden kann, müßte man nach den Ergebnissen von *Bernstein* davon ausgehen, daß bereits mit dem soziokulturell determinierten Spracherwerb ganz entscheidende Momente eines politischen Selbstverständnisses und Verhaltens recht früh erworben werden. Aus dieser Perspektive zeigt sich auch die Begrenztheit des Begriffes vom Politischen oder Historischen. Denn nichts dürfte offensichtlicher sein, als daß die Kinder in den weiterbildenden Schulen — und natürlich auch die entsprechenden Altersgruppen in der Hauptschule — bereits eine Fülle politischer und gesellschaftlich relevanter Ordnungsvorstellungen und Interaktionsmuster sprachlich integriert haben, die damit auch für das Verhalten relevant werden. Man müßte einmal seine Aufmerksamkeit richten auf jene Aussagen der Schüler, die nur als Moment eines Gesellschaftsbildes begriffen werden können, und die unter der Voraussetzung, daß ihnen für die Erkenntnis praktische Bedeutung zukommt und die theoretische Reflexion die entwicklungspsychologischen Voraussetzungen fehlen, einfach außerhalb der durch die Schule organisierten Lernprozesse bleiben. Auf diese Weise werden sie zum festen Bestandteil eines der Kritik entzogenen Bereichs des Verhaltens.

(In diesem Zusammenhang ist die Kritik anregend, die *Lazlo* und *Flora Vincze* in ihrem Buch „Erziehung zum Vorurteil" [Wien 1964] an den Versuchsanordnungen *Piagets* bei der Untersuchung frühkindlichen Verhaltens üben.)

Zensierung, Tests

Formen objektivierter Leistungsmessung

WOLFGANG KLAFKI

Die Diskussion möglicher Verfahren zur objektiven Beurteilung von Schulleistungen sollte von folgenden Gesichtspunkten bzw. Forderungen ausgehen:
1. Die Schüler sollten die Beurteilung ihrer Leistung selbst kontrollieren können.
2. Die Verfahren sollten eine Überprüfung der im Unterricht angestrebten Lernziele ermöglichen.
3. Die Beurteilungen in verschiedenen Schulen und Schultypen sollten vergleichbar sein.
4. Schließlich sollten sie eine Selbstkontrolle der Lehrer gegenüber ihren eigenen Vorurteilen ermöglichen.

U. a. bieten sich folgende objektivierende Verfahren zur Beurteilung kognitiver Lernvollzüge an:

Standardisierte Schulleistungstests

Voraussetzung für ihre inhaltliche Gültigkeit: Homogenes Angebot an Lernzielen. Nachteil: Für Bedürfnisse der Differenzierung an Gesamtschulen sind sie wenig sinnvoll.

Standardisierte Schulleistungstests, die ad hoc für Lerngruppen zusammengestellt werden mit Hilfe einer Itembank

Die Itembank sollte für alle wesentlichen Lernziele und Inhalte eine große Zahl von trennscharfen Aufgaben enthalten, deren inhaltliche Gültigkeit und deren Schwierigkeitsgrad für die relevanten Bezugspopulationen bekannt ist. Vorteil: Tests können ad hoc spezifisch zusammengestellt und dann mit der Eichpopulation verglichen werden.

Informelle Tests für die Klasse (Lerngruppe)

Nachteil: Wenn sie nur an kleinen Gruppen geeicht werden, lösen sie nicht das Problem der gruppenübergreifenden Standards zur Sicherung der Mobilität zwischen Differenzierungsgruppen. Sie müßten dazu innerhalb einer Schule für eine ganze Altersstufe konstruiert werden, wozu Kooperation mehrerer Lehrer unbedingt erforderlich wäre.

Normarbeiten — in Verbindung mit gruppenspezifischen Notenskalen (Äquivalenz-skalen)

Voraussetzung für die Gültigkeit in mehr als einer Klasse: Standardisiertes Lehrprogramm für die verschiedenen Gruppen. Nachteil: Äquivalente, jedoch nicht äquidistante Skalen können Ungleichheiten in der Beurteilung eher verdek-ken als sie transparent machen.

Notengebung und Zeugnisse

HANS-GEORG ROMMEL

Notengebung und Zeugnisse aller Art müssen für die Sekundarstufe I neu durch-dacht werden, weil veränderte Inhalte und veränderte Organisation viele Fra-gen aufwerfen, die mit dem gebräuchlichen System der Noten- und Zeugnisgebung nicht beantwortet werden können.

In der pädagogischen Diskussion der jüngsten Zeit sind in diesem Zusammen-hang zahlreiche Probleme beschrieben und Problemlösungen angedeutet. Die er-sten vorliegenden Gutachten des Bildungsrates zu den Abschlüssen in der Sekun-darstufe und zum Experimentalprogramm für Gesamtschulen sowie die zugehöri-gen veröffentlichten Einzelgutachten geben weitere Hinweise.

In der Curriculumdiskussion und -entwicklung herrscht weitgehende Überein-stimmung, daß die Formulierung der Lernziele im engeren Sinne wie für alle Lern-prozesse in der Schule nur zusammen mit der Lernzielkontrolle als Ganzes gesehen werden kann. Für die weitere Entscheidung über das System der Lernzielkontrolle muß deshalb zunächst grundsätzlich geklärt werden, inwieweit die verschiedenen Lernzielbeschreibungen unterschiedliche Lernhorizonte abdecken, wie sie struktu-riert sind und welche unterschiedlichen Systeme der Lernzielkontrolle augenblick-lich zur Verfügung stehen. Ehe daraus Folgerungen gezogen werden, sollten aller-dings weitere kritische Fragen gestellt werden, die sich aus der historischen Ent-wicklung unseres westdeutschen Schulwesens und seinem veränderten Auftrag stel-len.

Lernzielkontrolle: Funktion, Bezug und vorhandene Systeme

1. *Selektive und diagnostische Funktion der Lernzielkontrolle*
Leistungskontrollen verstehen sich im derzeitigen Schulsystem häufig als Bar-rieren, die als letzte und für viele dann unüberwindliche Hürden vor Errei-chung des „Klassen- oder Schulzieles" aufgebaut werden. Zwangsläufig wirken sie deshalb selektiv und haben für Hilfe und Förderung des Schülers nur sekun-däre Bedeutung. Kennzeichnend für die Lage ist, daß erst immer wieder in ge-

sonderten Erlassen die Lehrer gebeten werden, Noten und Zeugnisse zu erläutern, damit ihr pädagogischer Sinn deutlich wird.

Die differenzierte Unterrichtsstruktur der Sekundarstufenschule dient aber primär der individuellen Förderung. Lernzielkontrolle muß deshalb als diagnostische Hilfe eingesetzt werden, um die sinnvolle Zuordnung des einzelnen zu erreichen, damit er in den folgenden Lernprozessen seine Fähigkeiten besser entwickeln kann. Bei allen Lernzielkontrollen ist deshalb zu fragen, wie weit sie statt Selektion diagnostische Möglichkeiten aufdecken.

2. *Lernzielstufen*

Heinrich Roth hat verschiedene Lernzielstufen unterschieden:

a) Verfügung über Wissen, das auf Abruf bereitgehalten wird als Reproduktion des mechanisch Gelernten;

b) als strukturiertes Wissen, das in einem System von Grundbegriffen, Grundprinzipien oder Regeln verankert ist; als Wissen zu den Erkenntnisprozessen und Methoden.

c) Die Fähigkeit zur selbständigen und aktiven Reorganisation des Gelernten.

d) Die Übertragung der Grundprinzipien des Gelernten auf ähnliche oder neue Aufgaben.

e) Die Lösung von Aufgaben, bei denen vom Entwicklungsstand des Lernenden aus gesehen, Neuleistungen erforderlich sind (durch Stellen von zusätzlichen oder neuen Fragen, durch Beschreibung neuer Aspekte zur Beurteilung eines Sachverhaltes, durch Entdecken von Alternativen und Aufstellen von Hypothesen).

Dabei stellt er fest, daß das Zeigen von Initiative, Selbständigkeit, Produktivität und Kritikfähigkeit höhere Lernleistungen darstellen.

3. *Leistung — Verhaltensänderung*

Bereits bei der Erörterung der Lernzielstrukturen wurde nachgewiesen, daß Lernziele sehr verschiedenartige Bereiche und Kompetenzen abdecken: Neben allgemeinen werden fachgebundene Lernziele ausgewiesen; allgemeine Lernziele beschreiben auch soziale Kompetenzen und Verhaltensweisen und in der Sekundarstufe sollen Lernprozesse so angelegt werden, daß Motivationen verstärkt und nicht etwa abgebaut werden.

Leistung in der derzeitigen Schule bezieht sich aber häufig nur auf einen eingeengten Leistungsbegriff, mit dessen Praktizierung zudem noch Frustration und „Fehlleistungen" verbunden sein können. Kennzeichnend ist, daß soziale Kompetenzen nach derzeitigem Schulrecht durch gesonderte „Verhaltensnoten" beurteilt werden, die inhaltlich entweder zu Leerformeln geworden sind, weil für die angewandten allgemeinen Begriffe wie „Fleiß" kein Lehrer auf eine überzeugende Definition zurückgreifen kann oder sie ausschließlich als Disziplinierungsmittel angewandt werden und die „Leistungsnoten" davon streng getrennt sind. Es wird also die Frage zu stellen sein, wie der Begriff der Leistung im engen Sinne durch die Frage nach Verhaltensänderung im weiteren Sinne abgelöst werden kann.

4. *Das Bezugssystem der Verhaltensänderung*
Im herkömmlichen Schulsystem wird die Lernleistung im allgemeinen am fiktiven Standard einer Klasse gemessen. Wenn auch *Ingenkamp* nachgewiesen hat, daß die Lehrer dabei keine willkürliche Rangordnung der Schüler aufstellen, so wird in der veränderten Struktur der Sekundarstufe gefragt werden müssen, auf welches Bezugsystem sich die Verhaltensänderungen für den einzelnen beziehen können:
a) Die gebräuchliche Lernzielkontrolle versucht den Lernerfolg auf den Standard der Gruppe zu beziehen.
b) Verhaltensänderungen können aber ebenso auf die Ausgangsbasis des einzelnen bezogen werden, die er zu Beginn oder zu einem bestimmten Zeitpunkt im Lernprozeß erreicht hat.
c) Verhaltensänderungen können weiterhin an einer sachbezogenen Norm für die Lernziele einer Unterrichtseinheit gemessen werden.
5. *Vorhandene Lernzielbewertungssysteme*
Die gebräuchlichen Lernzielbewertungssysteme verwenden Ziffern oder verbale Beschreibungen in verschiedenen Möglichkeiten:
a) Zahlen für eine eng oder weitgefaßte Notenskala: 1 bis 20 (Frankreich), 1 bis 6 (Deutschland)
b) Zahlen für die Feststellung einer Summe von Leistungspunkten (Credits)
c) Zahlen für die Feststellung eines Prozentrangplatzes innerhalb einer Bezugsgruppe oder einer standardisierten Jahrgangsgruppe
d) Verbale Beschreibungen von Verhaltensweisen für die verschiedenen Lernbereiche (Fächer) (Beispiel Waldorfschule)
e) Verbale Beschreibungen für allgemeine Verhaltensweisen unabhängig von den Fächern (sogenannte Charakteristika — Reifeprüfung)
f) Verbale Beschreibungen in standardisierten Formulierungen (für die „Verhaltensnoten“)
Ebenso ist es möglich, Leistungen punktuell festzustellen oder die über einen längeren Zeitraum gemessenen zu summieren (Versetzungszeugnisse einerseits und Feststellung der Vornoten zur Reifeprüfung andererseits). Um einzelne Fächer herauszuheben, werden sie für bestimmte Zeugnisse in verschiedenen Formen gewichtet:
a) Mehrfache Fehlleistungen haben die beschriebene Selektion zur Folge (Versagen in zwei Kernfächern verhindert im allgemeinen die Versetzung)
b) Schwerpunktmäßige Leistungsprofile eröffnen den Zugang zu bestimmten weiteren Bildungsmöglichkeiten (Numerus clausus-Verfahren und Vorschlag Bildungsrat)
Zur Leistungsbeschreibung stehen also wesentlich mehr Möglichkeiten zur Verfügung als augenblicklich gebräuchlich sind. Entsprechend der differenzierten Struktur der Lernziele und der Unterrichtseinheiten sollten in Zukunft auch weitere Kombinationen der Bewertungssysteme angewandt werden.
Es muß dazu gefragt werden, ob dann Zahlen durch verbale Beschreibungen er-

setzt und damit verständlicher werden. Ebenso wäre grundsätzlich zu klären, ob sich bei der Verwendung einer engen Notenskala zusätzlich eine Gewichtung einzelner besonderer Lernleistungen durchführen läßt.

Fragen zur Lernzielkontrolle

1. *Zum gebräuchlichen Noten- und Zeugnissystem*
   a) *Der Notendruck im Fachleistungskurssystem*
   Ohne Zweifel führt das gebräuchliche Notensystem für viele Schüler und Eltern zu unnötigen Pressionen. Bei der vorgeschlagenen Einführung von Eignungskursen kann dieser Leistungsdruck verschärft werden, wenn die Vergabe von Abschlußzeugnissen mit besonderen Berechtigungen ausschließlich oder vorwiegend an die Absolvierung bestimmter Eignungskursstufen geknüpft wird. Alle vorzuschlagenden Lösungen sollten deshalb berücksichtigen, daß unnötiger Leistungsdruck abgebaut wird.
   b) *Vergleichsmaßstäbe für mehrere Gruppen*
   Nach Untersuchungen *Ingenkamps* und anderer Autoren steht fest, daß mit dem gebräuchlichen Bewertungssystem zwar innerhalb einer Kerngruppe die Rangplätze der Schüler mit hinreichender Genauigkeit bestimmt werden, daß aber ein Vergleich der Bewertung der Lernleistung mehrerer Gruppen untereinander kaum möglich ist.
   Alle vorzuschlagenden Lösungen sollten deshalb prüfen, wie weit Lernzielkontrolle objektiviert werden kann.
   c) *Die Problematik subjektiver Bewertung*
   Das derzeitige Notensystem gründet sich im wesentlichen auf die subjektive Bewertung durch den jeweiligen Lehrer. Da er insoweit ganz persönlich Sozialchancen verteilt, führt das zur Abhängigkeit von Schülern wie Eltern, die sich häufig scheuen, auch unberechtigte Vorwürfe oder Wertungen richtig zu stellen und aufzuklären.
   Alle vorzuschlagenden Lösungen sollten deshalb ausschließlich sachbezogene zulasten subjektiver Beurteilungsverfahren entwickeln.
   d) *Die Verstärkungsfunktion von Lehreräußerungen*
   Wo Lehrer in den Unterrichtsveranstaltungen eine dominierende Rolle spielen, wirkt sich die Lehreräußerung in allen Richtungen verstärkend für die Lernleistung aus.
   Alle vorzuschlagenden Lösungen sollten davon ausgehen, daß nur lern- und motivationsverstärkende Äußerungen gefördert werden.
   e) *Punktuelle oder langfristige Feststellungen*
   Das derzeitige Bewertungssystem gründet sich auf die zu Ende eines Halbjahres erbrachten Lernleistungen. Damit werden die langfristig über ein oder zwei Jahre oder epochal erbrachten Leistungen nur unzureichend berücksichtigt.
   Alle vorzuschlagenden Lösungen sollten deshalb langfristige Feststellungen zulassen.

f) *Undifferenzierte Aussagen*

Die Notenskala 1 bis 6 gestattet nur eine sehr grobe Einordnung der Lernleistung, besonders wenn die Notenstufen 1 und 6 kaum verwandt werden.

Alle vorzuschlagenden Lösungen sollten deshalb prüfen, in welchen Fächern die grobe Einordnung ausreicht und wo sie durch eine differenziertere Bewertung ersetzt werden kann.

2. *Schwierigkeiten bei der Einführung von veränderten Bewertungssystemen*

a) *Ängste und Befürchtungen von Eltern und Schülern*

Ängste und Befürchtungen von Schülern und Eltern werden in der Schule auch bei einem veränderten Bewertungssystem für Einstellungen und Lernmotivation eine Rolle spielen, solange die Schule unmittelbar mit ihren Abschlußberechtigungen Sozialchancen verteilt.

Repressionsfreie Räume in diesem Sinn durch Verschiebung von Entscheidungen können bis zum Ende des 10. Schuljahres geschaffen werden. Es muß aber dann verhindert werden, daß erneut Unsicherheit entsteht, weil die Eingruppierung des Schülers verschleiert wird und zu einem späten Zeitpunkt plötzlich mit für ihn entscheidenden Folgen bewertet wird.

Der Zusammenhang Lernbeschreibung — Lernzielkontrollen muß deshalb weit mehr als bisher offengelegt und zwischen Lehrern und Schülern diskutiert werden. Nach bisherigen Beobachtungen gilt das vor allem bei der Einrichtung von Eignungskursen.

b) *Wie können Mißerfolge des Schülers umgemünzt werden?*

Mißerfolge entmutigen häufig. Das kann auch bei veränderten Bewertungssystemen nicht ausgeschaltet werden. Es ist zu prüfen, ob durch Beschränkung der Einsichtnahme in die Unterlagen der Bewertungssysteme auf die betroffenen Schüler und Eltern sowie die Aufgabe fester Ausgabetermine für Zeugnisse eine Verbesserung erreicht werden kann.

c) *Bewertung von Gruppenleistungen*

Die Förderung der Arbeit in der Kleingruppe neben der Einzelarbeit bringt es mit sich, daß auch arbeitsteilige Arbeitsgruppen-Leistungen zu bewerten sind. Wahrscheinlich ist es eher möglich, die mit dieser Arbeit erworbenen sozialen Kompetenzen der einzelnen Schüler zu werten, als seinen Anteil an der fachspezifischen Leistung in der Gruppe zu bestimmen.

Der Zusammenhang der Leistungsbewertung für den einzelnen und sein Anteil an Gruppenleistungen muß deshalb bei veränderten Bewertungssystemen geklärt werden.

d) *Verbale Aussagen*

Die öffentliche Schule hat seither weitgehend auf verbale Formulierungen für die Bewertung von Verhaltensänderungen verzichtet, selbst wenn das zeitweise erfolgte (Abschaffung der Charakteristiken für die Gymnasiasten der Klasse 7 und 10). Es kann nicht erwartet werden, daß ohne weiteres ein gleiches Verständnis bei der Verwendung gleicher Formulierungen durch zahlreiche Lehrkräfte vorliegt.

Verbale Bewertungen können auch durch ihre häufige **Verwendung zu stereoty-**pen schematischen Leerformeln degradiert werden. Differenzierende verbale Bewertungen entsprechen aber eher dem Bedürfnis nach individueller Förderung des Schülers als eine Zusammenfassung in unbegründeten Notenstufen. Um den Schwierigkeiten abzuhelfen, können standardisierte verbale Formulierungen mit einer Rating-scale angewandt werden.

Bei der Einführung veränderter Bewertungssysteme ist zu klären, wieweit die Verwendung verbaler Verhaltensbeschreibungen möglich ist, ohne daß „Lehrformeln" entstehen bzw. ein sprachliches Verständnis der gebrauchten Formeln erschwert wird.

e) Bewertung motivationsverstärkender und sozialer Lernziele

Das gebräuchliche Notensystem berücksichtigt kaum oder überhaupt nicht die Bewertung motivationsverstärkender oder sozialer Lernziele. Die Unsicherheit wird in der Diskussion um die Abschaffung der Führungsnoten deutlich, die ausgelöst wurde, weil für die geforderten sozialen Kompetenzen entweder keine inhaltliche Bestimmung möglich ist oder die verwandten Begriffe zu absoluten Lehrformeln geworden sind (Fleiß — wo?). Standardisierte Meßverfahren lassen sich dazu nur eingeschränkt entwickeln. Dennoch sollten für veränderte Bewertungssysteme neben allgemeinen und fachspezifischen auch motivationsverstärkende und soziale Lernziele einbezogen werden.

f) Anerkennung durch die Abnehmer

Es muß aber auch gefragt werden, wie weit die zu erprobenden Bewertungssysteme durch Vereinbarung der KMK gedeckt werden und soweit es sich um Berechtigungen handelt, wie weit sie von den Abnehmern anerkannt werden.

Lösungsvorschläge

1. *Vorschläge unter Verzicht auf Halbjahres- und Versetzungszeugnisse*

   a) *Vorschläge bei Aufgabe der bisherigen Halbjahres-(einschließlich Versetzungs-)zeugnisse*

   Die folgenden Vorschläge gehen davon aus, daß im Curriculum entsprechende Differenzierungsmöglichkeiten vorgesehen werden.

   Das Halbjahreszeugnis wird wie folgt ersetzt:

   Anlegen einer Test- und Beobachtungskartei, in die auf Verlangen Erziehungsberechtigte und Schüler jederzeit Einblick nehmen können. In die Test- und Beobachtungskartei werden alle Ergebnisse der Normarbeiten informeller und standardisierter Tests sowie weiterer Unterrichtsbeobachtungen eingetragen.

   Frühzeitige und verbindliche Benachrichtungen an Erziehungsberechtigte und Schüler, wenn Leistungsdefizite auftreten und Umstufungen in Eignungskursen vorgenommen werden sollen.

   Hinweise der Lehrkräfte an Erziehungsberechtigte und Schüler auf besonders qualifizierte Lernleistungen.

   b) *Abschlußzeugnisse*

   Abschlußzeugnisse werden nach einem Gutschrift-(Credit-)system erteilt. Für die Unterrichtsveranstaltungen der verschiedenen Fächer werden Punkte erteilt, die in einem Gesamtprofil aller Unterrichtsveranstaltungen oder in einem fächer- oder fachbereichsspezifischen Profil entsprechend dem folgenden Bildungsgang gebündelt werden. Für die Gutschriftsbewertung können zunächst auch besondere Abschlußprüfungen eingerichtet werden.

Anmerkung: Bei Verzicht auf Halbjahres- und Versetzungszeugnis ist die freiwillige Rückversetzung um ein Jahr möglich, sofern die Erziehungsberechtigten es wünschen oder einen entsprechenden Vorschlag der Schule akzeptieren.

Beim Übergang in eine andere Schule der gleichen Schulform genügt die Weitergabe der Test- und Beobachtungskarte. Beim Übergang in eine andere Schulform ist eine entsprechende Empfehlung der bisherigen Schule vorzulegen, im übrigen kann eine diagnostische Überprüfung zur ersten Einstufung durchgeführt werden (bisherige Übergangsregelung in weiterführende Schulen).

2. *Vorschläge unter Beibehaltung von Halbjahres- und Versetzungszeugnissen*
   a) Verzicht auf Bewertung in einigen Fächern oder Unterrichtsveranstaltungen, um „leistungsdruckfreie Bereiche" zu schaffen.

Eltern und Schüler werden bei diesem Modell häufig ausschließlich die benoteten „Leistungskurse" sehen, weil sie dann für die Abschlüsse ausschließlich wichtig sind. Abschlüsse vermitteln, wie bereits ausgeführt, nach wie vor Sozialchancen.

b) *Beibehaltung der zusätzlichen Gewichtung einzelner Fächer (Kernfächer)*
Die bisherigen Kernfächer können entweder beibehalten oder durch weitere Fächer ergänzt und ersetzt werden. Die gewichteten Fächer in den Halbjahreszeugnissen könnten dann unbeschadet der in den Abschlußzeugnissen ausgewiesenen fachspezifischen Leistungsprofile bis zum 10. Schuljahr für alle Schüler gleich sein.

c) *Aufgliederung der Fächer*
Fächer mit einer einfach bezifferten Bewertung (1 bis 6 oder 1 bis 20) aufgrund der Normarbeiten, informellen und standardisierten Tests sowie zusätzlichen Schätzwerten (seitheriges durch den Einsatz von informellen und standardisierten Tests verbessertes Verfahren). Fächer, in denen Verhaltensänderungen verbal beschrieben werden. Für die verbale Beschreibung eignen sich vor allem Fächer und Lernbereiche, in deren Lernzielbeschreibungen soziale Kompetenzen besonders hervorgehoben werden. Je nach Entwicklungsstand können dazu auch standardisierte Verbalformeln mit Schätzskalen verwandt werden.

d) *Erweiterung der Bezifferung nach Notenstufen (1 bis 4, 1 bis 6 usw.) und der verbalen Beschreibung durch ein Punktsystem,*
auf das die Notenstufen und die verbale Beschreibung umgerechnet werden. Da für die schlechteste Leistung bereits eine Mindestpunktzahl gegeben wird, kann auch dem leistungsschwächsten Schüler ein Erfolgserlebnis vermittelt werden.

Für die Vorschläge unter 2 c) und d) müssen die mit Noten bezifferten und die verbal beschriebenen Leistungen miteinander verrechnet werden. Wird auf ein entsprechendes Verfahren verzichtet, werden die wichtigen sozialen Kompeten-

zen entweder nicht genügend berücksichtigt oder deren Einbau der kaum nach-
zuprüfenden subjektiven Willkür einer Versetzungskonferenz überlassen bleiben.

Für alle Vorschläge unter 2. gilt für die Abschlußzeugnisse das unter 1.b) Ge-
sagte.

Hinweise, die für alle Lösungsvorschläge gelten

Die Funktion der den Bewertungen zugrunde gelegten Normarbeiten, informellen und standardisierten Tests sowie der verbalen Beschreibungen soll je nach Aus-
bau und Entwicklung der Meßinstrumente zur Diagnose für eine didaktische Differenzierung in den Unterrichtseinheiten genutzt werden. Im Augenblick ist das in
den Fächern, Fach- und Lernbereichen nur begrenzt und sehr unterschiedlich möglich, weil die entsprechenden Testinstrumente zunächst entwickelt werden müssen.

Notengebung und Zeugnisse müssen deshalb den jeweiligen Entwicklungsstand
berücksichtigen. Es läßt sich also zunächst nur eine insoweit verbindliche Rahmen-
regelung treffen, daß die informellen und standardisierten Tests soweit wie möglich und vorhanden für die Messung von Verhaltensänderungen eingesetzt werden
sollen.

Soweit es sich um schulformbezogene Zeugnisse handelt, muß der jeweilige
Übergang in die entsprechende Schule und Klassenstufe in allen Bundesländern
einschließlich Westberlin möglich sein.

Das ist für die Vorschläge unter 2. mit der Beibehaltung der auf eine bestimmte
Schulform und Klassenstufe bezogenen Halbjahreszeugnisse sichergestellt. Bei den
Vorschlägen unter 1. wird beim Übergang in eine außerhessische Schule aufgrund
der Eintragungen in die Test- und Beobachtungskartei für jedes Fach eine Note
festgestellt und in einem Abgangszeugnis bescheinigt. Erfolgt der Schulwechsel
zum Schuljahresbeginn oder 6 Wochen vorher, ist durch Konferenzbeschluß der
unterrichtenden Lehrer zu klären, ob der Schüler geeignet ist, die nächste Klassenstufe der betreffenden Schulform zu besuchen. Ob ein entsprechender Beschluß
nur gefaßt werden kann, wenn in allen Fächern ein Minimalniveau erreicht wird
oder bereits fachspezifische Schwerpunktprofile gebildet werden können, muß gesondert geprüft werden.

Bei allen zukünftigen Lösungen sollte der Fortfall der seitherigen Führungsnoten
erwogen werden. Das darf allerdings nicht dazu führen, daß die Lernzielkontrolle sich auf fachspezifische Lernziele beschränkt und den Erwerb sozialer Kompetenzen nicht berücksichtigt.

In der Praxis ist dieses Problem sehr schwer zu lösen, weil bereits mit der Beschreibung sozialer Kompetenzen Entscheidungen getroffen werden müssen, über
die u. U. kein gesellschaftlicher Konsens zu erreichen ist. Das gilt auch für die
qualitative und quantitative Beziehung der Bewertung allgemeiner, fachspezifischer und sozialer Lernziele zueinander.

Zum Problem der standardisierten Leistungsmessung. Beobachtungen in den USA

GERHARD PLASS

Standardisierte Leistungsmessung (Test) ist ein Bestandteil des Ausbildungssystems. Etwa 23 Institute produzieren Tests im nationalen Rahmen. Je nach lokalen Bedürfnissen produzieren Arbeitsgruppen in Schulen und Districts eigene Tests.

Der Einsatz von Tests in den Schulen ist in großem Umfang nur zu leisten mit einem gut ausgebauten Counseling-(Beratungs-)system, das auch mit vielfältigen anderen Verfahren versucht, die gesamte Schülerpersönlichkeit zu erfassen und den Schüler beratend zu fördern. Ergebnisse standardisierter Leistungsmessung werden hier modifiziert.

Die breite Anwendung von Tests hat folgende Basis:
1. Tests entsprechen der vorherrschenden Auffassung, daß menschliche Leistung in weitem Bereich empirisch objektiv meßbar sei.
2. Tests lassen sich zunehmend maschinisieren (programmieren). Das Selbstverständnis der Gesellschaft als technischer Fortschrittszivilisation fördert dies. Programmierte Tests wirken zudem verstärkt objektivierend.
3. Tests verstärken die Auffassung, daß Chancengleichheit in den Schulen einer sich demokratisch verstehenden Gesellschaft verwirklicht werde.
4. Tests sind im sich stark differenziert darstellenden Schulsystem notwendig zum

inneren Differenzieren (Niveaukurs etc.)	vorwiegend
Gradzuweisen („Versetzen")	leistungsermittelnde
Überleiten in weiterführende Formen	Tests
Erfassen der Individualität des Schülers	Sondierungstests

5. Die national angebotenen Tests wirken im differenzierten System einer mobilen Gesellschaft vereinheitlichend, ihre Wirkung potenziert die der meist gebrauchten Unterrichtsmaterialien (Textbooks), so daß die Schulen insgesamt nicht so unterschiedlich sind, wie das System erwarten ließe.

Noch nicht allgemein verbreitet sind kritische Überlegungen, daß
a) Tests die Meßbarkeits-Grenze in manchen Anwendungsgebieten erreichen (z. B. New Soc. Studies/Wertentscheidungen),
b) Standardisierung die individuelle Leistung verdeckt,
c) Tests auf Curriculum-Vorentscheidungen aufgebaut werden (scheinbare Objektivität), daß die Definition von „Leistung" die wichtigste Vorentscheidung ist,
d) Test-Leistungsdruck der notwendigen Sozialisierung entgegenwirkt,
e) daß die in 5. gezeigte vereinheitlichende Wirkung die Veränderung der Verhältnisse hindern kann. Die Bindung an Buch-Teachers Guide-Test macht Lehrer unbeweglich. Dauer und hohe Kosten der Testproduktion führen zur Konser-

vierung alter Lerninhalte und Ziele. Die schulische Entwicklung bleibt gegenüber der gesellschaftlichen zurück.

f) Die Anwendung von Tests kann verschleiern, daß durch sie elitär-selektive Wirkungen eintreten können, daß Objektivität und Chancengleichheit oft nicht einmal formal gegeben sind, daß Ziele und Wirkungen der üblichen Testverfahren oft nicht mehr den Zielen der Gesellschaft entsprechen.

Diese Situation scheint in gewissem Umfang schon zu bestehen. Streben nach Änderung ist sichtbar.

Das *Rollenverständnis der Lehrer* fördert die Anwendung der tradierten Testverfahren, zumal ihre Arbeit dadurch erleichtert wird. Die etwas problematische Ausbildung macht manche Lehrer sogar von Tests abhängig (Unterrichtsstrategie nach Testforderungen). Dennoch werden Widerstände sichtbar, je mehr die — mitunter kommerziell forcierte — Maschinisierung der Testprogramme zunimmt. Die Unkenntnis der Möglichkeiten programmierten Testens (wie der programmierten Unterrichtsprogramme) führt zur Angst vor dem „computerizing", vor der „determination" durch „content and test", man fürchtet, die „creative role" zu verlieren. Die Notwendigkeit eines fortwährenden Ausgleichprozesses zwischen der — häufig mißbrauchten — Lehrerfreiheit und notwendiger Systembindung wird oft übersehen.

Die Kritik an den die individuelle Leistung verdeckenden standardisierten Tests, die zeigen, was der Schüler nicht kann, aber nicht zeigen, warum er es nicht kann, führt bei einer Reihe von Lehrern zu Testverdrossenheit.

So finden sich Haltungen, aus denen man

a) die gewohnte Testarbeit unreflektiert leistet,

b) die Machinisierung mit Mißtrauen betrachtet oder ablehnt,

c) Testverfahren ersetzen will durch Verfahren, die die Leistungsermittlung dem einzelnen Lehrer überlassen mit Urteilsgeneralisierung in wenigen Graden auf der Basis eines wenig kontrollierbaren Konsensus (deutsches Modell),

d) Testanwendung zurückdrängen will zugunsten informeller Verfahren,

e) Hoffnung setzt auf Vervollkommnung der Testarbeit durch zunehmende Maschinisierung,

f) Testmaßergebnisse in mehr differenzierend beschreibende Beurteilungssysteme überführen will.

Rezente Entwicklungen

1. Der Gegensatz zwischen Anhängern nationaler Unterrichts- und Testprogramme und den Verfechtern von auf individuellen und lokalen Bedürfnissen aufbauenden Programmen spiegelt einen alten Konflikt im Selbstverständnis der Gesellschaft (Einheit — Vielfalt).

Der Gegensatz ist nicht auflösbar, so lange der Notwendigkeit von Standardisierung (Mobilität der Bevölkerung! Übergang zum College!) die Notwendigkeit der Anpassung an die verschiedenen Gegebenheiten innerhalb des ausgedehnten Staatsgebietes gegenübersteht, so lange die Auffassung vom Recht des einzelnen auf Selbstbestimmung in der Gesellschaft wirkt, so lange die differenzierte politische Struktur der Gesellschaft erhalten bleibt.

So geben die Institute, die Tests im nationalen Rahmen produzieren, auch Anweisungen an Lehrer zum Herstellen eigener Tests heraus. Extreme Forderungen wie nach zentraler Festlegung in den Vereinigten Staaten von Inhalten, Lernzielen, Tests setzen sich z. Z. nicht durch. Die auf Seite 99 f gezeigten Entwicklungen fördern zudem eher die Diversifikation.

2. Die zunehmende *Anwendung maschinisierter* (programmierter) *Tests* (s. S. 99) fördert z. T. gegensätzliche Tendenzen.

a) Sie verstärkt im Gruppenbereich den Leistungsdruck (Dauertestsituation), verfestigt die Konkurrenzsituation,
verstärkt tradierte Bewußtseinshaltungen von Schülern und Lehrern in die Gesellschaft hinein,
wirkt notwendiger Sozialisierung entgegen.

b) Sie verstärkt (Kosten!) die übergebietliche Standardisierung.

c) Sie führt konsequent zu individualisiertem Lernen (Trial/Success: Jedem Schüler sein Programm mit seinem Test zu seiner Zeit).
Sie befreit dann vom Leistungsdruck.
Sie wirkt ebenfalls der Sozialisierung entgegen.

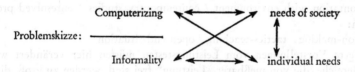

Problemskizze:

Am weitesten fortgeschritten ist man in Großversuchen in Bereichen, in denen Kenntnisse und Beherrschung von Verfahrensweisen systemkonsequenter erfaßbar sind (Math. Unterst.). Wenig anwendbar scheinen standardisierte Tests, wo aus Sozialisierungsgründen Kenntnisstandards ausgeschlossen werden (ungraduatedprogr.) oder wo politisches Entscheiden Unterrichtsziel wird (s. S. 102).

3. Von der in der Gesellschaft sichtbaren Entwicklung vom affirmativen Verhalten zu kritischem blieb auch das *Testen* nicht unberührt. Tests werden nicht mehr losgelöst von ihren Entstehungs- und Verwirklichungsbedingungen als objektive Maßstäbe setzend angesehen. Die gesellschaftlichen Vorentscheidungen werden untersucht.

a) Die Leistungsforderungen werden als gesellschaftlich bedingt erkannt, in Frage gestellt und neu umschrieben.

b) Da Tests auf Curriculum-Vorentscheidungen aufbauen, wird

   1) das Zustandekommen von Curricula untersucht,

   2) werden vorhandene Curricula analysiert,

   3) zu neuen Curricula (Lernzieldiskussion!) zugehörige Tests entwickelt.

c) Die standardisierten Tests erfassen nur das Ende einer Kette, die Schüler-
leistung.

Die Forderung nach objektiver Leistungsmessung führt zur Untersuchung der
Kette. So werden — auch mit Testverfahren — untersucht („Evaluation" in mitunter eigens dafür errichteten Instituten):

die Effektivität des Lehrmaterials,

die Effektivität des Arbeitsplatzes,

die Effektivität der Lehrmethoden,

die Effektivität des Lehrers.

d) Die Testverfahren werden Objekt des Testens, um

die Effektivität der Verfahren zu ermitteln,

die Wirkung des Testens auf Schüler und Lehrer herauszufinden,

die Bedeutung des Testens für das Verhalten der Gesellschaft zu erfassen.

4. Die *New Social Studies* haben die Funktion, zu sozialisieren und politisch zu
bilden. Sie verstärken trotz ihrer noch ungesicherten Stellung im Bildungssystem den Trend zu kritischem Verhalten.

Der Trend wird sichtbar in Formeln zu

Inhalt/Methode:

depth-studies / case-studies / multiple materials approach / independent studies
/ social science games / discovery methods / inquiry approach / controversial
issues / problem-approach

Motivation:

confrontation with environment / contemporary studies / unresolved problems

Zielen:

decision-making / tactics-teaching / open-end-situation

Tradierte Vorstellungen vom Leistungstesten müssen hier verändert werden.
Die Bereiche, die von meßbarer „Leistung" frei sind, werden zu groß, die Ver-
haltensvariablen zu zahlreich, affektiv wertbesetzte Entscheidungen sind nicht
auszuschalten, die möglichen Folgenprognosen als Grundlage für Entscheidungen entziehen sich der Meßbarkeit weitgehend.

Der Bereich des empirisch Meßbaren schrumpft. Das Dilemma wird deutlich,
wenn an „neue" Arbeitsmethoden und -materialien Tests in den gewohnten Formen angehängt werden. Sie produzieren dann oft nur affirmatives Verhalten
und wirken den Zielsetzungen der Autoren entgegen.

Verfahren zur Leistungsmessung müssen hier noch entwickelt oder verfeinert
werden. Der empirisch faßbare Bereich scheint klein, aber ausdehnbar. Dabei
werden Tests in nationaler Verbreitung weniger verwendbar sein, man wird
Tests auf den engeren Gegebenheiten der Unterrichtssituation fallweise produzieren müssen. Gerade aus den Reihen der Vertreter der New Social Studies
kommen Anstöße zu dauerndem Überprüfen der Testverfahren.

SOCIAL SCIENCE EVALUATION

Teacher _____ Course _____ Date _____ Student _____

PROGRESS

☐ Excellent Progress

☐ Making Progress

☐ Not Making Progress

ACHIEVEMENT

The following evaluation in achievement includes the student's class discussion and written work.

Exhaustive search for information on each topic	Finds adequate information on each topic	Does not try to find information

|⊢————————————————⊢————————————————⊣|

Logically and systematically discriminates in selection of information	Discriminates in selection of information	Is not discriminate in choice of information

|⊢————————————————⊢————————————————⊣|

Through analysis and evaluation of information formulates his own point of view	Analyses and interprets information to support or reject a given point of view	Restates information to support or reject a given point of view

|⊢————————————————⊢————————————————⊣|

Understands and considers the ideas and beliefs of others	Attempts to understand the ideas and beliefs of others	Refuses to consider the ideas and beliefs of others

|⊢————————————————⊢————————————————⊣|

AREAS THE STUDENT NEEDS TO IMPROVE IN SOCIAL STUDIES

☐ More meaningful participation in class discussion

☐ More careful and thorough reading of written material

☐ More accurate written work

☐ More thougtful written work

☐ More daily preparation and review for class activities

HORTON WATKINS HIGH SCHOOL
Innovation Student Report Card

NAME _____ SUBJECT_____

SCHOOL YEAR: 1968 — 1969

_____FIRST QUARTER

_____SECOND QUARTER

_____THIRD QUARTER

_____FOURTH QUARTER

PROGRESS IN INDIVIDUAL PERFORMANCE

Grade for packages completed _____

_____ Utilization of learning potential

_____ Utilization of study time

_____ Seminar participation

_____ Note taking

_____ Conference participation

_____ Organizing and planning ability

_____ Meating obligations

_____ Dependability

Others: _____

_____

Scale values used are: 5 — outstanding; 4 — satisfactory; 3 — needs improvement;
2 — unsatisfactory; 1 — no opportunity to observe.

Your child has completed_____ of the _____ packages scheduled to date.

PROGRESS IN CITIZENSHIP

_____ Works well with others

_____ Accepts authority respectfully

_____ Accepts leadership responsibility

_____ Usually sensitive to needs and feelings
of others

Others:

COMMENTS:

Signed _____
                          Teacher

Name: _____

Class: _____

Grade: _____

COMMUNITY CHANGE
IDENTIFYING PERSONALITIES:

Identify the roles of the following people involved in the Floral Park dispute and indicate the positions they took. A complete answer will include a romal numeral and a capital letter.

I. Favored Project   II. Uncommitted
III. Opposed Project

1. Bob Danning   A. President, North Shore Residents Association
2. Joseph Koss   B. Village president
3. Harold C. Lewis   C. Chief target of anti-integrationists
4. Theodor Rapsholdt   D. High school history teacher
5. John Lammon   E. Typical Deerfield resident

MULTIPLE CHOICE: Each of the following questions has one best answer. Place the letter representing that answer in the spece before each question.

1. The proposal that disturbed the community of Deerfield was to:
   A Allow Negroes to live anywhere in Deerfield
   B Build an all-Negro housing development
   C Exclude Negroes from Deerfield
   D Build a racially integrated development

2. At the time the Floral Park housing project was proposed there were:
   A No Negroes in Deerfield
   B Few Negroes in Deerfield
   C Many Negroes in Deerfield
   D All Negroes in Deerfield

3. Resistance to the Floral Park proposal by residents of Deerfield was based on all the following except:
   A They felt the houses were too expansive for Negroes
   B They feared a drop in the value of their houses
   C They resented the builder's approach
   D They were concerned for the social fabric of the community

4. The original attitude of the village officials toward the housing project was
   A They rejected the plans
   B They recommended only minor changes
   C They insisted on major changes
   D They approved the plans

5. Of the 51 homes the Progress Development Corporation intended to build in Deerfield.
   A All were to be sold to Negroes
   B All were to be sold to whites
   C All were to be sold on a first come, first served basis
   D Sales would be governed by a controlled-occupancy system

6. Proponents of the Floral Park project thought it best that the plans be announced through
   A Radio and television
   B The village newspaper
   C Deerfield minsters
   D Village officials

7. Helen Danning took comfort in the fact that the price of the houses in the Floral Park project would mean that they could be aflorded by:
   A. No Negroes
   B. Many Negroes
   C. Few Negroes
   D. All Negroes

8. According to various studies, after a community has been integrated the property values generally:
   A. Decline
   B. Increase
   C. Remain about the same
   D. Increase considerably

9. In Property Values and Race, Luigi Laurenti observes that race should graduelly lose its importance as a consideration in the roal estate market when there is a greater number of
   A Negroes
   B Integrated communities
   C White people
   D Houses

10. The amended ballot form used for the poll of village residents on the Floral Park issue excludet the possibility of:
    A Voting in favor of the project
    B Voting in opposition to the project
    C Absteining from giving an opinion
    D Expressing a qualified position
11. The issue of integrated housing in Floral Park was finally settled by:
    A Condemning the land for parks
    B Modifying the controlled occupancy pattern
    C Reducing the number of Negroes allowed to move in
    D Increasing the number of Negroes allowed to move in
12. During the crisis in Deerfield over the Floral Park prefect prices of real estate in Deerfield:
    A Decreased slightly
    B Increased
    C Held steadily
    D Fluctured
13. Supporters of the Floral Park project citedall but one of the following reasons for integrating Deerfield:
    A Deerfield would be an example to the nation
    B America's image would be improved
    C It was the right. Christian thing to do
    D Deerfield's economic status would be improved

TRUE OR FALSE: Identify true statements by placing a T before the statement. Use an F to identify false statements
1. According to Harold Lewis, the people of Deerfield were not opposed to integration, but merely wanted to wait for natural change.
2. Both Bob Danning and his wife were confident they had made the right decision in regard to the Floral Park project.
3. The poll conducted in Deerfield was invated because a minority of residents were involved.
4. The results of the poll showed a ratio of 8 to 1 in favor of the Floral Park project.
5. Those the dispute without the interference of any level of government.
6. The houses that were planned for the Floral Park project were for the very poor Negroes only.
7. Sentiment in Deerfield was such that the outcome of the poll was never in doubt.

FENTON-MATERIALS
5. The method of recruiting leaders in traditional China was consistent with Confucian philosophy in that
    (a) only men of great wealth were chosen.
    (b) only men who were popular with the voters were chosen.
    (c) only gentlemen were chosen.
    (d) only men who were highly educated were chosen.
6. In the nineteenth century certain Taiping leaders criticized the method of choosing civil servants for failing to recruit men who were
    (a) popular with the people.
    (b) able to solve practical problems.
    (c) well schooled on Confucian principles.
    (d) well schooled on the laws the Chinese.
7. Policy-making Chinese officials argued that China could learn from the West after
    (a) Marco Polo traveled to China.
    (b) the Dutch set up a trading outpost at Malacca.
    (c) the British defeated China in the Opium war.
    (d) the Boxer Rebellion.
8. Most of the members of the scholar-gentry class came from
    (a) peasant background.

(b) merchant background.
(c) military background.
(d) wealthy ruling-class background.
9. Civil-service examinations tested candidates on
   (a) knowledge of economics.
   (b) knowledge of Confucian principles.
   (c) knowledge of technology.
   (d) knowledge of Western law.
10. In nineteenth century China, social status depended upon
    (a) one's military rank.
    (b) one's income from selling merchandise.
    (c) one's ability to design labor-saving machines.
    (d) one's rank in the civil service.
11. All of the following were part of Sun Yat-sen's programm for reforming China EXCEPT
    (a) developing a sense of national unity.
    (b) establishing a totalitarian government.
    (c) improving the economic well-being of the peasants.
    (d) setting up democratic political institutions.

Zur Problematik von Tests im Bereich der Social Studies

VOLKER DINGELDEY

Im Rahmen der Diskussion über die Operationalisierbarkeit von Lernzielen wurde verschiedentlich darauf hingewiesen, daß gerade im Bereich der politischen Bildung, insoweit die Entwicklung kritischer Rationalität als eines der Ziele intendiert sei, die Operationalisierbarkeit womöglich als unrealisierbar sich erweisen könnte. Die Entwicklung eines Instrumentariums (Tests) zur Überprüfung des Erreichens von Lernzielen sei wohl nur da möglich, wo politische Bildung auf Adaption ans Bestehende sich beschränke. Zur Illustration dieses Problems soll nun im folgenden ein neues Curriculum für Social Studies aus den USA betrachtet werden, wobei es genügen mag, wenn die Untersuchung nur auf eines der Units sich beschränkt: Holt Social Studies Curriculum — Holt, Rinehart and Winston, Inc. — New York, Toronto, London 1968.

Dieses Projekt wurde unter Leitung von Prof. *Fenton* (Carnegie Mellon University, Pittsburg, Pa.) von einem Team aus Fachleuten der Universität und Lehrern der Public Schools of Pittsburgh entwickelt und seit 1963 weitgehend aus Bundesmitteln finanziert. Nach mehrfacher Erprobung und Modifikation wurde es schließlich vom Verlag übernommen und produziert. Dies Verfahren der Curriculum-Entwicklung ist das z. Z. in den USA vorherrschende.

Die sogenannten „Fenton Materials" bestehen aus Büchern für die Schüler, Lehrerhandbüchern zu jedem Band, audio-visuellen Hilfsmitteln (Schallplatten, Filmstreifen etc.), Matrizen zur Vervielfältigung von Arbeitsmaterialien sowie aus Testbögen (in der Regel 2 Tests pro Unterrichtseinheit). Das gesamte Programm wurde geplant für eine bestimmte Selektion amerikanischer Schüler, nämlich für „able high school students", wie immer man diese definieren mag. Die einzelnen

Bände sind auf keine bestimmte Klassenstufe festgelegt und tragen alle den Untertitel „An Inquiry Approach".

Zur Erläuterung ein Zitat aus dem Lehrerhandbuch zum Band „Tradition and Change in Four Societies":

„Inquiry Skills

Like a professional historian or social scientist, a good citizen has inquiry skills with which he can separate truth from Falsehood. For this curriculum, the development team has identified six steps in a method of inquiry for the social studies:
1. Recognizing a problem from data
2. Formulating an hypothesis — Asking analytical questions — Stating an Hypothesis — Remaining aware that an hypothesis is tentative
3. Recognizing the logical implications of an hypothesis
4. Gathering data — Deciding what data will be needed to test an hypothesis — Selecting or rejecting sources on the basis of their relevance to the hypothesis
5. Analyzing, evaluating, and interpreting data — Selecting relevant data from the sources — Evaluating the sources — Determining the frame of reference of the author of a source — Determining the accuracy of statements of fact — Interpreting the data
6. Evaluating the hypothesis in light of the data — Modifying the hypothesis, if necessary — Rejecting a logical implication unsupported by data — Restating the hypothesis — Stating a generalization

Attitudes

The good citizen wants to participate actively in public life. He wants to hear all sides of a debate and make up his mind about an issue through reasoned investigation, not through reliance on authority or prejudice ...

Values

The good citizen also has a set of values consistent with a democratic creed. The Holt Social Studies Curriculum presents controversial issues which challenge the student's values and which encourage him to clarify his values and to resolve value conflicts in the light of evidence. The goal is clarification, not consensus."

Die Länge dieser Zitate scheint gerechtfertigt, bedenkt man, daß „Inquiry Approach" eines der aktuellsten Schlagworte der amerikanischen Social Studies ist. Aber während die Verfasser sich zu einem induktiven Unterrichtsverfahren bekennen und eine Integration von Geschichte, Soziologie und Ökonomie im Fach anstreben, erweist sich diese Intention schon in den Überschriften der im besprochenen Band vereinigten vier Unterrichtseinheiten (units) als ideologisch begrenzt:
1. Race Relations in the Republic of South Africa
2. Race Relations in Brazil
3. Economic Development in India
4. Totalitarian Government in China

Durch das im Begriff „development" (bestätigt durch Zwischentitel) enthaltene Moment von Aufstieg und dasjenige von Unfreiheit in der China-Überschrift wird im Kontext gängigen amerikanischen Denkens eine imperative Generalisation konstituiert, von der der Schüler je nur zu deduzieren sich in der Lage sieht. Hierzu trägt die gesamte Auswahl und Präsentationsweise der den Schülern im Buch zur Verfügung stehenden Quellen, auf denen es ja aufbaut, noch wesentlich bei. Die Frageformulierungen zielen auf das inhaltliche Verständnis der Texte, ermöglichen jedoch keine Diskussion der Auswahlkriterien. Da darüber hinaus der Lehrer gerade durch den fertigen Programm-Charakter der materials (alle Fragen und Aufgabenstellungen sind bereits ausformuliert, kurze, ausgewählte Bibliographie erspart die eigene Suche nach Literatur etc.) zu konformem Verhalten stimuliert wird, läuft der Lernprozeß gerade da, wo (wie im Falle China) problematisiert werden müßte, absehbar auf Affirmation hinaus. Falls der Schüler seine „values" so überhaupt als gesellschaftlich vermittelte verstehen kann, wird er sie zumindest nicht in Frage stellen. Gänzlich unmöglich ist es für ihn, zu fragen, wer denn an der Aufrechterhaltung bestimmter Wertvorstellungen interessiert sein könnte.

Die Tests, die von den Schülern nach jeder Hälfte eines unit zu absolvieren sind, bestätigen den affirmativen Zug solcher Art von politischer Bildung durchaus. Dies sei anhand von zwei Fragen aus dem zweiten Test zu unit 4 illustriert. Alle Tests sind überdies als „multiple choice" mit je vier Beantwortungsmöglichkeiten aufgebaut und werden durch einige „essay topics" ergänzt.

One far eastern historian has stated, "Drap caps and standardized tunics have replaced the glittering apparel, peacock feathers, jewels, and silk brocades of former times; but the contents are the same." Which of the following hypothesis follows most logically from this statement?
a) The comunes have failed to revolutionize life in Communist China.
b) Mao Tse-tung plays the same role in Communist China as the Emperor did in imperial China.
c) Superficially Communist China appears radically different from traditional China; in reality Communist China is much the same as imperial China.
d) Communist China has rejected all Western influences.

Indem der Schüler sich dieser Fragestellung unterwirft, und was sonst sollte er tun, hat er bereits die vorgegebene Interpretation, die eine qualitative Differenz zwischen dem heutigen China und dem der Kaiserzeit bestritten — heute ist es nur ärmer — akzeptiert. Seine bewertete Leistung besteht lediglich in einer formallogischen Operation von Kreuzworträtselart und trägt zur Entwicklung von Problembewußtsein nichts bei, nicht einmal zum Erwerb relevanter Faktenkenntnisse. Politische Beantwortung könnte nur in Stimmenthaltung sich ausdrücken, die mit Sanktionen (Punktverlust) bedroht ist. Zugleich aber glaubt der Schüler sich frei, hat er doch gerade Frage 7 beantwortet, deren Stellenwert nur auf dem Hintergrund des Selbstverständnisses der Suburban High School gesehen werden kann:

The Chinese Communists use their schools to teach all of the following values EXCEPT a) industriousness, b) nationalism, c) a sense of duty to the state, d) love of free speech.

Das Wort love an exponierter Stelle am Anfang der letzten Zeile engagiert den Schüler emotional und verstärkt, indem es Reflexion zurückdrängt, den Vorurteilscharakter der „generalization".

Eine eingehendere Analyse der Testbögen, wofür hier nicht der Raum ist, zeigt in vielen Fällen ihre Brauchbarkeit zur Messung des Erlernten. Nur sind die erreichten Ziele eben nicht jene, die man nach *Fentons Überlegungen* zum Inquiry Approach eigentlich an dieser Stelle erwartet. Die Fenton Materials vermögen also keine Lösung des Problems der Testkonstruktion für Social Studies zu liefern, sondern messen und honorieren primär jene attitudes eines angepaßten Bewußtseins, die *Fenton* vielleicht tatsächlich unter „the good citizen" begreift.

Realisierungsbedingungen

Die Effektivität neuer Bildungspläne wird man nicht zuletzt an dem messen müssen, was sie an Veränderung, an Verbesserung und Erneuerung in unseren Schulen bewirken. Unsere sozialen Erfahrungen legen uns nahe, daran zu zweifeln, daß ein neuer Plan in sich stimmig, erziehungswissenschaftlich gut begründet und wohlformuliert ausreiche, um die Wirklichkeit des Unterrichts zu verändern.

Wir wissen, daß solche Veränderungen von einer Reihe von Faktoren abhängen. Und diese Faktoren müssen bei der Erarbeitung neuer Pläne von vornherein kalkuliert werden, wenn Veränderungen sich in erwünschtem Maß vollziehen sollen. Man muß anknüpfen bei dem, was Schüler und Lehrer heute leisten können, wofür sie und wie sie ausgebildet sind und wie sie sich selbst verstehen. Kämen Bildungsplankommissionen zu dem Schluß, daß sich der Unterricht in manchen Bereichen in Problemstellungen wie Arbeitsmethoden wesentlich verändern müßte, um heutigen Anforderungen gerecht zu werden, so müßte gleich die Überlegung einbezogen werden, wie alle Beteiligten auf diese veränderte Aufgabe vorzubereiten sind, welche Verständnis- und Übungshilfen zu geben sind, welches Material entwickelt und bereitgestellt werden müßte und welche Erprobungsversuche notwendig seien.

Im folgenden ist der Versuch gemacht, einige der wesentlichen Gesichtspunkte zusammenzustellen, die bei einer Veränderung von Bildungszielen überlegt werden müßten. Im praktischen Verlauf der Arbeit werden sich die hier angedeuteten Punkte noch stark aufgliedern. Eine Reihe der sich in dieser Darstellung isolierenden Aspekte wird sich im Fortgang der Arbeit leicht für konkrete Handlungsanweisungen bündeln lassen und komplex zu organisieren sein.

Bedingung der Realisierung von Bildungsplänen

KURT FACKINER

Die Bedeutung von Bildungsplänen für den praktischen Unterricht hängt entscheidend von der Fähigkeit der Lehrer ab, wünschenswerte Zielsetzungen so zu operationalisieren, daß sie für die Schüler lernbar werden. Soll ein Bildungsplan optimale Wirkung auf die tatsächlichen Lernprozesse haben, müssen die Bedingungen untersucht, beschrieben und gegebenenfalls verändert werden, von denen der Lernprozeß der Schüler real abhängt. So ist bei jedem Lernziel zu fragen, unter welchen Bedingungen es der Lehrer in einen Lernprozeß umzusetzen vermag und wie die Schüler daran zu beteiligen und für diese Beteiligung zu konditionieren sind — oder das Lernziel für die reale Lernsituation verändert werden muß.

Dazu sind die einzelnen Bedingungsfaktoren in ihrer gegenwärtigen Situation und in ihren Veränderungsmöglichkeiten zu sehen. Notwendige Veränderungen von Bedingungsfaktoren (Lernmaterialien, Klassenfrequenzen, technische Mittler, Unterrichtsräume, pädagogische Hilfskräfte, Ausbildungsstand der Lehrer, Beteiligung der Schüler) zum Erreichen bestimmter Lernziele sind anzugeben. Weiter sind die organisatorischen Vorleistungen für diese Veränderungen vorzuschlagen (besonders in der Lehrerausbildung und Fortbildung, Bereitstellung von Material) und schließlich sind die Kosten insgesamt zu kalkulieren.

Viele der folgend genannten Gesichtspunkte sind schon in anderem Zusammenhang genannt worden. So hängt etwa die mögliche Operationalisierbarkeit von Lernzielen von dem Ausbildungsstand der Lehrer ab, die sie vermitteln müssen, von den Ausstattungen der Schulen, in denen die Schüler arbeiten, von deren im vergangenen Unterricht erworbenen Arbeitsfähigkeiten, ihrer Einstellung zur Mitarbeit und im weiteren Sinne vom Interesse der Eltern, das die Einstellung ihrer Kinder zur Schule beeinflußt.

Hier wird versucht, solche sich gegenseitig beeinflussenden Faktoren in Einzelaspekte zu zerlegen, um sie für einige Schritte in der Planungsarbeit leichter verfügbar zu machen. Für die Realisierung neuer Pläne müssen diese einzelnen Faktoren notwendig aufeinander bezogen werden.

Manche der folgenden Punkte müssen für die Planungsarbeit weiter aufgegliedert werden. Für einige ist zur Verdeutlichung weiteres Material beigefügt.

Darstellung der Bedingungsfaktoren

1. *Lehrer*

a) Kann der Lehrer einen von der Zielsetzung definierten Unterricht bei seinem Vorverständnis von seiner Aufgabe als Lehrer leisten?
Wenn nein, welche Verständnishilfen müssen ihm gegeben werden, d. h. muß er sich erarbeiten, um seine Aufgabe als Teil des gesellschaftlichen Prozesses begreifen zu können und um sie in sein Lehrverhalten umzusetzen?
Wie sind die Hilfen dazu für ihn zu organisieren? (vgl. 1. f) und g))

b) Kann der Lehrer die Zielsetzungen aus seinem Vorverständnis für Didaktik für seinen Unterricht selbst bestimmen und umsetzen?
Wenn nein, wie muß er sie umstrukturieren? Wie kann er einen neuen Ansatz gewinnen?
Wie können Hilfen organisiert werden?

c) Kann der Lehrer die angesprochenen Lernziele aus seinem Vorverständnis von Methode umsetzen?
Wenn nein, wie ist sein Methodenverständnis zu ergänzen? Muß es völlig umgestellt werden, um Lehr- und Lernmethode als Teil der Didaktik zu begreifen?
Wie sind Hilfen zu organisieren?

d) Kennt der Lehrer die von den Lernzielen angesprochenen Sachverhalte durch seine Ausbildung? Muß er seine Kenntnisse neu anordnen, muß er neue

Methoden lernen, die sein gegebenes wissenschaftliches Verständnis in Frage stellen?

Wie könnte ein Lernprozeß dafür organisiert werden?

e) Welche Schwierigkeiten sind bei einer Verwirklichung vom Ausbildungsstand der Lehrer her zu erwarten? (vgl. 1a — d) Wie müssen Veränderungshilfen angesetzt werden? Welche personalen und sachlichen Vorleistungen sind dazu erforderlich?

Wie müssen Personen, die den Lehrern bei einer Weiterbildung helfen sollen, in den Zusammenhang der Entwicklung der Unterrichtspläne einbezogen werden?

f) Wie sind die Lehrer an der Entwicklung der Pläne zu beteiligen, damit sie den Plänen nicht fremd gegenüberstehen, sondern die Veränderungsprozesse mitdenken?

g) Welche Vorinformationen und ständigen Informationen sind zu leisten, daß die Lehrer in die Veränderungsarbeit einbezogen werden?

2. *Schulorganisation*

a) Wo sind verstärkte Kooperationen der Lehrer nötig? Wie sind sie zu organisieren? (Einführung von Fachabteilungen, Einführung von überregionalen Fachberatern, Absprechen in Fachkonferenzen)

Hilfen durch Verwandlung von Schulaufsichtsfunktionen in Schulberatungsfunktionen.

b) Wie müssen Unterrichtsmittel verändert werden, um die definierte Zielsetzung zu erreichen? Wie kann eine solche Veränderung der Unterrichtsmittel erreicht werden? (Umstellung von Lehrbuch auf Lehrwerk, Sprachlabor, Veränderung der Räume)

c) Welche Veränderungen sind im Organisationsaufbau der Stunden notwendig? (Kurzstunde, 45-Min.-Lernstunde, Blockstunde, Studientag; Großgruppe, Kleingruppe, Einzelarbeit)

3. *Lehrerbildung*

a) Wie ist die Lehrerbildung in der 1. und 2. Phase auf diese Probleme einzustellen? Hinweise auf kurzfristige und langfristige Veränderungen, die in der Ausbildung notwendig werden?

b) Welche Fortbildungshilfen sind für die Punkte 1. a) bis 2. c) anzubieten?

c) Welche besonderen Kurse zur Förderung der Kooperationsfähigkeit aller multiplizierend eingesetzten Lehrer (z. B. Dozenten, Fachleiter, Ausbildungsleiter, Fachberater) müssen eingerichtet werden?

d) Welche Unterrichtsmodelle sind zur Veranschaulichung geplanter Veränderungen zu entwickeln? (Einbeziehung technischer Medien)

e) Wie sind Lehrer (Berater und Schulaufsicht) an der Entwicklung und Erprobung von Unterrichtsmodellen zu beteiligen?

4. *Schüler*

a) Einbeziehung der Schüler bei der Ausarbeitung der Pläne in verschiedenen Stufen:

112

Gesamtplanung, Aufstellung von Schulplänen, Besprechung einzelner konkreter Unterrichtsvorhaben — der Klasse und in Arbeitsgruppen.

b) Wie sind Schülerrollen zu verändern, daß ihre Eigenbeteiligung mehr und mehr möglich wird? Wie sind Hilfen dafür zu organisieren (für die Schüler, für die Lehrer, überregional, regional)?

5. *Beteiligung der Eltern*

a) Verbesserung der Information der Eltern über Veränderungen (überregional, regional, in den einzelnen Schulen, in den einzelnen Klassen); Hilfen für die Lehrer erarbeiten, um in Elternabenden veränderte Zielsetzungen zu besprechen und zu erklären.

b) Wie ist die Kooperation mit den Eltern zu verbessern? Beteiligung von Arbeitsgruppen mit Schülern und Lehrern zur Vorbereitung von Unterrichtsprojekten.

6. *Beteiligung der Öffentlichkeit an der Bildungsarbeit*

a) Welche Informationen müssen gegeben werden, um die Öffentlichkeit in die veränderte Auffassung von Unterricht einzubeziehen?

Wie sind die Kontakte mit Verbänden, wie die mit Massenmedien auszubauen, um positive Wirkungen für die Veränderungen zu erreichen?

b) Wie ist eine Kooperation mit gesellschaftlich verschieden interessierten Gruppen zu erreichen?

7. *Zeitliche Planung* der angegebenen Realisierungshilfen. Analog zum Zeitplan der Erarbeitung der Bildungspläne muß eine zeitliche Planung der Organisation und Synchronisation der notwendigen Hilfen erfolgen.

So muß etwa die Erarbeitung von Lehrmitteln frühzeitig einsetzen, und so müssen notwendige Fortbildungsveranstaltungen rechtzeitig mit der Planungsarbeit verklammert sein.

Zur Realisierung von Bildungsplänen in den USA

GERHARD PLASS

Bei der Einführung neuer Curricula stellt sich die Frage nach der voraussichtlichen *Effektivität* der Innovationen und damit die Frage nach wirkungsvollen Methoden kurzfristiger Einführung und nach wirkungsvollen Strategien langfristiger Weiterentwicklung. Werden die Zusammenhänge der Bedingungen, unter denen Curricula zustande kommen, mit den Bedingungen, unter denen sie realisiert werden sollen, nicht genügend berücksichtigt, können Innovationen erfolglos bleiben. Solche Erfahrungen liegen in den USA vor.

Seit der Mitte der 50er Jahre forderte die schnelle Veränderung der Lebensbedingungen Anpassung der Schulen an neue Bedürfnisse, forderte die zunehmende Veränderung des gesellschaftlichen Bewußtseins neue Bildungszielsetzungen. Im pädagogischen Bereich kam ein breiter Innovationsprozeß in Gang. Nach einigen Jahren zeigten Evaluationsarbeiten häufig die Effektlosigkeit von Innovationen in den Schulen. (Beispiel: Ein mehrere Mill. Dollar kostendes Math./Biol.-Projekt hatte nach 8 Jahren in den Schulen Iowas nichts verändert.)[1]

Der Veränderungsprozeß

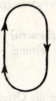

Educational Research (Bildungsforschung)
Innovation
Diffusion
Implementation
Evaluation

reichte bis zur Phase der Diffusion, der informierenden Verbreitung von Innovationen in Schule und Öffentlichkeit; er kam, wo er breit wirksam werden sollte, zum Stillstand: in den Schulen. Man erkannte, daß man die Wichtigkeit der Phase der *Implementation* („to help schools to use new curricula, using teachers as innovators to create changes in the schools . . ." Gesprächszitat) nicht genügend beachtet hatte. Man sah, daß von den Schulfaktoren Schüler/Lehrer/Eltern/Öffentlichkeit in erster Linie das Verhalten der Lehrer hemmend wirkte, daß sie trotz Information Innovationen nicht realisierten. Es ist hier nicht der Ort, die Ursachen dafür aufzuführen. Die Beobachtung der Situation an deutschen Schulen läßt ähnliches aus verschiedenen Gründen verstärkt erwarten.

Man suchte in den USA nach pragmatischen Lösungen des Problems. Dabei ist die Struktur des US-Bildungswesens zu bedenken.

1. Entscheidend erleichtert wird der Innovationsprozeß dadurch, daß nicht wie in der BRD die Gesamtstruktur grundsätzlich in Frage gestellt ist und verändert werden muß.

2. Curriculum-Entscheidungen fallen im stark diversifizierten System häufig auf lokaler Ebene schulnah oder sogar in den Schulen. Dies kann einerseits wie festgestellt die Umsetzung von Innovationen hindern, andererseits die Ausbreitung von Innovationen bei entsprechendem Verfahren sehr erleichtern.

Solche Verfahren waren zu finden. Die traditionellen Wege, vorwiegend von den Universitäten her, waren offensichtlich zu wenig effektiv. Neue Organisationsformen mußten den Prozeß *in* die Schulen tragen und dort in Gang halten. Dazu mußte das Rollenverhalten der Lehrer auf Bereitschaft zur Veränderung hin verändert werden. Dies wird auch in der BRD gesehen. „Wenn die Personen mit ihren ureigensten Dingen konfrontiert werden und selber die rationale Analyse des Prozesses vornehmen, sind sie innovationsbereit . . . man kann Probleme nur lösen,

---

1 H. B. Crawley, The Status of Sc. Ed. in: Iowa H. Schools, Diss. Iowa 1967

indem man sich in ihnen bewegt und nicht, indem sie vorweg gelöst werden, sozusagen in der Theorie, und dann mit den Wahrnehmungssperren derjenigen konfrontiert werden, die in der Praxis die theoretische Lösung übernehmen sollen."[2]

Man richtete also in den USA seit 1964 Institute ein, *„Regional Educational Laboratories"*, deren Hauptaufgaben nicht wie bei den an Universitäten angeschlossenen *„Educational Research and Development Centers"* die Forschung ist, sondern die Realisierung der Innovationen in den Schulen. (Mein Bericht stützt sich vorwiegend auf den Besuch des Central Midwest Reg. Ed. Lab. CEMREL in St. Louis/Mo. im November 1968)

In den RELs bemüht man sich

a) zu informieren über neue Entwicklungen und Möglichkeiten ihrer Verwirklichung,
b) Lehrer zu Versuchen anzuregen, Lehrern zu Lernerfahrungen zu verhelfen,
c) zu beraten und Hilfe zu geben beim Umsetzen von Neuerungen,
d) zur Schaffung der notwendigen Arbeitsbedingungen in den Schulen beizutragen,
e) Lehrer auf Grund ihrer Lernerfahrungen an Neuentwicklungen zu beteiligen.

Die LABs sind unabhängig, oft in der Rechtsform einer Incorporation errichtet. Den größten Finanzierungsanteil trägt der Bund. Für besondere Vorhaben (Projekte) fließen Gelder aus anderen Quellen (Foundations, Behörden etc.). Inzwischen bestehen 20 LABs, weitere sollen folgen.

Für die BRD ist die Lösung der Finanzierung interessant. Die „Kulturhoheit" liegt auch in den USA auf Ebenen unterhalb des Bundes, ja oft unter der der Länder. Aus einer Bedürfnissituation heraus übernahm aber hier der Bund ohne Herrschaftsanspruch die Finanzierung von Einrichtungen, die die Entwicklung in der Schule weitertreiben. Hinzu kommt, daß Washington aus Spezialfonds (z. B. Title III) häufig die Finanzierung von gezielten Bildungsprojekten übernimmt. Man leistet sich hier keine Bundes-Abstinenz von Schulfragen, verbindet das finanzielle Engagement auch nicht mit organisierten Machtansprüchen.

Die LABs sind unabhängig in ihrer Arbeit. Sie sind nicht wie die 9 Educational R. u. D. Centers Universitäten angeschlossen. Ihr Verhältnis zu den Schulen wird nicht durch das Image einer Universität, wie immer es wirken mag, belastet. LABs sind keine Behördenorgane, sie haben keine Weisungsbefugnisse, stehen außerhalb von Amtsautorität.

LABs sind Informations-, Beratungs-, Erprobungs-, Forschungsinstitute. Eines nennt sich deutlich „Research for Better Schools Inc.". Das Ziel ist, dem Land zu besseren Schulen zu verhelfen. Sie kooperieren mit den Curriculum-Zentren der Distrikte, mit Behörden, Verbänden, Universitäten. LABs können mit den Lehrern unbefangen arbeiten, Lehrer sind nicht von vornherein an Abhängigkeiten und negative Voreinstellungen fixiert. LABs wenden sich an die Adressaten, diese können sich an die LABs wenden, alle Zusammenarbeit ist *freiwillig*.

---

2 Edelstein, Protokoll 1308 a, S. 68, Lehrplankonf. d. Hess. Lehrerfortbildungsw., Apr. 68

Ein Institut verfügt über Arbeitsräume für Mitarbeiter, Gruppenarbeitsräume, Hörsaal, Bibliothek (mit Mikrofilmabt.), Datenverarbeitungsanlage, Vervielfältigungsbüro, Sekretariat, mobile TV-Station, Fahrzeug.

Den jeweiligen Bedürfnissen entsprechend können im Stab neben Erziehungswissenschaftlern und Lehrern Psychologen, Soziologen, Programmierer, Statistiker, Planungsingenieure, Bibliothekare, Techniker usf. vertreten sein oder vorübergehend assoziiert werden. Alle Arbeitsverträge sind zeitlich befristet. Man wünscht Mobilität der Mitarbeiter, man befürchtet andernfalls Routinearbeit und Bildung von Abhängigkeiten. Die zeitweilige Mitarbeit an LABs scheint inzwischen für das berufliche Fortkommen zusätzliche Qualifikation zu bedeuten, was wiederum das Gewinnen von Mitarbeitern erleichtert.

Die LABs arbeiten praktisch helfend
   mit dem einzelnen Lehrer
   (Hilfe bei Verhaltensschwierigkeiten, method. und didakt. Hilfen)
   mit Lehrergruppen
   (Facharbeitsgruppen, Kooperationsfragen etc.)
   mit Schulen
   (innere und äußere Planung, Entscheidungshilfen)
   mit Boards und Behörden
   (Systemplanung, Untersuchung von Einzelproblemen)
Die Lehrer werden einbezogen in
   (Projekte wie Classroom-Interaction, Teacher-Self-Evaluation mit TV)
   die Entwicklung von Modellen
   die Untersuchung der Erziehungssituation
   (Projekte wie Soc. Stud. Diffusion Program, Learning Disability Pr., Comprehensive Mathematics Pr., Independent Studies Pr., Team Teaching Pr. etc.)
   die Entwicklung von Materialien
   (Handreichungen, Lehrbücher, Tests, Unterrichtsfilme usw.)

Mit den Lehrern werden Entwicklungen erprobt und ausgewertet. Die mitarbeitenden Lehrer werden an überregionalen Entwicklungen und Auswertungen und dem gesamten Informationsprozeß aktiv beteiligt.

Ein breiter Informationsfluß ist dauernd notwendig. Das regionale Einflußgebiet wird beschickt mit und erfaßt durch Arbeitspapier, Druckschriften, Bibliographien, Buch- und Materialverleih, Vorträge, Konferenzen, U.-Demonstrationen, Einrichtung von Arbeitsgruppen, Lehrgängen etc.

Besonderes Interesse verdient der Versuch, die Lehrer systematisch als Multiplikatoren einzusetzen im *Field-Station-System*.

Man sucht eine Schule, die bereit ist, *Field-School* (Central School) zu werden. Dieser ordnen sich mehrere *Radial Schools* zu (5 bis 25).

An den Central-Schools wird in Zusammenarbeit mit dem Beraterstab der LABs mit einer innovationsbereiten Gruppe von Lehrern durch Information und Arbeit an neuen Projekten ein Stab von Lehrern gebildet, der zugleich Pilot-Versuche

116

durchführt. Vom zweiten Jahr an wird der Prozeß in den Radial-Schools fortgesetzt und dort ein Innovations-Stab gebildet. Hier dienen bereits die Field-School-Lehrer als Berater. Man hofft, daß die von diesem Prozeß erfaßten Lehrer Versuchszellen bilden, von denen aus die gesamten Kollegien in weitere Veränderungsprozesse einbezogen werden. Im weiteren Fortgang kann sich eine Art Schneeballsystem entwickeln zur Verbreitung von Innovationen.

Die materielle Anerkennung solcher „Stabs"-Arbeit wirft auch in den USA Probleme auf (Stundenentlastung, Zulagen, bezahlte Weiterbildungskurse in den Sommerferien), sie kann aber — neben dem Prestigegewinn für den Mitarbeiter — den Prozeß wesentlich fördern.

Das Verfahren kann deswegen besonders wirksam werden, weil für den Lehrer hier der Anstoß zur „fachlichen" Weiterbildung im engeren Sinne sich verbindet mit der Notwendigkeit, sich *in* den Prozeß der dauernden Veränderung zu begeben und ihn mitzugestalten. Hier können Verhaltensänderungen bewirkt werden.

Das Field-Station-Verfahren wird inzwischen auch von anderen in der Bildungsforschung engagierten Instituten praktiziert (z. B. von Ed. R. u. D. *Centers).*

Die Curriculum-Reform in Hessen kann nur der Beginn eines dauernden Prozesses sein. Er setzt als zusätzliche Erschwerung die Umstrukturierung des Schul-Organisationssystems voraus. Innovationsprozesse dürfen nicht, wie bisher geschehen, nach einem von oben her kommenden Anstoß und formaler Einführung von Veränderungen allmählich versanden.

Sollen die bisherigen negativen Erfahrungen und solche, die den in den USA festgestellten negativen Erfahrungen entsprechen, vermieden werden, so sind zur ersten entscheidenden auch organisatorisch wirksamen Änderung *kurzfristige Strategien im politisch/öffentlichen und im schulischen Bereich* zu entwerfen und zur „Institutionalisierung" der Reform *langfristige Strategien* zu entwickeln.

Das Beispiel der Laboratories scheint mir diskutierenswert als Organisationsform zur Verwirklichung langfristiger Strategien. Sicher läßt sich unter unseren anderen Bedingungen — auch finanzieller Art — diese Einrichtung nicht schlechthin kopieren. Aus unseren Gegebenheiten ableitbare Modifikationen sind jedoch denkbar.

Als Wege zur organisatorischen Verwirklichung bieten sich an:
a) Mehrere unabhängige LABs werden errichtet (3—5)
(Abhängige Institute, wie Studienseminar, Abt. f. Erziehungswiss., sollten aus einer Reihe von Gründen nicht als Organisationsträger in Frage kommen.)
b) Ein zentrales LAB als Curriculum-Zentrum wird errichtet mit Zweigstellen im Lande.
c) Das Institut für Lehrerfortbildung errichtet Filialen als LABs.

Die Bereitstellung von Lehr- und Lernmaterial

REINHOLD FREUDENSTEIN

Die Struktur eines jeden Unterrichts und sein inhaltliches Angebot werden — bisher und auch in Zukunft — in entscheidender Weise von den in ihm benutzten Unterrichtsmedien mitbestimmt. Darum kommt den Fragen der Bereitstellung von Lehr- und Lernmaterialien im Rahmen der Revision von Lehrplänen zentrale Bedeutung zu. Die Umsetzung einer jeden Lernzielbestimmung in die tägliche Unterrichtspraxis erfordert neben der kooperativen Mitarbeit der Lehrer und angemessenen äußeren (vor allem räumlichen) Voraussetzungen den Zugriff zu Unterrichtsmaterialien illustrativer und didaktischer Natur. Diese Unterrichtsmaterialien müssen im Rahmen der Curriculum-Revision unter den beiden folgenden Gesichtspunkten entwickelt und bereitgestellt werden:

1. Nach der Prüfung bereits existierender Lehr- und Lernmittel unter der Fragestellung, ob und wie sie unverändert oder modifiziert den neuen Lernzielen zugeordnet werden können, müssen neue Mittel erarbeitet werden, um Arbeitsmaterialien für die Hand der Schüler und der Lehrer zur Verfügung stellen zu können, die das inhaltliche Angebot des Unterrichts vollständig abdecken.

2. Die Entwicklung von Lehr-, Lern-, Arbeits- und Hilfsmitteln im internationalen pädagogischen Raum zeigt, daß wir in Deutschland einen starken Nachholbedarf zu decken haben, um den Anschluß an diese Entwicklungen nicht zu verlieren. Das gilt nicht nur für die Medien der pädagogischen Technologie — programmierte Instruktion, computerunterstützter Unterricht, Unterrichts- und Bildungsfernsehen, Sprachlaborarbeit — und technologische Unterrichtsmittel herkömmlicher Art, sondern auch für traditionelle Lehr- und Lernmaterialien, sofern sie unreflektiert übernommen werden und keine Weiterentwicklung erfahren.

In der Literatur zur Theorie und Praxis des Unterrichts werden die Bereiche der Lehrmittel entweder ignoriert oder aber sie werden in eine Randstellung abgedrängt, die ihrer Bedeutung als didaktische Mittler nicht gerecht wird. Eine weitere Gefahr zeichnet sich in der Tendenz ab, moderne Mittel traditionellen Techniken und Methoden zuzuordnen; dadurch wird ihre Effektivität gemindert, und aus der so entstehenden Diskrepanz zwischen theoretischen Möglichkeiten und praktischen Erfahrungen werden bereits heute falsche Schlüsse gezogen, indem die Bedeutung der Medien verharmlost wird.

Für die Neuorientierung des „didaktischen Apparats" (Heinrichs) der Schule sind die folgenden Aspekte von wesentlicher Bedeutung:

1. Da unser Unterricht auch heute noch zentral vom Wort bestimmt wird, stehen Lern- und Lehrmittel ständig in der Gefahr, lediglich als zusätzliche, illustrative

Elemente betrachtet zu werden, auf die ohne Verlust verzichtet werden kann. Sie müssen aber in ihrer Funktion als *didaktische Mittler* gesehen und genutzt werden. „Es kommt auf die bewußte Einarbeitung der didaktischen Absicht in die Lehr- und Lernmittel an."[1]

2. Die Lehr- und Lernmittel müssen den Erfordernissen eines modernen Unterrichts genügen. „Die rasche Wandlung unserer Welt erfordert mit Notwendigkeit eine Kongruenz der didaktischen Mittel mit neuen Kultur- und Zivilisationsstrukturen."[2] Weithin arbeiten unsere Schulen mit Überholtem und Verbrauchtem, auch im naturwissenschaftlichen Bereich.

3. Die Lehr- und Lernmittel dürfen nicht mehr auf die Bedürfnisse eines jahrgangsmäßig gegliederten Klassenverbandes hin konzipiert werden. Sie müssen eine Individualisierung des Unterrichts erlauben und individuellen Lernprozessen einzelner Schüler oder Schülergruppen zugeordnet werden können.

Als Beispiel sei auf das *Lehrbuch* verwiesen, dem im herkömmlichen Unterricht eine zentrale Funktion zukommt. Sicherlich wird das Lehrbuch künftig den Bedingungen einer speziellen Lernzielorientierung nicht mehr gerecht; an seine Stelle muß das *Lehrwerk* treten, d. h. ein multimediales Verbundsystem sorgfältig aufeinander abgestimmter, unter speziellen Zielsetzungen komponierter Informations- und Arbeitsmaterialien. Dabei kann es sich handeln um Texte in Lose-Blatt-Form, Arbeitsbücher, Unterrichtsprogramme, Tonbänder, Filme und Videobänder, Schallplatten usw.

Lernen in der Welt der Massenmedien vollzieht sich nicht mehr durch die Kristallisation im Wort (des Lehrers), sondern durch die Operation am didaktischen Apparat. Um dieser Forderung *Heinrichs* gerecht zu werden, muß der didaktische Apparat groß genug, anpassungsfähig (d. h. austauschbar und erneuerbar) sowie ausbaufähig sein. Die Voraussetzungen dazu sind die aktive Mitarbeit der Lehrer bei der Entwicklung und Erprobung neuer Lehr- und Lernmittel und die Bereitstellung entsprechender Mittel.

Die Mitarbeit der Lehrer könnte sich im Rahmen von Entwicklungsteams realisieren, die an jeder Schule entstehen sollten und die in Zusammenarbeit mit Forschungsinstituten neue Mittel praxisnah erstellen und erproben. Die Ausbreitung der Sprachlaborarbeit in der Bundesrepublik ist in den vergangenen Jahren solcher schulinterner Teamarbeit weitgehend zu verdanken. Einen ähnlichen Verlauf zeigt die Arbeit mit dem schulinternen Fernsehen überall dort, wo sie praktiziert wird. Es sollte jedem Schulbezirk, später jeder Schule, ein pädagogischer Technologe zur Verfügung stehen; er ist hauptamtlich für alle Fragen zuständig, die mit der Verwendung von Lehr- und Lernmitteln im Zusammenhang stehen. In der Lehrerausbildung und im Bereich der Fortbildung muß der technopädagogische Bereich stärker ausgebaut — an vielen Stellen: zunächst erst einmal berücksichtigt — werden, um den personellen und fachlichen Anforderungen in Zukunft gerecht werden zu

---

1 Hermann Holstein, Arbeitsmittel im Unterricht. Kamps pädagogische Taschenbücher, Band 10. Bochum, o. J.

können. Es kann auf die Dauer nicht in die Entscheidung des einzelnen Lehrers gestellt werden, *ob* und *wie* er sich neuer Lehr- und Lernmittel bedient.

Bei der Fülle der in diesem Bereich anfallenden Aufgaben entsteht die Gefahr, daß eine Vielzahl praktikabler Lösungen erarbeitet werden, die — sofern sie nicht koordiniert werden — zu einer aufwendigen Doppelarbeit führen und eine optimale Nutzung nicht gewährleisten. Die Koordination sollte darum von einem zentralen Planungsinstitut übernommen werden, das die Aufgabe hätte, den Entwicklungsprozeß zu steuern, als Medienbank (z. B. für Schultests) zu dienen und für eine mediengerechte Aufarbeitung der Inhalte zu sorgen. Gleichzeitig gehörte es zu seinem Aufgabenbereich, als Umschlagplatz zwischen dem kommerziellen Lehr- und Lernmittelmarkt einerseits und der Schule als Raum der Medienanwendung andererseits zu fungieren. Wir halten ein Institut in seinen Arbeitsmöglichkeiten für flexibler und effektiver als z. B. die Gründung eines Staatsverlages, dem es obliegen könnte, Lehr- und Lernmaterialien zentral zu produzieren.

Die Lehrbuch- und Lehrmittelverlage, die Computer-Industrie und alle anderen relevanten Wirtschaftsbereiche müssen rechtzeitig auf die neuen Entwicklungen aufmerksam gemacht werden, und ihre Mitarbeit müßte u. a. auch durch Entwicklungsaufträge gesichert werden. Das entbindet die Schulen, zumindest die Schulbezirke, jedoch nicht von der Notwendigkeit, im Rahmen ihrer eigenen Möglichkeiten laufend auf dem gleichen Gebiet weiterzuarbeiten und in enger Zusammenarbeit spontan Lehr- und Unterrichtsmittel zu entwickeln und zu drucken, die als Vorversuche gelten und bei Bewährung in großem Rahmen einzusetzen sind.

Wissen und Können stehen in einem direkten Abhängigkeitsverhältnis zu den Lehr- und Lernmitteln, die zu ihrem Erwerb verwendet werden. „Schulreform heißt also auch: Erneuerung der Lehr- und Lernmittel." [2]

Notwendige Information der Lehrerschaft als eine der Bedingungen zur Realisierung von Lehrplänen

GERHARD PLASS

Bei dem Versuch, relativ *kurzfristig* Gesamtlehrpläne zu verändern und einzuführen, wird es notwendig sein, einen breiten *Informationsprozeß* parallel zu führen. Hierzu einige Vorschläge:

1. Eine Arbeitsgruppe „Information" muß von der Planungskommission gebildet werden. Sie arbeitet Vorschläge aus, deren Durchführung mit der Koordinierungs-

---

2 Heribert Heinrichs, Das Lehrmittel — eine didaktische Notwendigkeit. Schlüchtern 1968, S. 10

kommission abgesprochen werden muß. Sie führt die Vorschläge aus
(z. B. Produktion von Informationsschriften
Kontaktpflege mit Gruppen
Organisation von Diskussionsabenden
Organisation von Befragungen
Auswertung von Meinungskundgaben [Refr., Presse, Verb.]
Kontakt zu Informationsmedien).

2. Die Informationsgruppe erarbeitet Vorschläge zur Zusammenarbeit mit
Instituten der Lehrerausbildung
Instituten der Lehrerfortbildung.

3. Fachkommissionsmitglieder bilden lokale Arbeitsgruppen, mit denen sie die Arbeit diskutieren.
Die Mitglieder der Arbeitsgruppen sollen weiter informierend tätig sein.

4. Die Arbeitsgruppe „Information" organisiert einen Hilfsstab, der auf örtlicher Ebene Informationsaktionen durchführt.

So könnten in Zusammenarbeit mit den Mittelinstanzen etwa 50 Lehrer aus Hessen (etwa proportional der Schuldichte unter Berücksichtigung der Schularten) um Mitarbeit gebeten werden.

Diese Lehrer nehmen an einwöchigen Informationslehrgängen (evtl. im Institut für Lehrerfortbildung) teil.

Sie werden verpflichtet, in einem halben Jahr bis zu 15 Informationsveranstaltungen zu organisieren (15 x 50 = 750!).

Sie sollen ihre Erfahrungen aus diesen Veranstaltungen für die Lehrplanreform nutzbar machen (Berichte etc.). Dazu könnte eine neue Informations- und Auswertungstagung mit den Mitgliedern von Koordinierungskommission und Fachkommission dienen.

Die beteiligten Lehrer müßten entsprechende Entlastung und Kostenerstattung erhalten.

5. Die Informationsgruppe sollte Verbindungsleute zu den Berufsverbänden einschließen, um deren Informationsmittel einsetzen zu können.

Anhang

Zur Veranschaulichung und Selbstverständigung der Kommission wurden zu einem frühen Zeitpunkt der Arbeit, als die später erarbeiteten Methoden der Lernzielermittlung noch nicht vorlagen, Lernzielbeispiele aus verschiedenen Fächern entwickelt. Aus diesem Material drucken wir die folgenden Beispiele ab.

Zur Bestimmung von Lernzielen im modernen Fremdsprachenunterricht

REINHOLD FREUDENSTEIN

Die überlieferte Tradition der deutschen Neuphilologie, die große Zahl akzeptierter und ständig neu bearbeiteter „Methodiken" und die vielen, seit langem praktizierten Unterrichtstechniken täuschen leicht über die Tatsache hinweg, daß sich der gegenwärtige Stand des Sprachenlehrens in einem vorwissenschaftlichen Stadium befindet. Es ist darum notwendig, die Bestimmung, Beschreibung und Operationalisierung von Lernzielen im Bereich der modernen Fremdsprachen unter ständigem Rückbezug auf gesicherte Erkenntnisse und Einsichten relevanter Forschungsgebiete vorzunehmen. Diese Forschungsgebiete sind die Linguistik, die Fachdidaktik und die Lernpsychologie. Eine Neuorientierung des Fremdsprachenunterrichts kann nur dann gelingen, wenn diese Gebiete gleichberechtigt — und nicht nur sporadisch bzw. je nach Bedarf — bei der Entwicklung einer Sprachlerntheorie auf wissenschaftlicher Grundlage herangezogen werden.[1]

Der wesentliche Neuansatz bei der Lernzielbestimmung für den Fremdsprachenunterricht orientiert sich in erster Linie an einer neu gegliederten Rangordnung der Lernziele. Komplex gebündelte, allgemein gehaltene Ziele eines allgemeinbildenden Fremdsprachenunterrichts, wie sie bisher gültig waren und wie sie sich entsprechend in den benutzten Lehr- und Lernmaterialien spiegelten, sind nicht geeignet, zur Erreichung spezieller Teilziele hinzuführen. Die Übersicht über die „Rangordnung der Lernziele" vermittelt einen Grobaufriß, aus dem die Lernzielhierarchie einer wissenschaftlich vertretbaren Gesamtkonzeption deutlich wird. Diese Übersicht ist im einzelnen modifizierbar; in ihrer Grundtendenz ist sie jedoch nicht veränderbar. Ganz gleich, welche Teilziele ein weiterführender Unterricht erstrebt: immer steht der Erwerb umgangssprachlicher Fertigkeiten am

---

1 Ronald Wardhaugh: Linguistics, Psychology, and Pedagogy: Trinity or Unity: English Teaching Forum, Vol. VII, No. 2, S. 2 ff. Washington D. C. 1969.
W. G. Moulton: Applied Linguistics in the Classroom. In: H. B. Allen, Hrsg., Teaching English as a Second Language. New York, McGraw-Hill, 1965, S. 83
Robert Lado: Moderner Sprachunterricht. München 1969².

Anfang des Lernvorgangs — und zwar gezielt und ausschließlich. Damit ist der Rahmen für den Unterricht moderner Sprachen in der Sekundarstufe eindeutig festgelegt.

Lernziele im Sekundarbereich

Im Mittelpunkt des Fremdsprachenunterrichts des Sekundarbereichs, d. h. während des Zeitraums der Spracherlernung, steht das Ziel, daß der Schüler lernt, die fremde Sprache als *Kommunikationsmedium* zu beherrschen. Die produktive Anwendung sprachlicher Fertigkeiten im umgangssprachlichen Verkehr ist demnach nicht nur eine (unter anderen) Zielvorstellungen (wie bisher), sondern das zentrale Anliegen des gesamten Unterrichts. Die methodisch-didaktische Realisierung dieses Anliegens verlangt den Einbezug eines audiolingualen bzw. audiovisuellen Vorgehens, dem die *Grammatik der gesprochenen Sprache* zugrunde liegt. Die unterrichtspraktische Umsetzung einer solchen Konzeption ist ohne Anwendung von Mittlern der pädagogischen Technologie (Tonbandgerät, Bilder, Filme usw.) nicht denkbar.

Weiterführende und übergreifende Ziele, die über die reine Spracherlernung hinaus im Rahmen des Fremdsprachenunterrichts erstrebt werden, können nur auf der Grundlage einer soliden Sprachbeherrschung erreicht werden; es ist im einzelnen zu prüfen, ob einige dieser Ziele nicht an andere Lernbereiche, „Fächer" bzw. Kurse abgetreten werden sollten. Als Beispiel sei angeführt:

Kenntnisse über die fremde Sprache

Während des Zeitraums der Spracherlernung soll eine Systematisierung der erworbenen Fertigkeiten unter linguistischen Aspekten und die Vermittlung von Einsichten in die Struktur der fremden Sprache nur dann erfolgen, wenn abgesichert ist, daß diese „theoretischen" Kenntnisse einen Beitrag zur „praktischen" Sprachbeherrschung darstellen. Ist dies nicht gewährleistet, muß ihre unterrichtliche Behandlung verschoben werden, bis der Spracherlernungsprozeß abgeschlossen ist; dies dürfte nach vier bis sechs Unterrichtsjahren der Fall sein.

Sowohl für den Zeitraum der Spracherlernung als auch für den weiterführenden Unterricht ist ständig zu prüfen, ob Parallelschaltungen mit Lernzielen anderer Bereiche nötig bzw. möglich sind. So könnte z. B. der bisherige „Grammatikunterricht" neu strukturiert und auf kontrastiver Basis einem Fach „Linguistik" übertragen werden. Die Behandlung von Formen sprachlicher Äußerung (Berichten, Erzählen usw.) braucht nicht separat sowohl im muttersprachlichen als auch im fremdsprachlichen Unterricht vorgenommen zu werden.

Das Lehren kultureller Inhalte

Der systematische Einbezug historischer, landeskundlicher und kultureller Inhalte in den Fremdsprachenunterricht soll ebenfalls erst dann erfolgen, wenn der Spracherlernungsprozeß abgeschlossen worden ist. Es wird sich aber ergeben, daß z. B. landeskundliche und kulturelle Inhalte sich automatisch von Anfang an einstellen, wenn die Ausbildung der Kommunikationsfertigkeiten konsequent verfolgt wird.

Andererseits ist zu prüfen, ob literarische Kenntnisse weiterhin im Rahmen des Fremdsprachenunterrichts vermittelt werden sollen, oder ob sie nicht besser durch einen „Literaturunterricht" dargeboten werden können.

Die Beantwortung dieser (und anderer) Fragen muß jeweils gesondert für die erste Fremdsprache und die später einsetzenden zweiten und dritten Fremdsprachen erfolgen. Unabhängig davon darf jedoch für das Erlernen *jeder* Sprache — auch wenn es z. B. nur um die Aneignung des Leseverstehens gehen sollte — die audiolinguale Basis nicht verlassen werden. Eine wesentliche Konsequenz dieser Grundforderung besteht darin, daß der Ausgangspunkt für die Lernzielbestimmung nicht mehr Lehr- und Lerneinheiten sind, die sich an grammatischen Kategorien (der geschriebenen Sprache) orientieren; nur situativ begründete, dialogisch angelegte Kommunikationsprozesse entsprechen optimal den Bedingungen eines Unterrichts, der umgangssprachliches Verhalten in einer fremden Sprache zum Ziel hat.

Zur Forderung der „situativen Begründung"

Die umgangssprachliche, interpersonale Kommunikation ist ein „ganzheitlicher" Vorgang; sie setzt die Anwendung integrierter sprachlicher Fertigkeiten voraus. Nur in theoretischen Reflexionen ist Kommunikation als ein Vorgang denkbar, der sich aus additiv zusammengefügten Einzelelementen vollziehen und beschreiben ließe. Eine künstliche Trennung und isolierte Beherrschung der vier Grundfertigkeiten des sprachlichen Verhaltens — Hörverstehen, Sprechen, Leseverstehen und Schreiben — ist darum als Lernziel nicht anzustreben, es sei denn, es handele sich um Teilschritte auf dem Weg zur „Situation". Nur in der sprachlichen Situation lernt der Schüler, sich gemäß seiner geistigen Fähigkeiten frei und spontan richtig und angemessen zu verhalten.

Daraus ergeben sich konkrete Folgerungen und Forderungen, von denen die wichtigsten erwähnt und kurz kommentiert werden sollen.[2]

1. Wenn das Schwergewicht des Unterrichts auf der *gesprochenen* Sprache liegt, kann das *Lehrbuch* nicht mehr — wie bisher — mehr oder weniger stark die Struktur der Lehr- und Lerneinheiten bestimmen. Das Lehrbuch wird nur noch eine, vermutlich eine neue, ganz sicher aber nur eine ergänzende Funktion im Unterricht erfüllen. Ihm treten gleichberechtigt z. T. bisher vernachlässigte Lehr- und Lernmittel zur Seite. „Es kommt darauf an, das Verhältnis der vier Grundfertigkeiten — Hörverstehen, Sprechen, Leseverstehen und Schreiben — bei jeder Thematik neu zu bestimmen, und zwar dergestalt, daß es in seiner Bedeutsamkeit dem entsprechenden Wirklichkeitsausschnitt angemessen ist."

2. In diesem Zusammenhang muß das Problem der *Hausaufgaben* gründlich durchdacht werden. Die Hausaufgaben müssen — werden sie überhaupt für notwendig erachtet — integrierender Teil des Gesamtanliegens sein, d. h. sie dürfen nicht nur den Bereich der graphischen Fertigkeiten erfassen. Ebenso ist es „eine trügerische Vereinfachung zu glauben, die Ausdrucksfähigkeit eines

---

2 Zu ähnlichen Ergebnissen gelangte eine Planungsgruppe am Pädagogischen Zentrum, Berlin: Unterricht an Gesamtschulen, Planungsvorschläge mit Beispielen für das 7. Schuljahr. Spezieller Teil, 3. Englisch, Berlin (Mai) 1968. Die Zitate entstammen den Seiten 8 ff.

Schülers sei eine unmittelbare Funktion des von ihm beherrschten *Wortschatzes*, und zwar selbst dann, wenn dieser Wortschatz unter Berücksichtigung der gebräuchlichen Frequenzlisten entwickelt wurde. Vielmehr ist die Planungsgruppe der Auffassung, daß alle erlernten Wörter die Ausdrucksfähigkeit nur insofern steigern, als sie hinreichend in verbale Verhaltensbereitschaft integriert wurden." Wie das bei der Einführung und wie beim übenden Wiederholen zu geschehen hat, kann nicht in das Belieben eines einzelnen Lehrers gestellt werden.

3. *Grammatikkenntnisse* tragen zum Spracherlernungsprozeß nichts bei. Inwieweit eine systematische Behandlung umgangssprachlicher Erscheinungen dem Prozeß des Spracherwerbs unmittelbar dienlich ist, muß im einzelnen geprüft werden.

4. Mündliches und schriftliches *Übersetzen* haben im Anfangsunterricht auf audiolingualer Grundlage keinerlei Funktion. Im Gegenteil: sie fördern den negativen Transfer und stören den Lernprozeß. Das Übersetzen ist eine fünfte sprachliche Fertigkeit, die gesondert gelehrt und geübt werden muß, wenn der Spracherlernungsprozeß abgeschlossen worden ist.

5. Nicht nur die traditionellen *Formen* der *Leistungsmessung* müssen kritisch daraufhin untersucht werden, ob sie das Verhalten der Schüler zu diagnostizieren in der Lage sind, sondern auch die *Wertigkeit* der sog. „Fehler" muß neu bestimmt werden. Tests eignen sich besser als Diktate, Nacherzählungen und grammatische Arbeiten, um Lernfortschritte gezielt zu überprüfen. Unter dem Gesichtspunkt der Erlernung kommunikativer Fertigkeiten kann als Fehler nur gelten, was den Kommunikationsprozeß stört oder unmöglich macht.

Diese Vorüberlegungen sind bei der Betrachtung der folgenden Einzelbeispiele mit zu bedenken; diese Einzelbeispiele enthalten Anregungen, die die Tendenz bei der Lernzielbestimmung aufzeigen. Sie sind nicht als Modelle oder Muster entwickelt worden, die bereits einen festen Platz in einem in sich geschlossenen System einer fixierten Lernzielhierarchie hätten. Es soll lediglich deutlich werden, daß die Lernzielbestimmung für den Fremdsprachenunterricht künftig *detaillierter* als bisher erfolgen muß und daß die *inhaltliche Fixierung* ständig den Bezug zum allgemeinen Lernzielrahmen aufzuweisen hat.

Perfektionierung der umgangsprachlichen Fertigkeiten	Aneignung spezieller Fertigkeiten	Erwerb von Kenntnissen und Einsichten über das Wesen von Sprache
Kommunikative Aufbaustufe	*Spezialsprachliche Aufbaustufe*	*Linguistische Aufbaustufe*
(Beherrschung der Fremdsprache als Zweitsprache)	(Dolmetsch- und Übersetzungskurse; Englisch für Naturwissenschaftler usw.)	(Sprachvergleich, kontrastive Analysen, philologische Aspekte usw.)

AUFBAUSTUFEN

Systematisierung der Fertigkeiten unter linguistischen Aspekten	Systematisierung der Fertigkeiten unter soziokulturellen Aspekten
Kenntnisse über und Einsichten in Aufbau und Struktur der Sprache	Landeskunde Kultur (Literatur, Theater, Kunst usw.) Politik, Wirtschaft usw.

SEKUNDARSTUFE

Erwerb der sprachlichen Fertigkeiten – Hörverstehen, Sprechen, Lesen, Schreiben – zum Zweck der Kommunikation

Produktive Anwendung der Fertigkeiten im umgangsprachlichen Verkehr

Allgemeines Lernziel	Spezielles Lernziel	Thema	Beispiel
Beherrschung der sprachlichen Fertigkeiten — Hörverstehen, Sprechen, Lesen, Schreiben — zum Zweck der Kommunikation	Fähigkeit, innerhalb bestimmter Situationen auf sprachliche Stimuli spontan und idiomatisch richtig zu reagieren. (Noch zu beschreiben bleibt der Stellenwert dieses Lernzieles innerhalb des Einführungslehrgangs und seine Zuordnung zu Themenkreisen progressiv ansteigenden Schwierigkeitsgrades.)	Erwerb der Grußformeln (Anrede, Gegengruß, Abschiedsformeln etc.)	Verschiedene Situationen, denen unter Umständen verschiedene Grußformeln zugeordnet sind: Familie, Schule, Arbeitsplatz, Geschäft, Party etc.
Beherrschung der sprachlichen Fertigkeiten — Hörverstehen, Sprechen, Lesen, Schreiben — zum Zweck der Kommunikation	Beherrschung der sprachlichen Fertigkeiten in Situationen, in denen Sprache unter erschwerenden Bedingungen zugänglich ist	Erwerb der Fähigkeit, Sprache aus Lautsprechern (Bahnhof, Flughafen), Rundfunk und Telefon zu verarbeiten	Lautsprecherdurchsage des Piloten einer Verkehrsmaschine kurz nach dem Abflug vom Londoner Flughafen oder andere. *Charakteristika dieser Situation:* — Begleitgeräusche innerhalb und außerhalb des Flugzeugs — leichte Verzerrung der zuweilen ohnehin etwas monotonen Routineansage des native speaker durch den Lautsprecher
Einsicht in die Struktur der Fremdsprache	Einsicht in den Funktionszusammenhang von Grundgegebenheiten der englischen Sprache, die a) dem Schüler bei der Kommunikation in der Fremdsprache bereits verfügbar sind, und b) deren Bedeutung für den Inhalt der sprachlichen Aussage ihm im Einzelfall bereits einsichtig ist (Grundgegebenheiten sind etwa: — die Zusammensetzung des Wortschatzes aus Begriffswörtern und Strukturwörtern — Wortstellung, Syntax — Akzent, Intonation, Rhythmus — Kontext)	Analyse mündlicher, zum Zwecke der Analyse allerdings nicht nur auf Tonband, sondern auch im Druck fixierter Äußerungen mit der doppelten Zielsetzung a) der Auffindung der in der Sprache selbst liegenden Ursachen für inhaltliche Mehrdeutigkeit, und b) der daneben eingebauten Sicherheitsvorkehrungen gegen Mehrdeutigkeit. Mehrdeutigkeit durch: — die verschiedenen Bedeutungsebenen der Begriffswörter — die Zugehörigkeit eines Wortes zu mehreren Wortklassen — die Möglichkeit des Akzentwechsels innerhalb eines Wortes oder Satzes — die Möglichkeit der Anwendung verschiedener Intonationsmuster auf einen Satz (und evtl. noch andere)	Höflicher Auftrag eines Vorgesetzten an seinen Mitarbeiter oder andere

127

Anmerkungen zu Problemen der Lernzielbeschreibung im Fachbereich Deutsch

HUBERT IVO

Für die folgenden Überlegungen ist das Innovationsproblem grundlegend. Die Beschreibung eines Lernziels, das als Beispiel herangezogen wird, erfolgt nicht in theoretischer Absicht; sie setzt vielmehr eine Theorie der Lernziele voraus, nutzt verschiedene Beschreibungsverfahren und versucht, die Stellen ausfindig zu machen, an denen Neuerungen mit Hilfe von Bildungsplänen „eingefädelt" werden können.

1. *Lernzielbeispiele und Unterrichtsfach Deutsch*
Das Beispiel ist aus dem Bereich des Literaturunterrichts gewählt. Daß es dem Deutschunterricht zugeordnet wird, hat vorwiegend historische Gründe. Es ist nicht nur denkbar, sondern wünschenswert, die Beschäftigung mit Literatur aus der Verflochtenheit mit den institutionellen Ergebnissen der „Deutschkunde" und der Theorien und Praktiken „volkstümlicher Bildung" zu lösen. Dies kann aber nur so geschehen, daß die verschiedenen Lernziele des Deutschunterrichts in einer Form beschrieben werden, die es erlaubt, unterrichtsorganisatorische Einheiten aus ihnen abzuleiten. Der Ordnungsfaktor des bisherigen Fächerkanons bleibt auf diese Weise insoweit gewahrt, als neue praktikable Ordnungen noch nicht eingeführt werden können; die Aufgliederung des Fachs in unterrichtsorganisatorisch relativ selbständige Einheiten macht aber gleichzeitig von der Bindung an das bestehende Ordnungsgefüge des Fächerkanons frei und schafft — durch die prägnanteren Lernzielbeschreibungen dieser Einheiten — die Voraussetzung für eine neue, rational begründbare Komposition der Unterrichtsziele und -einheiten.
2. *Abstraktion und modellhafte Erläuterung*
Die Beschreibung erfolgt von zwei Seiten her; sie zielt auf eine allgemeine Formulierung, die den gesamten Bereich der Beschäftigung mit Literatur deckt, und sie zielt auf Konkretion der Ziele. Für eine Bildungsplansystematik bedeutet dies, daß abstrakte, meist stark formalisierte Beschreibungen mit modellhaften Konkretionen korrespondieren müssen.
3. *Lenkung durch Bildungspläne und didaktische Kreativität der Lehrer*
Die Korrespondenz von formalisierten Beschreibungen und modellhaften Konkretionen schafft optimale Voraussetzungen, den Lehrplan als Mittel zur Innovation zu nutzen, wenn die formalisierten Beschreibungen in rational überprüfbare „Elemente" zerlegt werden können und wenn sie sprachlich so gefaßt werden, daß die pädagogische Imaginationskraft des Lehrers herausgefordert wird. Zur Frustration der Lehrer muß es führen, wenn der Bildungsplan die allgemeinen Lernziele nicht nur modellhaft konkretisiert, sondern die Detailentscheidungen im einzelnen vollständig fixiert.

Allgemeines Lernziel: Befähigung zur Teilnahme am literarischen Leben

1. *Beziehung zur Geschichte des Literaturunterrichts*
Die neue Definition enthält in ihrer *Nüchternheit* eine deutliche Absage an emphatische Beschreibungen wie „Persönlichkeitsbildung", „Bildung des inneren Menschen" etc. und deren politisch-gesellschaftlichen Implikationen. Sie enthält ebenso eine Absage an nationalerzieherische Ambitionen, nach denen die Beschäftigung mit deutscher Dichtung der Eingliederung in das Volkstum dienen soll. Die *inhaltliche Offenheit* der neuen Definition deckt und legitimiert Bestrebungen, den Literaturunterricht aus den o. g. Ordnungsgefügen zu befreien; sie öffnet den Unterricht der rationalen Kontrolle.

2. Beziehung zur kulturellen Situation der Gegenwart

Die neue Definition bringt notwendig eine erhebliche Ausweitung des Feldes mit sich, das Gegenstand des Literaturunterrichts ist. Zum literarischen Leben gehört nicht nur die üblicherweise im Unterricht besprochene Literatur, sondern ebenso die massenhaft verbreitete Literatur, die von einem wertenden Standpunkt aus oft zweite Literatur genannt wird. Die Beschäftigung mit der massenhaft verbreiteten Literatur kann aber nicht mehr unreflektiert nach kulturkritischen oder axiologischen Gesichtspunkten (Kunst/Kitsch) erfolgen; vielmehr fordert das Lernziel eine nüchterne Analyse der bestehenden „literarischen Verhältnisse". Mit dieser Entscheidung wird weder für die Auffassung votiert, daß die Beschäftigung mit sogenannter mittelmäßiger oder ästhetischer anspruchsloser Literatur ergiebiger sei, noch wird einem Wertneutralismus das Wort geredet; solche Entscheidungen werden erst möglich, wenn die gesamte Literatur in die untersuchende Beschäftigung einbezogen wird.[1] — Eine weitere Ausweitung des Gegenstandsfeldes ist darin zu sehen, daß mit der neuen Definition die Vermittlungs- und Rezeptionsprozesse des literarischen Lebens Beachtung finden müssen; damit wird die Einseitigkeit einer vorwiegend auf das „Werk" und seinen „Produzenten" gerichteten Bemühung überwunden.

Die neue Definition zwingt aber vor allem dazu, den Stellenwert des literarischen Lebens im Gesamtgefüge der Kultur zu bedenken. Damit ist die Frage nach der soziokulturellen Relevanz des Gegenstandsfeldes Literatur gestellt und, hieraus folgend, auch die Frage nach dem Stellenwert des Lernziels in der Lernzielhierarchie. Bei einer Explikation des Lernziels wird man nicht darauf verzichten können, diese Problematik zu verdeutlichen.[2]

3. Verhaltensmerkmale, die aus dem Lernziel ableitbar sind

Art und Intensität der Teilnahme am literarischen Leben zeigen sich in Entscheidungen, die ein Mensch in diesem Bereich trifft. Es handelt sich vor allem um Auswahlentscheidungen: Welche Programme im Rundfunk und Fernsehen schaltet ein Mensch ein? Welche Bücher liest er, kauft er, leiht er aus? Welcher Buchgemeinschaft gehört er an? Bei welchen Gelegenheiten liest er, mit welcher Absicht? Woher nimmt er seine Informationen, die seinen Entscheidungen zugrunde liegen? Welche Theateraufführungen besucht er? Welche Filme sieht er sich an? Mit wem spricht er über das Gelesene, Gehörte oder Gesehene?

Eine genaue Analyse dieser Entscheidungssituationen gibt deutliche Hinweise, welche Merkmale das Teilnahmeverhalten tatsächlich aufweist oder, normenbezogen formuliert, aufweisen sollte.

Zwischenbemerkung: Normen, die das Teilnahme-Verhalten bestimmen, sind aus den Begriffen „Literarisches Leben" und „Teilnahme" allein nicht ableitbar. Für die Lernzielbeschreibung bedeutet das: der Rekurs auf noch allgemeiner formulierte Ziele ist notwendig. Damit die Gefahr vermieden wird, daß solche allgemeinen Lernziele zu Leerformeln werden, sollten die in den einzelnen konkreten Lernzielen enthaltenen Wert- und Normvorstellungen während des Prozesses der Bildungsplanformulierung sorgfältig herauspräpariert werden. Die dabei zutage tretenden Vorstellungen können dann so formuliert werden, daß sie die konkreten Lernziele, denen sie entnommen sind, decken.

---

1 vgl. zu dieser Problematik Dmitrij Lichatschow, Nach dem Formalismus, Reihe Hanser Nr. 4, München 1968, S. 16 ff.
2 z. B. W. Muschg, Die Zerstörung der deutschen Literatur, Bern, München 1958³; C. P. Snow, Die zwei Kulturen, Stuttgart 1967; H. Kreuzer, Literarische und szientifische Intelligenz, in: Sprache im technischen Zeitalter 1967 Nr. 24, S. 305 ff.; K. Steinbuch, Falsch programmiert, Stuttgart 1968; J. Habermas, Technik und Wissenschaft als „Ideologie", Frankfurt 1968, S. 104 ff.

In einem gegenläufigen Verfahren sollten diese Wert- und Normvorstellungen einer kritischen Prüfung ausgesetzt werden, indem sie mit allgemeinen, normbezogenen Lernzielen, die vorweg formuliert werden, konfrontiert werden.

Merkmale des Teilnahme-Verhaltens:
Einstellung (attitude): z. B. unreflektierte Konsumentenhaltung im Bereich der massenhaft verbreiteten Literatur; Bildungsverpflichtung gegenüber der Tradition; kulturkritische Haltung; esoterisches Zugehörigkeitsgefühl; Flucht oder Engagement; Intellektuellenhaß.
Informationshorizont: Beschränkung auf einen Leserumkreis: Kenntnis der Informationsmöglichkeiten; Einsicht in gesellschaftliche Vermittlungsprozesse; Einsicht in formale und technische Kompositionselemente etc.

Folgende Lernziele lassen sich aus diesen Merkmalen ableiten:
a) Bereitschaft, für eine begrenzte Zeit in einer fiktiven Welt zu leben;
b) Fähigkeit, die Beziehungen zwischen einer fiktiven und der realen Welt zu durchschauen;
c) Kenntnis der wichtigsten Faktoren, die das literarische Leben bestimmen;
d) Kenntnis der wichtigsten Informationsquellen und die Fähigkeit und Bereitschaft, sie zu nutzen;
e) Kenntnis der Normen, die die verschiedenen Bereiche des literarischen Lebens regeln;
f) Fähigkeit zur kritischen Analyse von Normenkonflikten.

4. *Probleme der Lernzielhierarchie*
Aus dem Stellenwert des literarischen Lebens in der Gesamtkultur wird auf den Stellenwert des Lernziels „Befähigung zur Teilnahme am literarischen Leben" innerhalb der Lernzielhierarchie geschlossen. Damit ist eine Vorentscheidung getroffen über die Zeit, die zur Erreichung dieses Ziels zur Verfügung gestellt wird. Eine *Vorentscheidung*, noch keine endgültige Entscheidung deshalb, weil bei dieser Überlegung nur die Objektseite beachtet wird; bei der endgültigen Zumessung wird noch die besondere Schülersituation berücksichtigt. Sie kann durchaus die Vorentscheidung beträchtlich modifizieren. So ist z. B. der Stellenwert einiger derzeitiger Rechtschreibepraktiken im kulturellen Gesamtgefüge sehr gering. Dennoch werden diese kulturell fast irrelevanten Praktiken von gesellschaftlich potenten Gruppen hoch eingeschätzt. Da die Erlernung dieser Fertigkeiten für die Schüler recht schwierig ist, muß trotz ihres geringen Stellenwertes viel Zeit aufgewendet werden. Auch das Umgekehrte ist zu beobachten: Obwohl für immer mehr Menschen in unserer Gesellschaft die Auswahl und Lektüre von Sachbüchern und von Unterhaltungsliteratur an Bedeutung gewinnt, wird in der Schule kaum Zeit zur Erlernung entsprechender Fähigkeiten zur Verfügung gestellt. Der Grund hierfür liegt darin, daß gesellschaftlich potente Gruppen diese Bereiche des literarischen Lebens vernachlässigen. Das zeigt sich z. B. im Fehlen einer Ästhetik, die die Unterhaltungsfunktion von Literatur ernsthaft berücksichtigt, und im Fehlen eines didaktisch relevanten Katalogs von Anforderungen an die Qualität eines Sachbuches.

5. *Die Notwendigkeit allgemeiner Lernziele*
Die kritische Analyse bestehender Bildungspläne hat die Phrasenhaftigkeit vieler Präambeln nachgewiesen. An die Stelle von Leerformeln wünscht man sich operationalisierbare Lernziele. Dieser Wunsch ist sicher berechtigt, insofern der Bildungsplan als Instrument zur direkten Steuerung von Unterrichtswirklichkeit verstanden wird. Dennoch kann auf allgemein formulierte Lernziele nicht verzichtet werden; schon aus Gründen der Bildungsplansystematik: die Zuordnung von Zielen und Inhalten verlangt von Stufe zu Stufe einen höheren Grad von Abstraktheit. Wichtiger noch aber ist die Tatsache, daß Unterrichtswirklichkeit auch vom Bewußtsein der Lehrer bestimmt wird. Sol-

len Änderungen eingeführt werden, ist die rationale Auseinandersetzung mit normenbezogenen Lernzielen notwendig. Für den Erfolg einer solchen Bemühung aber ist es unabdingbar, den Zusammenhang der allgemeinen mit den konkreten Lernzielen überzeugend zu verdeutlichen.

Allgemeines Lernziel und spezielle Aufgabe

Das folgende Beispiel, das den Zusammenhang zwischen dem allgemeinen Lernziel „Befähigung zur Teilnahme am literarischen Leben" und einer speziellen Unterrichtsaufgabe verdeutlichen soll, muß relativ abstrakt durchgespielt werden, weil zwei sehr grundlegende Zwischenüberlegungen in dieser skizzenhaften Darlegung nicht dargestellt werden können; die Überlegungen, welche sukzessiv anzuordnenden Unterrichtsreihen aus dem allgemeinen Lernziel ableitbar sind und welche besonderen Schülersituationen (Motivationsstand, Informationshorizont) berücksichtigt werden müssen. Ausgewählt wurde als spezielle Aufgabe die Beschäftigung mit dem Problem der literarischen Schichtung am Beispiel von Texten, die den Krieg 1939—1945 zum Inhalt haben.

1. *Aufgliederung des allgemeinen Lernziels*
   Aus dem allgemeinen Lernziel „Befähigung zur Teilnahme am literarischen Leben" sind unter 3. Merkmale abgeleitet worden, die, als Ziele begriffen, in ein Zuordnungsschema eingefügt werden können. Danach stellt sich dem Literaturunterricht die Aufgabe, im Schüler ein Verhalten zu erzeugen, das resultiert aus Orientierungswissen, aus einem Problem- und Methodenbewußtsein und aus Motivationen, die im Unterricht aufgebaut worden sind.

Verhalten

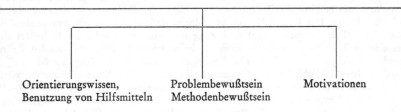

Offenheit
Bereitschaft, intellektuelle Erfahrungen zu machen; sich von der sprachlich geformten Erlebnis- und Erfahrenswelt eines anderen erfassen zu lassen;
Aufbau eines Erwartungsgefüges, um dem jeweiligen Text entsprechen zu können;
Training im Übernehmen fremder Rollenerwartungen und damit im Transzendieren des eigenen Rollengefüges.

Distanz
Bereitschaft, sich von dem Erwarteten und Erfahrenen zu distanzieren

| Orientierungswissen, Benutzung von Hilfsmitteln | Problembewußtsein Methodenbewußtsein | Motivationen |

2. *Aufgliederung des Gegenstandsfeldes*
   Das Lernziel „Befähigung zur Teilnahme am literarischen Leben" erfordert eine Strukturierung der literarischen Situation der Gegenwart. Für eine formale Strukturierung

eignet sich das Schema von *R. Escarpit:* Produktion, Verbreitung, Konsumtion[3]; in diese Reihe sollte noch das Produkt (der Text) aufgenommen werden, so daß in anderer Benennung folgende Reihe entsteht: Produzent (Autor), Text, Verteilung und Sichtung, Publikum. Jede Literaturanalyse, die das Beziehungsgefüge zwischen diesen vier „Größen" berücksichtigt, beachtet die historisch-gesellschaftliche Dimension von Literatur.

3. *Aufgliederung des Unterrichtsprozesses*

Deuten wir die „Befähigung zur Teilnahme am literarischen Leben" als Befähigung zur literarischen Kommunikation, so läßt sich die unterrichtliche Bemühung um Literatur mit Hilfe eines sprachlichen Kommunikationsmodells interpretieren. Danach werden Sprecher und Hörer als Sender und Empfänger verstanden, die ein tradiertes System von Zeichen kennen und nach den Regeln dieses Systems handeln. Faßt man diese Regeln mit dem Begriff Kode, so läßt sich folgendes Schema benutzen:

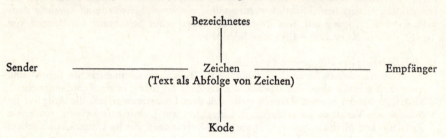

Die Brauchbarkeit dieses Schemas für die Deutung literarischer Kommunikationsprozesse hängt davon ab, ob es gelingt, die spezifischen literarischen Kodes von dem gemeinsprachlichen Kode abzusetzen. Ein Versuch, den spezifisch literarischen Kode zu definieren, soll am Beispiel der ersten Zeile von *Paul Celans* Todesfuge unternommen werden. Die Zeile lautet: Schwarze Milch der Frühe wir trinken sie abends. An dieser Zeile lassen sich innerhalb des sprachlichen Systems verschiedene Kodierungsebenen unterscheiden: Zunächst sind für jeden, der die deutsche Sprache beherrscht, die verwendeten Phoneme und Phonemfolgen bekannt. Auch auf der lexikalischen Ebene stellt sich für diese Personen ein Verständnis ein: jedermann kennt die Wörter: Milch; Frühe; wir; sie; schwarz; abends; trinken. Auch die verwendeten syntaktischen Fügungen bereiten keine Schwierigkeiten; das wird deutlich, wenn die Zeile bis auf die syntaktisch bedeutsamen Stellen willkürlich mit Lautfolgen angefüllt wird: Gamze Kolm *der* Mahne *wir* frad*en sie* kolen*ds*. Die syntaktische Richtigkeit dieses „Satzes" läßt sich im einzelnen aufweisen; beispielhaft sei nur auf das Morphem „en" in fraden verwiesen, das nach dem „wir" notwendig folgen muß; es könnte nicht etwa das Morphem „et" (fradet) verwendet werden. — Trotz des phonetischen, lexikalischen und syntaktischen Verständnisses bereitet die Zeile „Schwarze Milch der Frühe wir trinken sie abends" Schwierigkeiten. Der Grund hierfür liegt darin, daß zu der gemein-sprachlichen eine literarische (literatur-sprachliche) Kodierung vorgenommen worden ist. Es bedarf eines besonderen Trainings, um diesen Kode zu beherrschen. In dem vorliegenden Beispiel handelt es sich vorwiegend um eine literarische Kodierung des Bildmaterials und der rhythmischen Möglichkeiten der Gemeinsprache. Eine Didaktik des Literaturunterrichts hätte nun zunächst grundlegende literarische Kodierungen zu beschreiben und Möglichkeiten der Erlernung dieser Kodes unter Berücksichtigung typischer Schülersituationen aufzuzeigen, so dann müßte der Prozeß der Kodierung selbst als dialektische Wechselwirkung von Autor, Publikum, Tradition und Gegenwart transparent gemacht und wie-

---

3 R. Escarpit, Das Buch und der Leser, Köln, Opladen 1961

derum im Hinblick auf typische Schülersituationen als Gegenstand unterrichtlicher Bemühung verdeutlicht werden. Der Unterrichtsprozeß gliedert sich demnach — formelhaft gesagt — in folgender Weise: grundlegende literarische Kodes gilt es zu internalisieren und in einem Reflexionsprozeß in ihrer Entstehung und Wirkungsweise zu begreifen.

4. Spezielle Aufgabe: Analyse des Problems literarischer Schichtung

Nachdem das allgemein formulierte Lernziel „Befähigung zur Teilnahme am literarischen Leben", das Gegenstandsfeld des Literaturunterrichts und der Unterrichtsprozeß auf einer noch recht abstrakten Stufe aufgegliedert worden ist, soll jetzt das Verhältnis zwischen einer speziellen Aufgabe und dem allgemeinen Lernziel verdeutlicht werden. Das Beispiel wurde wieder unter Innovationsgesichtspunkten ausgewählt. Probleme der literarischen Schichtung spielen in der Literaturwissenschaft und im Literaturunterricht nur eine sehr geringe Rolle. Der Grund hierfür dürfte zunächst in der Tatsache zu suchen sein, daß von den Personen, die diese Wissenschaft und diesen Unterricht tragen, nur solche Literatur überhaupt wahrgenommen wird, die als ästhetisch anspruchsvolle Literatur gilt. Wird tatsächlich das Insgesamt des literarischen Lebens gesehen, so herrscht meistens die Meinung vor, der literaturgeschichtliche Prozeß äußere sich schärfer in solch „anspruchsvoller" Literatur, die auch allein imstande sei, verwertbares Material für ästhetische, soziologische oder ethnologische Schlußfolgerungen zu liefern.[4] Das folgende Beispiel soll zeigen, wie ohne eine intensive Beschäftigung mit literarischen Schichtungsproblemen die Wahrnehmungsmöglichkeiten erheblich eingeengt werden und wie das Bewußtsein von der literarischen Wirklichkeit notwendig ebenso falsch werden muß wie es die Urteile werden müssen, die aufgrund der selektiven Wahrnehmung für das Insgesamt des literarischen Lebens ausgesprochen werden.
Als Ausgangstexte wähle ich einen Abschnitt aus dem Tagebuch von *Ernst Jünger*, Strahlungen, einen aus dem Landser-Heft „Der letzte Funkspruch" und einen aus dem Prosatext von *W. Borchert*, Die Kegelbahn.

Ernst Jünger, Strahlungen
Paris, 27. Mai 1944. Alarme, Überfliegungen. Vom Dach des „Raphael" sah ich zweimal in Richtung von Saint Germain gewaltige Sprengwolken aufsteigen, während Geschwader in großer Höhe davonflogen. Ihr Angriffsziel waren die Flußbrücken. Art und Aufeinanderfolge der gegen den Nachschub gerichteten Maßnahmen deuten auf einen feinen Kopf. Beim zweitenmal, bei Sonnenuntergang, hielt ich ein Glas Burgunder, in dem Erdbeeren schwammen, in der Hand. Die Stadt mit ihren roten Türmen und Kuppeln lag in gewaltiger Schönheit, gleich einem Kelche, der zu tödlicher Befruchtung überflogen wird. Alles war Schauspiel, war reine, von Schmerz bejahte und erhöhte Macht.
(Zitiert nach der Taschenbuchausgabe: Ernst Jünger, Strahlungen II, dtv 282, S. 264/65. Weitere Stellen, die herangezogen werden können: S. 30; 43; 124; 140; 147; 148; 171; 198; sowie Strahlungen I, dtv 207, S. 11.)
Ernst Blei, Der letzte Funkspruch
Für die Männer im Funkwagen gibt es wenig Schlaf. Es dauert nicht lange, da schreckt Kaufmann auf. Werferfeuer kommt näher.
„Licht abblenden!" ruft er, und schon ist er draußen. Das grelle Licht der Karbidlampe blendet ihn noch. Bei den Stallgebäuden ist Stimmengewirr, gedämpft, wie es scheint. Ein Sturmgeschütz setzt sich in Bewegung, dann noch eins, ein drittes, ein viertes. Langsam schieben sie sich hinter die Stallungen, stellen die Motoren wieder ab.
„Was ist los?" fragt Kaufmann einen Landser, der vom Gefechtsstand kommt und auf das nächststehende Sturmgeschütz zustrebt. Der deutet nur auf die weiße Fläche im Südwesten. Und was Kaufmann da sieht, läßt ihn beinahe erstarren. Fünf, sieben, acht

---

4 D. Lichatschow, a.a.O., S. 17

— elf Panzer in weißem Tarnanstrich, die ganz gemächlich ausscheren und so, als wären sie auf einem Übungsgelände, das Gut einkreisen.

Von dem Sturmgeschütz, nahe dem Funkwagen, springt eine Gestalt. Im Nu ist der Funktruppenführer bei ihr.

„Warum knallt ihr sie nicht ab?"

„Immer mit der Ruhe, Mann. — Haste 'ne Zigarette bei der Hand?"

„Mensch — du hast vielleicht eine Ruhe weg!"

Ein Melder kommt vom Gut gelaufen. „Alles verhält sich ruhig — keinen Lärm machen!"

Major Liebherr steht unter dem weit vorspringenden Dach des großen Insthauses.

„Schönes Ding, was uns der Iwan da gedreht hat! Mag der Teufel wissen, wo die Burschen durchgeschlüpft sind", sagt er und blickt Oberleutnant Hübener an.

„Na, Hübener, was denken Sie — wann können wir den Brüdern ein wenig auf den Busch klopfen?"

Hübener kennt den Kommandeur viel zu gut, um von der Frage überrascht zu sein. Mit einem leichten Anflug von einem Lächeln, das seinem Gesicht etwas Jungenhaftes verleiht, erwidert er: „Wenn sie Brandgranaten schießen — sofort. — Sonst würde ich vorschlagen, noch eine halbe Stunde zu warten, Herr Major."

„Gut", sagt Liebherr. „Ist alles klar?" Er blickt auf die Uhr. „Also um 0.15 Uhr."

Kaufmann wirft einen Blick hinüber zum Kommandeur, der inmitten der anderen Offiziere hinter dem Kübelwagen liegt und an seiner Pistole hantiert.

„Sie kommen!"

Einige erdbraune Gestalten tasten sich langsam vor, verlassen den schützenden Wald, nehmen direkt Richtung auf das Forsthaus.

„Ganz nahe rankommen lassen — Feuerbefehl gibt nur der Kommandeur!"

Und dann kommen sie, etwa 60 bis 70 Mann, schießen aus der Hüfte, brüllen. Die ersten sind schon dreißig Meter vor dem Forsthaus. „Feuer frei!"

Frontal hämmert es auf den Feind ein. Das zusammengeballte Feuer trifft ihn mit solch einer Wucht, daß die ersten Angriffswellen zusammenbrechen und liegenbleiben. Verwundete schreien: das langsame tak-tak-tak des russischen MG geht in den schnellen Feuerstößen des MG 42 unter. Hübener ist der erste, der aufspringt und mit dem Rufe „Los, alles mir nach!" sich auf den Feind wirft. Ein kurzes Feuergefecht — der Iwan flüchtet, hetzt dem rettenden Wald zu, der ihn verschluckt.

Neben dem Holzschuppen liegt der Kradmelder, den Kopf im Schnee vergraben. Ein Feldwebel tritt hinzu, hebt den Kopf hoch. Aus dem linken Ohr des Toten sickert langsam Blut. Der Feldwebel bettet den Kopf des Gefallenen wieder sachte in den Schnee.

(Ernst Blei, der letzte Funkspruch, aus der Reihe: Der Landser, Nr. 204, Rastatt, S. 6/7 und S. 10.)

Wolfgang Borchert, Die Kegelbahn

Zwei Männer hatten ein Loch in die Erde gemacht. Es war ganz geräumig und beinahe gemütlich. Wie ein Grab. Man hielt es aus.

Vor sich hatten sie ein Gewehr. Das hatte einer erfunden, damit man damit auf Menschen schießen konnte. Meistens kannte man die Menschen gar nicht. Man verstand nicht mal ihre Sprache. Und sie hatten einem nichts getan. Aber man mußte mit dem Gewehr auf sie schießen. Das hatte einer befohlen. Und damit man recht viele von ihnen erschießen konnte, hatte einer erfunden, daß das Gewehr mehr als sechzigmal in der Minute schoß. Dafür war er belohnt worden. Etwas weiter ab von den beiden Männern war ein anderes Loch. Da kuckte ein Kopf raus, der einem Menschen gehörte. Er hatte eine Nase, die Parfum riechen konnte. Augen, die eine Stadt oder eine Blume sehen konnten. Er hatte einen Mund, mit dem konnte er Brot essen und Inge sagen oder Mutter. Diesen Kopf sahen die beiden Männer, denen man das Gewehr gegeben hatte.

Schieß, sagte der eine.
Der schoß.
Da war der Kopf kaputt. Er konnte nicht mehr Parfum riechen, keine Stadt mehr sehen und nicht mehr Inge sagen.
Nie mehr.
(Wolfgang Borchert, Das Gesamtwerk, Hamburg 1949, S. 193.)

Zunächst hat der Unterricht die Aufgabe, die verschiedenen literarischen Kodes zu entschlüsseln, damit eine sachgemäße Grundlage für die Beschäftigung mit Schichtungsproblemen geschaffen wird. Diese Schichtungsprobleme stellen sich für die Produktion ebenso wie für die Verteilung, Sichtung und Rezeption. Als Beispiel sei hier auf die Schichtungsprobleme im Hinblick auf die Sichtungssituation verwiesen. Eine Durchsicht der geläufigen Literaturlexika zeigt, daß Literatur wie die Landser-Hefte und kriegsbejahende oder -verherrlichende Literatur, die vor 1945 aber auch noch nach 1945 Verbreitung findet, kaum aufgeführt wird. Beschreibungen wie die von Ernst Jünger wird eine „denkerische und sprachliche Höhenlage" zuerkannt, der gegenüber andere Kriegsbücher in den Hintergrund treten.[5] Da auch die Buchkritik in den Zeitungen von dieser Literatur kaum Notiz nimmt[6], kann der Eindruck entstehen, daß auf der literarischen Bühne der Gegenwart vorwiegend oder ausschließlich eine Literatur zu Wort kommt, die den Krieg entideologisiert und entheroisiert. Dieser Eindruck wird, so könnte man aufgrund der Analyse von Leselisten annehmen, auch in den Schulen vermittelt, soweit sie überhaupt Gegenwartsliteratur in den Unterricht aufnehmen. Tatsächlich aber hat außerhalb der Aufmerksamkeit der „anerkannten" Sichtungsinstanzen sowohl die vor 1945 produzierte und verbreitete Kriegsliteratur als auch die nach 1945 produzierte Literatur, die mehr oder minder offen „Kriegserleben" heroisiert, Verbreitung gefunden. Neben der gleichsam offiziös anerkannten literarischen Bühne hat sich eine andere etabliert, die die alten Stücke der Kriegsliteratur für das Publikum weiterspielt, das den dort verwendeten Kode kennt und weiterhin anerkennt, die aber auch mit neuen ähnlichen Stücken ein neues Publikum gewonnen hat, das, folgt man der Dokumentation von Heinz *Brüdigam*[7], zahlenmäßig weit größer sein dürfte, als das der anerkannten literarischen Bühne. Die in Gymnasien der Bundesrepublik verbreitete Literaturgeschichte von *G. Ried*[8] kann als eine Art Werbeschrift für diese Nebenbühne angesehen werden. Von diesem Buch waren bis 1961 in der 16. Auflage fast 200 000 Exemplare gedruckt worden. *Ried* unterscheidet zwischen Kriegsbüchern, die beherrscht sind „vom Grauen einer gegen sich wütenden Menschheit", und denen, die bemüht sind, „das Erlebte seelisch zu verarbeiten und ihm eine tiefere Bedeutung abzugewinnen". Von den ersten heißt es: „Sie wirken oft nur durch die außergewöhnlichen Ereignisse, die sie beschreiben."[9]
Über *Remarque* erfährt der Schüler, daß sein Roman „Im Westen nichts Neues" zwar schonungslos die Kriegswirklichkeit wiedergebe, daß er aber nicht frei sei von billigen Effekten und einseitig nur das Abstoßende und Häßliche des Krieges schildere. Von *Ludwig Renns* Buch „Der Krieg" wird gesagt, daß es das sinnlose Kriegsgeschehen regi-

---

5 F. Martini, Deutsche Literaturgeschichte, Stuttgart 1949, S. 548 ff. hierzu: W. Müller-Seidel, Probleme der literarischen Wertung, Stuttgart 1965, S. 168 ff.
6 vgl. P. Glotz, Buchkritik in deutschen Zeitungen, Hamburg 1968, bes. S. 66 ff.
7 Heinz Brüdigam, Der Schoß ist fruchtbar noch. Neonazistische, militaristische, nationalistische Literatur und Publizistik in der Bundesrepublik, Frankfurt 1965, bes. S. 116—216 und S. 233—282
8 Georg Ried, Wesen und Werden der deutschen Dichtung von den Anfängen bis zur Gegenwart, München 1954, S. 248 ff.
9 G. Ried, a.a.O., S. 248

striere; die Wörter registrieren und sinnlos werden dabei in Anführungsstriche gesetzt. *Ried* fährt dann fort: „Da das Werk aber nicht gestaltet, sondern nur nüchtern aufzählt, wirkt es ermüdend."[10] Dagegen findet er bei *Binding, E. Jünger, Dwinger, J. M. Wehner,* „die ethisch gestaltenden Kräfte des Krieges" herausgestellt.[11] Um das „Erleben des 2. Weltkrieges in echter Dichtung zu bewältigen, fehlt noch der innere Abstand". *Pliviers* Versuche sind verfrüht und werden „der Größe des Geschehens nicht gerecht".[12]

Die angeführten Beispiele zeigen den Schülern, wie die verschiedenen Sichtungsinstanzen in ihren Gegenstandsfeldern unterschieden sind, wie die Schule selbst als Sichtungsinstanz begriffen werden muß und daß nur die Kenntnis möglichst aller Sichtungsinstanzen ein der Gesamtwirklichkeit des literarischen Lebens gerecht werdendes Urteilen zuläßt.

Die Beschäftigung mit solchen Schichtungsproblemen erweist sich vom allgemein formulierten Lernziel, „Befähigung zur Teilnahme am literarischen Leben", her als notwendig, weil nur so sichergestellt ist, daß die literarische Kommunikation in ihren verschiedenen Ausprägungen überhaupt wahrgenommen wird, und Urteile über Einzelerscheinungen in ihren Relationen zum Insgesamt des literarischen Lebens überprüfbar werden. Die Beziehung zwischen speziellen Aufgaben und dem allgemeinen Lernziel sind, so kann abschließend festgestellt werden, zweifacher Art: einmal muß sich die spezielle Aufgabe vor dem allgemeinen Lernziel in seiner Berechtigung ausweisen, zum anderen füllen erst die speziellen Aufgaben das allgemeine Ziel so mit Inhalt, daß es genügend Anschaulichkeit gewinnt, um als Instrument zur Steuerung von Unterrichtswirklichkeit und als Mittel zur Bildung von kritischem Bewußtsein der an der Schule beteiligten Personengruppen verwendet werden zu können.

(Dieser Beitrag erschien bereits erstmalig in: Hubert Ivo, Kritischer Deutschunterricht, Frankfurt 1969.)

Überlegungen zur Bestimmung von Lernzielen im naturwissenschaftlichen Unterricht

WILFRIED KUHN

Ermittlung von Bildungs- und Lernzielen aus der Strukturanalyse des durch Naturwissenschaften vermittelten Wirklichkeitsbereiches

Zur Gewinnung und Bewertung von Bildungs- und Lernzielen ist die Ermittlung von fundamentalen Lernbereichen notwendige Voraussetzung.

Es besteht Einigkeit darüber, daß auch bei einer veränderten Sicht der Schulfächer die exakten Naturwissenschaften einen solchen fundamentalen Lernbereich umfassen, weil sie einen für alle Menschen sehr relevanten Realitätsausschnitt vermitteln.

---

10 G. Ried, a.a.O., S. 248
11 G. Ried, a.a.O., S. 248
12 G. Ried, a.a.O., S. 249; hierzu: Die kritische Auseinandersetzung von Walter Jens Völkische Literaturbetrachtung — heute, in: Bestandsaufnahme, hrsg. v. H. W. Richter München, Wien, Basel 1962, S. 344 ff.

Um zu allgemeinen Lernzielen zu gelangen, muß die Frage nach dem Wesentlichen des durch die Naturwissenschaften erschlossenen Wirklichkeitsbereichs gestellt werden.

Der auf Seins- und Weltverständnis hingerichtete menschliche Geist hat sich schon immer im Mythos, in der Religion, in der Kunst und in der Wissenschaft in Form von Bildern und Symbolen mit seiner Umwelt auseinandergesetzt, wobei diese „Auseinandersetzung" in der Naturwissenschaft zunächst ganz wörtlich im Sinne eines Gegenübertretens von Subjekt und Objekt zu verstehen ist.

„Wir machen uns innere Scheinbilder oder Symbole der äußeren Gegenstände, und zwar machen wir sie von solcher Art, daß die denknotwendigen Folgen der Bilder stets wieder die Bilder seien, von den naturnotwendigen Folgen der abgebildeten Gegenstände." [1]

Physik treiben ist demnach der Versuch, die Vielfalt der sich darbietenden komplexen Naturphänomene zu analysieren und die Naturvorgänge durch Quantifizierung der Qualitäten in einem besonderen Zeichensystem in Form und Symbolen und speziellen Bildern, d. h. durch physikalische *Modelle* in einen systematischen Zusammenhang zu bringen, womit Vorhersagen über den Ablauf der Naturerscheinungen gewonnen werden können. Weil dieser für die naturwissenschaftliche Erfassung der Welt fundamentale Erkenntnisprozeß im Laufe der historischen Entwicklung des naturwissenschaftlichen Denkens zuerst in der Physik klar herausgearbeitet wurde, und weil heute die moderne Chemie, Biologie und viele andere angrenzende Disziplinen sich weitgehend physikalischer Methoden bedienen, darf bei den folgenden Überlegungen die Physik stellvertretend für alle Naturwissenschaften betrachtet werden.

Da heute in allen Wirklichkeitsbereichen *Modellvorstellungen* eine bedeutsame Rolle spielen, sei versucht, den physikalischen Erkenntnisprozeß, dem in seinen Grundstrukturen eine übergreifende Bedeutung zukommt, in seiner komplizierten Verflochtenheit durch ein Schema zu verdeutlichen.

Methodengefüge der Naturwissenschaften

---

1 Heinrich Hertz, Prinzipien der Mechanik

Das Wesentliche der physikalischen Modellvorstellung ist, daß diese Modelle nicht nur in sich konsistent sein müssen, sondern in ständiger mühevoller Anpassung unseres Denkens an die Naturphänomene gewonnen werden. Mathematische Theorien haben nur die Forderung der Konsistenz zu erfüllen, dagegen muß jede physikalische Theorie im Experiment durch ein ständiges Zusammenspiel von Deduktion und Induktion (Galilei: metodo compositivo!) verifiziert oder falsifiziert werden.

Diese fundamentale Einsicht, daß gesicherte wissenschaftliche Erkenntnis, die quantitative Vorhersagen über den Ablauf von Naturvorgängen erlaubt und damit diese in einer für die technische Anwendung planbaren Weise veränderbar macht, nur dann entsteht, wenn man jederzeit bereit und fähig ist, seinen theoretischen Denkansatz vom Phänomen her zu korrigieren und nicht versucht, die Phänomene einer Theorie anzupassen, stellt ein „emanzipatorisches" Bildungs- und Lernziel von höchstem Rang dar! Denn durch diese in der Antike trotz großer mathematischer Leistungen unbekannten — ja sogar verachteten — Geisteshaltung hat die Naturwissenschaft seit Galilei einen einzigartigen Entwicklungsprozeß durchlaufen, der die geistigen und materiellen Voraussetzungen für unsere heutige moderne Industriegesellschaft geschaffen hat. Von daher ergibt sich die zentrale Stellung des naturwissenschaftlichen Lernbereichs in der Schule.

Eine Fehleinschätzung des Anspruchs der Naturwissenschaften hätte eine Zerstörung der geistigen und materiellen Grundlagen unserer Gesellschaft zur Folge.

Unsere moderne Industriegesellschaft ist einerseits gekennzeichnet durch ständig zunehmende automatische, programmgesteuerte Produktionsprozesse, bei denen Zeichenbildung, Informationsspeicherung, Kodierung von Nachrichten, Informationsübertragung und kybernetische Modelle von großer Bedeutung sind. Gleichzeitig werfen diese naturwissenschaftlichen Modelle erkenntnistheoretische Fragen auf, deren Diskussion entscheidend zum Seins- und Selbstverständnis des heutigen Menschen beitragen. Die Quantenphysik hat sehr tiefgehende Einsichten in das Wesen der Naturerkenntnis und die Möglichkeit von Erkenntnis überhaupt aufgedeckt.

Dies wurde möglich durch das radikale In-Frage-Stellen alter „etablierter" Begriffsbildungen der klassischen Physik. Diese weitreichenden neuen Begriffsbildungen sind mit hohen geistigen Anstrengungen verbunden. Die Erfassung der Natur mit anschaulichen (mechanischen) Modellen muß aufgegeben werden.

Die Natur offenbart ihre tieferen Zusammenhänge nur auf einem sehr hohen Abstraktionsniveau als mathematische Strukturen. Dabei sind die grundlegenden Voraussetzungen der klassischen Physik: die strenge Trennung von Subjekt und Objekt, von Mensch und Natur im Bereich der Mikrophysik, nicht mehr anwendbar. Das ist eine Folge der fundamentalen Erkenntnis der Quantenphysik, daß der Meßprozeß das zu beobachtende System verändert, womit die Aussagen über den Zustand des Systems auf Wahrscheinlichkeitsaussagen zurückgeführt werden. Der Begriff des Objekts ist demnach ohne Bezug auf das Subjekt der Erkenntnis nicht mehr anwendbar. Damit fällt auf unsere Modellvorstellungen ein ganz neues Licht: sie sind nicht mehr Modelle der Natur selbst, sondern eher Bilder unseres Erkenntnisprozesses, dessen wir nicht durch reines Denken, sondern erst in der Konfrontation mit der Natur ansichtig werden. Aus dieser Analyse der Struktur des durch Naturwissenschaften vermittelten Wirklichkeitsbereich lassen sich sehr allgemeine Lernziele ablesen:

Allgemeine Bildungsziele
 1. Bildung objektivierbarer Begriffe durch Aussonderung anthropomorpher Qualitäten.
 2. Fähigkeit zum Umgang mit wissenschaftlichen Hypothesen, Definitionen, Analogien, Modellen und Theorien.
 3. Erkenntnis der Bedeutung, Tragfähigkeit und Grenzen dieser Forschungsmethoden und Strategien.
 4. Einsicht in die Bedeutung der mathematischen Symbolsprache für den Aufbau von Theorien.

5. Fähigkeit zur Verarbeitung stark formalisierter Information auf hohem Abstraktionsniveau.
6. Bereitschaft, alte Denkgewohnheiten aufzugeben.
7. Kritischer Umgang mit Untersuchungsmethoden, die den Gegenstand der Untersuchung nicht nur beeinflussen, sondern selbst erst schaffen.
8. Fähigkeit, komplexe industrielle Fertigungsprozesse in ihrer besonderen Struktur und sozialökonomischen Bedeutung zu durchschauen.
9. Erfahren, welche allgemeine historische und soziologische Prozesse die naturwissenschaftlichen Fragestellungen und technischen Anwendungen im Laufe der Geschichte bestimmt und verändert haben.
10. Diskussion der Rolle des Naturwissenschaftlers als eines lediglich der Wahrheit verpflichteten Forschers oder eines Funktionsträgers der industriellen Produktion.
11. Einsicht in die Bedeutung von Naturwissenschaft und Technik für die menschliche Gesellschaft.
12. Kenntnis gesellschaftlicher Voraussetzungen, die eine humane Verwendung von Naturerkenntnis garantieren.

Die Stoffe, an denen diese übergreifenden Bildungsziele thematisiert werden, sind so auszuwählen, daß sich an ihnen möglichst viele der oben genannten Lernziele operationalisieren lassen. Damit wird vermieden, daß Lernziele lediglich vom Stofflichen oder von sehr speziellen Fragestellungen, Methoden und Resultaten der Einzelwissenschaften in einer falsch verstandenen Wissenschaftlichkeit unreflektiert abgeleitet werden.

Bei diesem deduktiven Vorgehen werden aus den allgemeinen Bildungszielen in zwei Stufen die Lernziele gewonnen.

Es werden zunächst die prinzipiellen fachtranszendenten und dann die fundamentalen fachimmanenten Lernziele im Hinblick auf den Fachbereich Physik konkretisiert.

Prinzipielle, fachtranszendente Lernziele

1. Erkenntnis der Unterschiede zwischen naiver Wahrnehmungswelt und physikalischer Begriffswelt.
2. Einsicht in die Tatsache, daß die physikalische Symbolsprache keine abgekürzte Sprache, sondern eine Bedeutungssprache ist.
3. Erfahren, daß ein vertieftes Verständnis der physikalischen Erscheinungen nur durch sehr abstrakte Theorien möglich ist.
4. Erkennen, daß die Frage nach der „Wirklichkeit" physikalischer Aussagen ein bedeutsames erkenntnistheoretisches Problem ist.
5. Aufzeigen der methodischen Besonderheit der physikalischen Erkenntnis und ihre Abgrenzung gegen andere Formen der Erkenntnis.
6. Grundsätzliche Reflexion über physikalische Gesetze, Modelle und Theorien.
7. Erkenntnis der Grenzen der physikalischen Methoden und Einsicht in den Aspektcharakter naturwissenschaftlicher Erkenntnis.
8. Erfahren, wie man naturwissenschaftliche Methoden, Modelle und Theorien auf analoge Situationen übertragen und dadurch phänomenologisch verschiedene Erfahrungsbereiche durch übergeordnete Strukturen (z. B. „Welle" oder „Feld") unter einem einheitlichen Gesichtspunkt verstehen kann.
9. Betrachtung eines alten bekannten Sachverhalts unter einem neuen modernen Aspekt (z. B. elektrische Klingel als Selbststeuerungsmechanismus, Morsetelegraph unter dem Gesichtspunkt der binären Kodierung).

Fachspezifische Lernziele

Der Schüler soll an geeigneten Beispielen erfahren und lernen:
1. Wie man unter Benutzung verschiedener Sinne ein Naturphänomen wahrnimmt und betrachtet.

2. Wie man die Feststellungen zunächst mit Hilfe der Alltagssprache beschreibt, vergleicht, ordnet, identifiziert und klassifiziert.
3. Wie man isolierte „Laborphänomene" beobachtet und analysiert.
4. Wie man durch exakte Definition von den Mitteilungssymbolen der Alltagssprache zu eindeutigen naturwissenschaftlichen Begriffen gelangt.
5. Wie man mit Apparaturen reproduzierbare Versuchsbedingungen schafft, Versuchsparameter variiert, Variable kontrolliert.
6. Wie man physikalische Größen mißt, die Meßgenauigkeit beurteilen und abschätzen kann.
7. Wie man ein Versuchsprotokoll führt und die Versuchsdaten unter Heranziehung von Tafeln, Tabellen, Koordinatenpapier, Rechenstab u. a. auswertet.
8. Welche zentrale Stellung das Experiment im physikalischen Erkenntnisprozeß hat.
9. Was ein physikalisches Gesetz, ein Modell, eine Theorie ist.

Konkretisierung der Lernziele

Beispiel für eine Thematisierung der Lernzielstufen
Die deduktive Herleitung von Lernzielen soll an der Unterrichtseinheit der Sekundarstufe „Der elektrische Strom" thematisiert werden.
Dazu sind einige Vorüberlegungen notwendig. Für den Schüler ist die Wortverbindung „elektrisch" mit „Strom" noch keine physikalische Begriffsbildung. Er verbindet das Wort „elektrisch" mit einfachen, ungeordneten Erfahrungen an elektrischen Spielzeugen und Haushaltsgeräten. Die Elektrizität ist ein „unsichtbares Etwas", eine geheimnisvolle „Kraft" (nicht im Sinne des exakten physikalischen Kraftbegriffs!), deren Handhabung sehr interessant und nicht ganz ungefährlich ist, was den Reiz, mit ihr zu spielen, erhöht.
Der Schüler ist im affektiven Bereich motiviert, sich nun auch physikalisch mit dem „elektrischen Strom" zu befassen. In einem Vortest kann das vorphysikalische Wissen überprüft werden: z. B. ob der Schüler eine Gedankenverbindung Strom ←→ Feuer oder Strom ←→ Blitz herstellt oder welche elektrische Begriffe der Schüler schon als Vokabel gehört hat und welche naive physikalische Vorstellungen er damit verbindet (z. B. Volt).
Der Vortest muß so gestaltet sein, daß er über den Motivationsgrad des Schülers in der Ausgangssituation Aussagen macht sowie lern- und denkpsychologische Hinweise für die Aufstellung von Lernzielen gibt.
Der Schüler soll stufenweise die Entwicklung einer exakten physikalischen Begriffsbildung erfahren. Der Schüler soll lernen, die für ihn zunächst nicht verständliche Wortverbindung „elektrischer Strom" als physikalische Begriffsbildung zu verstehen und anstelle vom spielerischen, gefühlsmäßig qualitativen Hantieren mit elektrischen Spielzeugen und einfachen Geräten am Ende des Lehrgangs in der Lage sein, einfache elektrische Phänomene nun quantitativ zu beherrschen (Umsetzung von qualitativen Erlebnissen in quantitative physikalische Erfahrung, Abstraktion).
Der Vortest zeigt immer, daß der Schüler in der normalen Ausgangssituation bei der Vokabel „Strom" erst nach ganz besonderen Hinweisen an eine Verbindung mit dem Wasser — „Strom" denkt, weil er mit seinen Sinnen weder eine Quelle noch eine für das Strömen des elektrischen Stroms notwendiges „Gefälle" oder einen „Druck" oder andere Merkmale eines „Stromes" anschaulich wahrnehmen kann. Alle Vortests zeigen, daß auch die bekannten Vokabeln „Volt" und „Spannung" nicht im physikalischen Sinne mit „strömen" in Verbindung gebracht werden. Allgemeines Lernziel ist, bei dem Schüler eine Verhaltensänderung zu bewirken.
In unserem Beispiel soll der Schüler lernen, daß das Wort „Strom" in der Physik nicht im „wörtlichen", sondern im übertragenen Sinne, d. h. als eine „Anschauungshilfe", eine grundlegende Modellvorstellung, mit der man das „elektrische Etwas" zweckmäßig beschreiben kann, zu verstehen ist.

Als Verhaltensänderung des Schülers wird angestrebt die Transformation der kindlichen, anschaulichen, naiven, affektiven Erlebniswelt (spielerischer Umgang und Basteln mit einfachen elektrischen Geräten) in eine abstrahierende rational-operative kritische Betrachtungsweise und das Hineinwachsen in die rationale Arbeitswelt der Erwachsenen.

Diese angestrebte Entwicklung von rationalen Verhaltensformen soll jedoch nicht zu einem einseitigen „Physikalismus" führen, sondern dem Schüler in der Gegenüberstellung von Symbol und Wirklichkeit den Aspektcharakter der physikalischen Welterfassung deutlich machen.

Die fachbezogenen Lernziele finden ihren soziologischen Bezug durch die Unterrichtsorganisation. Z. B. können gruppendynamische Prozesse und Verhaltensformen in den Schülerübungen in Form des arbeitsteiligen Gruppenunterrichts wirksam gemacht werden.

Allgemein soll die „Entmythologisierung" des vorwissenschaftlichen Denkens und der Abbau von unkontrolliertem Verhalten, der Übergang zu rationalen Verhaltensformen und die Übertragung in den soziologischen Bereich sichtbar werden, damit in der Bewußtseinsbildung des Schülers rationales Denken die Physik transzendiert.

Die aus diesen Überlegungen sich ergebende Lernziel-Hierarchie ist in der Tabelle verdeutlicht.

Beispiele für Testaufgaben

Wie diese Lernziele im Unterricht operationalisiert und mit welchen Testaufgaben der Lernerfolg und die bewirkten Verhaltensänderungen unter genau angebbaren Bedingungen überprüft werden, zeigen die folgenden Beispiele für Testaufgaben, mit denen das Erreichen der verschiedenen Lernzielstufen — die vom Schüler von unten nach oben durchlaufen werden müssen — überprüft werden kann. Es wird versucht, deutlich zu machen, was der Lernende tun muß und unter welchen Bedingungen das Verhalten geäußert werden soll. [2]
(L_1: Fundamentale fachimmanente Lernziele; L_2: Prinzipielle fachtranszendente Lernziele; L_3: Übergreifende Lernziele.)

1. Nachdem dem Schüler gezeigt wurde, wie man die Wärmewirkung des Stromes in einen Zeigerausschlag übersetzen und diesen als Maß für die Stromstärke einführen kann, soll er bei vorgegebenem Experimentiermaterial ein Stromanzeigegerät, das auf der magnetischen Wirkung des Stromes beruht, selbsttätig aufbauen.
   (L_1: Erlernen von einfachen experimentiellen Techniken und Fertigkeiten, quantitative Erfassung von Naturphänomenen).
2. Der Schüler soll die Gründe aufschreiben, warum man zur Definition der Einheit der Stromstärke (1 Ampere) die chemische Wirkung des Stromes benutzt.
   (L_1: Das Wesen einer physikalischen Definition soll erkannt sein).
3. Nach Festsetzung der Stromstärkeeinheit soll der Schüler ein Strommeßinstrument selbsttätig eichen.
   (L_1: Prinzip der Messung physikalischer Größen).
4. Nach der experimentellen Demonstration von verschiedenen Stromverzweigungen und der Ablesung und des Vergleichs der in den einzelnen Leitungen fließenden Teilströme mit dem Gesamtstrom soll er die formale Analogie zu den Verhältnissen bei einem Wasserstrom aufschreiben.
   (L_2: Transfer eines bekannten Modells auf eine neue, aber analoge Situation).
5. Im Demonstrationsversuch wird durch Einbau eines Strommeßinstruments vor und hinter einer Lampe gezeigt, daß — wie der gleiche Zeigerausschlag der beiden Instrumente beweist — kein Strom „verbraucht" wird.
   Der Schüler soll schriftlich dieses Phänomen erklären.
   Fragestellung: Warum oder wofür bezahlen wir dann an das Elektrizitätswerk eine sogenannte „Stromrechnung"?

---

2 Vgl. R. F. Mager, Lernziele u. program. Unterricht, Weinheim, 1965, S. 53

Übersicht: Lernziel — Stufen

Hierarchie der Lernziele	Ziele	Am vorliegenden Beispiel thematisiert	Unterrichtsorganisation
L3: *Allgemeine* (*„emanzipatorische"*) *Lernziele*	*Haltungen:* Kritische Bestimmung des geistigen Standorts der gewonnenen Einsichten als Beitrag zum Seins- und Selbstverständnis des Menschen	*Erkenntniskritische Reflexion* über Symbol und Wirklichkeit. Der naturwissenschaftliche Denkansatz als *ein Aspekt* der Welt (Realitäts- und Wahrheitsproblem)	Kolloquium Studientage Arbeitsgemeinschaft (Fachübergreifender Unterricht) Fachunterricht
L2: *Formale Lernziele*	*Prinzipielle* (fachtranszendente) *Einsichten:* Übertragung von Methoden und Denkmodellen auf analoge Situationen und reflektierte Anwendung in deren Wirklichkeitsbereichen	Durch den *Transfer* der am Wasserstrom gebildeten Modellvorstellung auf den „elektrischen Strom" werden viele Einzelphänomene geordnet und in einen funktionalen Zusammenhang gebracht. Die Modellvorstellung „elektrischer Strom" dient der zweckmäßigen Beschreibung von nicht sichtbaren mikrophysikalischen Vorgängen durch makroskopische Analogien. Diskussion von Umfang und Grenze einer Analogie und eines Modells	Team — teaching (Projekte) Fachunterricht
L1: *Instrumentale Lernziele*	*Kenntnisse und Fertigkeiten* fachspezifischer Techniken, fachimmanenter sowie fachtranszendenter Methoden und Strategien: Beobachten, beschreiben, vergleichen, ordnen, identifizieren, klassifizieren, analysieren, definieren, objektivieren, messen, experimentieren, mathematisieren	Übergang von erlebnishaften qualitativen Erfassen der Phänomene („elektrischer Strom") zum quantitativen naturgesetzlichen operativen Denken. *Beobachtung* der Wirkungen des „elektrischen Stromes", *Bildung physikalischer Begriffe*, *Definition und Messung* der physikalischen Größen (Stromstärke, Spannung, Widerstand) *mathematische Verknüpfung* (Ohmsche Gesetz)	Fachunterricht als Demonstrations- und Übungsunterricht (Gruppenarbeit)

(L₂: Transfer einer bekannten Situation: Wasser wird mit einer Druckpumpe durch ein Rohr, in dem ein Schaufelrad eingebaut ist, gepumpt. Am Schaufelrad, das der Lampe entspricht, wird dem Wasserstrom Energie entzogen, aber es geht kein Wasser verloren. Analogieschluß: Es muß einen „elektrischen Druck" = Spannung geben.)

6. Nachdem ein Hinweis auf den „Wasserdruck" bzw. das „Gefälle" als Ursache für einen Wasserstrom gegeben wurde (Bedingung der Lernzielprüfung), soll der Schüler schriftlich Experimente ersinnen, mit denen man einen „elektrischen Druck" (Spannung) nachweisen kann.
   (L₂: Transfer — Modell)

7. Am Beispiel der Definition des elektrischen Widerstandes U/I = R und der Aussage des Ohmschen Gesetzes (R=const unter best. Bedingungen) soll der Schüler den Unterschied zwischen einer physikalischen Definition und einem physikalischen Gesetz niederschreiben.
   (L₁: Definition — Gesetz)

8. 10 Grundrechenaufgaben zum Ohmschen Gesetz und den Kirchhoffschen Gesetzen.
   (L₁: Rechenfertigkeit, Festigung der theoretischen Kenntnisse)

9. Der Schüler soll ein Strommeßinstrument in einen Spannungsmesser umeichen können (Konstruktion eines Voltmeters).
   (L₁: Festigung der experimentellen Kenntnisse und Fertigkeiten).

10. Im Experiment ist der spezifische Widerstand eines Drahtes zu bestimmen.
    (L₁: Messen — auswerten)

11. Der Schüler soll ein Meßinstrument mit einem Innenwiderstand von 40 Ohm und bei Vollausschlag 3 mA in ein Instrument vom Meßbereich 1 A und dann in ein Instrument vom Meßbereich 10 Volt umeichen können. Die Schaltungen sind aufzuzeichnen, die entsprechenden Rechnungen durchzuführen und die Schaltungen experimentell auszuführen!
    (L₁: Messen, eichen
    L₂: Strommodellvorstellung wird gefestigt durch den Transfer der Vorstellung einer „Stromabzweigung")

12. Zwei Versuche werden nebeneinandergestellt:
    a) Stromstärke des Wassers wird größer, wenn wir das Druckgefäß anheben.
    b) Die Spannungsquelle wird angehoben und die Stromstärke bleibt konstant.
    Aufgabe: Bringe die beiden Versuche in einen Zusammenhang.
    — Schriftliche Darstellung —
    (L₂: Grenzen der Analogiebetrachtung, Grenzen des Modells)

13. Die Grenzen des Modells werden in einem weiteren Experiment überprüft.
    Experimentell wird das Verhalten eines Wasserstromes und eines elektrischen Stromes bei starker Abkühlung oder Erwärmung des Leiters vorgeführt.
    Aufgabe: Bringe die beiden Experimente in einen Zusammenhang — Schriftliche Darstellung
    (L₂ → L₃: Umfang und Grenzen des Modells)

14. Es wird zur Diskussion gestellt: Menschliche Empfindungen und Handlungen als „Gehirnströme". Es kann ein entsprechender Text mit der Aufforderung zu einer schriftlichen Stellungnahme vorgelegt werden.
    (L₃: Naturwissenschaftliches Denken als ein Aspekt der Welterfahrung)

Literaturverzeichnis

Abendroth, Wolfgang: Die Alternativen der Planung: Planung zur Erhaltung des Spätkapitalismus oder Planung in Richtung auf eine klassenlose Gesellschaft, in: Abendroth, W.: Antagonistische Gesellschaft und politische Demokratie, Berlin/Neuwied 1967

Adams, D. (Hrsg.): Educational Planning, Syracuse N. Y. 1964.

Adler, Irving: Die neue Mathematik, Freiburg 1966.

Aebli, Hans L.: „Der Beitrag der Psychologie zur Gestaltung der Lehrpläne", Zeitschrift für Pädagogik, 6. Beiheft, Weinheim 1966.

Afheldt, H.: Infrastrukturbedarf bis 1980. Eine Bedarfs- und Kostenschätzung notwendiger Verkehrs-, Bildungs- und Versorgungseinrichtungen für die Bundesrepublik Deutschland, prognos studien nr. 2, Stuttgart u. a. 1967.

Adelfinger, B./Nestle, F.: Wege zu einer neuen Schulmathematik. Lernen für morgen. Freiburg 1967.

Anderson, C. A.: Sociological Factors in the Demand for Education, in: OECD (Hrsg): Social Objektives in Educational Planning, Paris 1967.

Anderson, C. A./Bowman, M. J.: Theoretical Considerations in Educational Planning, New York 1964.

Arbeitsgemeinschaft Deutscher Lehrerverbände. Bildungsauftrag und Bildungspläne der Gymnasien, Berlin 1958.

Ausubel, David P.: Educational Psychology, New York etc. 1969.

Ayres, R. U.: On Technological Forecasting. Hudson Inst. 1965.

Bahr, L.: Zusammenfassende Darstellung verschiedener Ansätze zur Bildungsplanung, in: Institut für Bildungsforschung in der Max-Planck-Gesellschaft (Hrsg.): Internationales Seminar über Bildungsplanung. Referate und Diskussionen (hektographiertes Manuskript), Berlin 1967.

Barnett, H. G.: Innovation: The Basis of cultural Change. New York 1933.

Baske, Siegfried/Engelbert, Martha: Zwei Jahrzehnte Bildungspolitik in der Sowjetzone Deutschlands; Dokumente; 2. Teil, 1959—65, Berlin 1966.

Baurmann, E. (Hrsg. u. Übersetzer): „Physikunterricht heute". Beiträge der OECD, Frankfurt 1967.

Behnke, H. (Hrsg.): Der mathematische Unterricht für die 16—21jährige Jugend in der BRD. Göttingen 1954.

Behnke, H./Hlawka, E./Laub, J. (Hrsg.): Die Neugestaltung des Mathematikunterrichts an den höheren Schulen, Stuttgart 1969.

Behnke, H. u. a. (Hrsg.): Mathematisch-physikalische Semesterberichte zur Pflege des Zusammenhangs von Schule und Universität. Göttingen o. J.

Bennis, W. G./Benne, K. D./Chin, R. (Hrsg.): The Planning of Change. Readings in the Applied Behavioral Sciences, New York u. a. 1961.

Blankertz, Herwig: Leitbild und Unterrichtsziel, in: Vierteljahrsschrift für wissenschaftliche Pädagogik 43 (1967).

Blankertz, Herwig: Theorien und Modelle der Didaktik. Grundfragen der Erziehungswissenschaft. München 1969.

Bloom, Benjamin S. (Hrsg.): Taxonomie of educational Objectives. Handbook I: Cognitive Domaine. New York 1956.

Bombach, G.: Die Vorausschätzung des Bedarfs an hochqualifizierten Arbeitskräften als Grundlage der Bildungspolitik. OECD-Dokument Nr. DAS/EID/ 65.88 (hektographiertes Manuskript), Paris 1965.

Bopp, F.: Bemerkungen zur Bildungsaufgabe höherer Schulen aus der Sicht des Naturwissenschaftlers. Vortrag vor dem Ettlinger Kreis am 24. Juni 1965. In: Der evangelische Erzieher. 18 (1966) S. 12—22.

Bruner, J.: Theorie of Learning. New York 1966.

Castelnuovo, Emma: Didaktik der Mathematik. Frankfurt/M. 1968.

Chiout, Herbert: Hauptschule. Zur besonderen Didaktik der Schulformen und Schulstufen. In: Rundgespräch (1967), 3—4.

CIBA-Symposium 1962 in London: „Man and his future", London 1963, München 1966.

Coch, L./French jr., J. R. P.: Overcoming resistance to change, in: Human Relations 1948, Bd. 1, H. 4, S. 512—532.

Cox, Richard, C./Vuks, Nancy Jordan: A Selected and Annotated Bibliography of Studies Concerning the Taxonomy of Educational Objectives: Cognitive Domain, Learning Research and Development Center, University of Pittsburgh 1967.

Cronbach, L. J.: Educational psychology. London 1958.

Cube, Felix v.: Allgemeinbildung oder produktive Einseitigkeit? Stuttgart 1960.

Darga, E.: Das Bildungsgut im Lichte der Richtlinien und Bildungspläne deutscher Länder. In: Neue Wege. 18 (1966) S. 16—37.

Deutscher Bildungsrat: Lernziele der Gesamtschule. Gutachten u. Studien der Bildungskommission 12, Stuttgart 1969.

Dienes, Z. P.: Schulmathematik als Bildungsfach. Eine Untersuchung des Überganges von der konstruktiven zur analytischen Phase im mathematischen Denken bei Schulkindern. Freiburg 1967.

Dienes, Z. P.: Aufbau der Mathematik, 3. Aufl., Freiburg 1969.

Dienes, Z. P./Golding, E. W.: Mathematisches Denken und logische Spiele. Erlernen der Logik im Spiel. Mathematik-Unterricht I, 3. Aufl., Freiburg 1966.

Dienes, Z. P./Golding, E. W.: Menge, Zahl, Potenz. Mathematikunterricht II, Freiburg 1968.

Dienes, Z. P./Golding, E. W.: Die Entdeckung des Raumes und praktische Meßübungen. Mathematik-Unterricht III, Freiburg 1967.

Dienes, Z. P./Jelves, Malcolm A.: Denken in Strukturen. Eine psychologische Untersuchung mathematischer Lernprozesse. Freiburg 1968.

Die nahe Zukunft der Menschheit. Friede und Entwicklung 1970—2000. (Kongreß 11. — 15. Sept. Oslo), Frankfurt/M. o. J.

Dolch, Josef: Lehrplan des Abendlandes. Zweieinhalb Jahrtausende seiner Geschichte. Ratingen 1965.

Dohmen, G.: Was heißt „Bildung"? In: Pädagogische Arbeitsblätter. 18 (1966) 3, S. 33—47.

Doll, R. C.: Curriculum improvement: Decision-making and process. Boston: Allyn and Bacon. (2. Aufl.) 1965.

Drechsler, J.: Bildungstheorie und Prinzipienlehre der Didaktik. Heidelberg 1967.

Dressel, P. L., und Nelson, Ch. H.: Questions and problems in science. Princeton. N. J.: Educational testing service. 1956.

Driesch, J. von den/Esterhues, J.: Geschichte der Erziehung und Bildung. Paderborn, 1960, 5. Aufl.

Doerry, G./Dikau, G. (Hrsg.): Politische Bildung in der Demokratie. Fritz Borinski zum 65. Geburtstag. Berlin 1968.

Dümmler, F.: Der mathematische und naturwissenschaftliche Unterricht. Frankfurt o. J.

Duvernell, Helmut (Hrsg.): Bildung und Ausbildung in der Industriegesellschaft. Tagung der Sozialakademie Dortmund. Berlin 1967

Ebel, Heinrich: Die Konzentration der Berufe und ihre Bedeutung für die Berufspädagogik. Köln 1962.

Edelstein, Wolfgang: Exemplarisches Lernen — Ungefächerter Sprachunterricht. Schriftenreihe der Odenwaldschule, Heft 18.

Edelstein, Wolfgang: Chancengleichheit ohne Schulreform? In: Neue Sammlung 1966.

Edelstein, Wolfgang: Lehrplanrevision als Innovations- und Entwicklungsprozeß. In: Protokoll der Lehrplankonferenz vom 4./5. April 1968 in der Reinhardswaldschule, Hessisches Lehrerfortbildungswerk, Mai 1968.

Ehrhard, H. H.: Die Reproduktion des Geistes im Zeitalter der Industrie, Die Probleme der standardisierten Wissensvermittlung. In: Frankfurter Hefte. 22 (1967) S. 773—781.

Fawcett, C. W.: Education and the national economy. In: Kneller, G. F. (ed.), 1963. Foundations of education. New York 1963.

Felix, Lucienne: Mathematische Strukturen als Leitfaden für den Unterricht. Göttingen. 1963.

Fenton, E. (Hrsg.): Holt Social Studies Curriculum. New York 1968.

Fischer, Gerhard H.: Thesen zu einer Didaktik des Bildungsganges: Schulformen oder Bildungsstufen, Schulfächer oder Bildungsbereiche. In: Rundgespräch (1967).

Flechtheim, O. K.: History and Futurologie. Meisenheim 1966.

Fletscher, T. J.: Exemplarische Übungen zur modernen Mathematik. Auswahl und Durchblick für die höhere Schule. Freiburg 1967.

Frank, Helmar: Kybernetische Grundlagen der Pädagogik. 2 Bde., 2. Aufl. Baden-Baden 1969.

Fraser, Dorothy M.: Current curriculum studies in academic subjects. Washington: National Education Association. 1962.

French, W. M.: Will and others: Behavioral goals of general education in high school. New York 1957.

Frey, Karl: Der Lehrplan der Real-, Sekundar- und Bezirksschulen. Weinheim 1968.

Frey, Karl: Lehrplananalyse als Teil der Curriculum-Forschung. In: Internationale Zeitschrift für Erziehungswissenschaft. Col. XV/1969/Nr. 1, hrgs. v. UNESCO-Institut für Pädagogik.

Frey, Karl (u. Mitarbeiter): Die Lehrerbildung in der Schweiz. Bericht — Bd. 1, der „Strukturanalyse der Volksschulbildung". Weinheim 1969.

Frey, Karl (u. Mitarbeiter): Der Ausbildungsgang der Lehrer. Eine Modellanalyse des Unterrichts in den 52 Lehrerbildungsanstalten zum Zwecke der Curriculumreform. Bericht Bd. 2, der „Strukturanalyse der Volksschullehrerbildung". Weinheim 1969.

Friedeburg, Ludwig v. (Hrsg.): Jugend in der modernen Welt. Köln 1969.

Frommberger-Rolff: Pädagogisches Planspiel Gesamtschule. Berichte, Analysen und Empfehlungen zur Errichtung von Gesamtschulen. Braunschweig 1968.

Führ, Christoph (Hrsg.): Zur Bildungsreform in der Bundesrepublik Deutschland. Weinheim 1969.

Fürstenau, Peter: Neuere Entwicklung der Bürokratieforschung und das Schulwesen. Paul Heimann zum Gedächtnis, in: Neue Sammlung 1967, Bd. 7, H. 6, S. 511—525.

Fürstenberg, Friedrich: Normenkonflikt beim Eintritt in das Berufsleben. In: Schule und Beruf als Sozialisationsfaktoren 1966. S. 190—204.

Funkkolleg: Erziehung, Studienbegleitbrief 1—8. Weinheim 1969.

Gagne, R. M. and Bolles, R. C.: A review of factors in learning efficiency. In: Callanter, E. (ed.). Automatic teaching. The state of the art. New York 1959.

Gattegno, Caleb u. a. (Hrsg.): Zur Didaktik des Mathematikunterrichts. Bd. 1, Neue Ansätze. Hannover 1969.

G. E. W. Hessen: Die integrierende und differenzierende Gesamtschule.

G. E. W. Nordrhein-Westfalen: Die Gesamtschule. Grundprobleme und pädagogische Verwirklichung.

Goldschmidt, D.: Bildungsplanung und Bildungsforschung, in: Institut für Bildungsforschung in der Max-Planck-Gesellschaft (Hrsg.): Internationales Seminar über Bildungsplanung. Referate und Diskussionen (hektographiertes Manuskript), Berlin 1967.

Goodlad, J. I.: School Curriculum Reform in the United States. New York 1964.

Grimm, S.: Die Bildungsabstinenz der Arbeiter, München 1966.

Grobmann, Hulda: Evaluation Activities of Curriculum Projects. Chicago 1969.

Groß, E.: Erziehung im Dienst des Establishment. Bemerkungen zum Gesellschaftsbild unserer Lehrpläne (Manuskript), Gießen 1967.

Habermas, Jürgen: Technik und Wissenschaft als „Ideologie". Frankfurt 1968.

Halsey, A. H.: Konferenzbericht, in: Begabung und Bildungschancen, eine Veröffentlichung der OECD. Deutsch hrsg. und eingel. von Hans Peter Widmaier, Frankfurt/M. 1967.

Heitger, M.: Bildung und moderne Gesellschaft. München 1963.

Hentig, Hartmut v.: „Gedanken zur Neugestaltung der gymnasialen Oberstufe" (in: Neue Sammlung, 3. Sonderheft 1966).

Hentig, Harmut v.: Thesen zur Inneren Schulreform. In: „Die Höhere Schule". 19 (1966) 1, S. 7—11.

Hentig, Hartmut v.: Systemzwang und Selbstbestimmung. Über die Bedingungen der Gesamtschule in der Industriegesellschaft. Stuttgart 1969.

Heyden. Guenter (Hrsg.): Gesellschaftsprognostik. Berlin (DDR) 1968.

Heydorn, H.-J. (Hrsg.): Zum Bildungsbegriff der Gegenwart. Frankfurt 1968 (Reihe: „Kritische Beiträge zur Bildungstheorie").

Hüfner, K. u. Naumann, J.: Möglichkeiten und Grenzen der Ansätze zur Bildungsplanung in der BRD, Arbeitspapier für das Internat. Seminar über Bildungsplanung in Berlin v. 19.—28. Okt. 1966 (hektografiertes Manuskript), Berlin 1966.

Huhse, Klaus: Theorie und Praxis der Curriculum-Entwicklung. Ein Bericht über Wege der Curriculum-Reform in den USA mit Ausblicken auf Schweden und England. Inst. f. Bildungsforschung i. d. Max-Planck-Gesellschaft, Studien und Berichte Bd. 13, Berlin 1968.

Husén, Torsten/Boalt, Gunnar: Bildungsforschung und Schulreform in Schweden. Stuttgart 1968.

Ingenkamp, Karlheinz/Marsolek, Theresia (Hrsg.): Möglichkeiten und Grenzen der Testanwendung in der Schule. Veröffentlichungen des pädagog. Zentrums, Reihe C, Bd. 15. Weinheim 1968.

Institut für Bildungsforschung i. d. Max-Planck-Gesellschaft (Hrsg.): Internationales Seminar über Bildungsplanung. Referate und Diskussionen (hektographiertes Manuskript), Berlin 1967.

Jensen, G. E.: Methodology and criteria for the validation of educational aims. Doctors dissertation Univ. of Illinois (unpublished) 1948.

Johnson, M.: Definitions and Models in Curriculum-Theory: In: Educational Theory, Vol. 17, 1967, S. 130.

Jungk, Robert/Mundt, Hans-Josef: Modelle für eine neue Welt, Bd. 1—7, München 1963—1968.

Jungk, Robert: Menschen im Jahr 2000. Eine Übersicht über mögliche Zukünfte. Frankfurt 1969.

Jungmann, E.: Bildungspläne für unsere Zeit. Gedanken zur kommenden Bildungsplanarbeit in Hessen. In: Ganzheitliche Bildung. 18 (1967) 8, S. 282—288.

Kahn, Hermann/Wiener, Anthony: Ihr werdet es erleben. Wien 1968. Voraussage der Wissenschaft bis zum Jahre 2000.

Klafki/Schulz/Kaufmann: Arbeitslehre in der Gesamtschule, Weinheim 1968.

Keilhacker, M.: Pädagogische Grundprobleme in der gegenwärtigen industriellen Gesellschaft. Stuttgart 1964.

Keilhacker, M.: Erziehung und Bildung in der Industriegesellschaft. Stuttgart 1967 (Urban Bücher 94).

Klingberg, Lothar/Paul, Hans-Georg/Wenge, Horst/Winke, Günther: Abriß der allgemeinen Didaktik. Berlin (DDR) 1968.

Knab, Doris: Möglichkeiten und Grenzen eines Beitrags der Curriculumforschung zur Entwicklung der Bildungspläne. In: Grundfragen der Revision der hessischen Bildungspläne. Kassel 1967.

Knab, Doris.: Curriculum-Forschung und Lehrplanreform. In: Neue Sammlung 9 (1969), S. 169 ff.

Knoche, Werner: Jungen, Mädchen, Lehrer und Schulen im Zensurenvergleich. Deutsches Institut für Internationale Pädagogische Forschung. Untersuchungen zum in- und ausländischen Schulwesen, Bd. 4, Weinheim 1969.

Kramp, Wolfgang: Fachwissenschaft und Menschenbildung. Zeitschrift für Pädagogik. 9. Jg., 1963, Weinheim, S. 148 ff.

Krathwohl, David, R.: The Taxonomy of Educational Objectives — its Use in Curriculum Building. In: C. M. Lindvall (Ed.) Defining Educational Objectives, Pittsburgh 1964.

Krathwohl, David, R./Bloom, Benjamin S./Masia, P. B.: Taxonomy of educational objectives. The Classification of Educational Goals. (Handbook II, Affective Domain.) New York 1964.

Krockow, Ch. Graf v.: Bildungssystem und Bildungsidee in der Industriegesellschaft. In: Gesellschaft — Staat — Erziehung. 12 (1967) 6, S. 351—363.

Kube, F./Frank, H./Haseloff, O. W. u. a.: Bildungsfragen im Zeitalter der Automation. (Funktion und Modell. 2.), Weinheim 1965, 112 S.

Lehmann, I. J./Dressel, P. L.: Critical Thinking, Attitudes and Values in Higher Education. Final Report of Cooperative Research Project Nr. 590. Michigan State University (hektographiertes Manuskript) East Lansing 1962.

Lenné, Helge: Analyse der Mathematikdidaktik in Deutschland. Walter Jung (Hrsg.) in Verbindung mit der Arbeitsgruppe f. Curriculumstudien. Stuttgart 1969.

Lewin, K.: Group Dynamics and Social Change, in: Etzioni, A. u. Etzioni, E. (Hrsg.) Social Change, New York/London 1964.

Lohmar, U. (Hrsg.): Deutschland 1975. München 1965.

Mager, Robert F.: Lernziele und programmierter Unterricht. Weinheim 1965.

Mager, Robert F./McCann, J.: Learner. Controlled instruction. Palo Alto, Calif. Varian Associates. 1961.

Miles, M. B. u. a.: Innovation in Education. New York 1961.

Mitscherlich, A.: Auf dem Weg zur vaterlosen Gesellschaft. Ideen zur Sozialpsychologie. München 1963.

Möller, Christine: Wie erwirbt man effektvolle Lerngewohnheiten. Welt der Schule. 17; 1964.

Möller, Christine: Planung, Organisation und Kontrolle im affektiven Lernbereich. Schule und Psychologie, 11; 1965.

Möller, Christine: Zur Methodik der Lehrplan-Aufstellung. Bildung und Erziehung. 19; 1966.

Möller, Christine u. Möller, Bernhard: Zu einer Theorie der Lehrplanung. Welt der Schule, 18; 1965.

Möller, Bernhard: Forcierung der Lehrplanforschung als Aufgabe der gegenwärtigen Schulpädagogik. Österr. Päd. Warte, 51; 1963.

Möller, Bernhard: Analytische Unterrichtsmodelle. Ergebnisse und Probleme der wissenschaftlichen Lernorganisation. München/Basel.

Möller, Christine u. Möller, Bernhard: Perspektiven der didaktischen Forschung. München/Basel 1966.

Möller, Christine: Technik der Lernplanung. Methoden und Probleme der Lernzielerstellung. Beltz-Studienbuch. Weinheim 1969.

Möller, Bernhard: Zum Problem der Lernkontrolle beim Übergang vom traditionellen zum programmierten Unterricht. Neue Wege. 16; 1965.

Mollenhauer, K.: Pädagogik und Rationalität, in: Deutsche Schule 1964. Bd 56, H. 12, S. 665—676.

Marcuse, Herbert: Der eindimensionale Mensch. Studien zur Ideologie der fortgeschrittenen Industriegesellschaft, Neuwied/Berlin 1967.

Mommsen, E. W. u. a.: Die Schule in der industriellen Gesellschaft. Ergebnisse einer Arbeitstagung. Bad Homburg 1958, 60 S. (Wirtschaft und Schule 1).

OECD: Curriculum Improvement and Educational Development. Educational Testing Services, Princeton 1968.

OECD (Hrsg.): Bericht über Lehrplanreform und Entwicklung des Bildungswesens — Übersetzung des OECD-Dokuments STP (66) 15, Scale 2 vom 16. 9. 1966, hrsg. vom Sekretariat der Ständigen Konferenz der Kultusminister, Bonn o. J.

OECD (Hrsg.): Organisational Problems in Planning Educational Development, OECD, Paris 1966.

OECD (Hrsg.): Wirtschaftswachstum und Bildungsaufwand. Deutsche Bearbeitung von Ernst Gemacher. Bericht über die OECD-Konferenz, Wien u. a. 1966.

OECD (Hrsg.): Educational Policy and Planning in Sweden. A Report from Sweden to the OECD, EJP (hektographiertes Manuskript) Paris 1966.

Ojemann, R. H.: Changing attitudes in the classroom. Children III: 130—134. 1956.

Pädagogisches Zentrum: Unterricht an Gesamtschulen. Bericht der Planungsgruppe am Pädagogischen Zentrum, spezieller Teil VII, Arbeitslehre, Mai 1968

Pfaff, G.: Schulleistung, Berufseignung und Bewährung, Bern 1966.

Piaget, Jean/Szeminska, Alina: Die Entwicklung des Zahlbegriffs beim Kinde. Stuttgart, 1969, 2. Aufl.

Picht, Georg: Mut zur Utopie. Die große Zukunftsaufgabe. München 1969.

Picht, Georg: Begriff und Aufgaben der Bildungsplanung, in: Picht, G.: Verantwortung des Geistes. Olten/Freiburg 1965.

Picht, Georg: Prognose, Utopie, Planung. Die Situation des Menschen in der Zukunft der technischen Welt. Stuttgart 1967.

Plessner, H.: Soziale Rolle und menschliche Natur in: „Erkenntnis und Verantwortung" (Hrsg.: Derbolav) Berlin 1967.

Pollock, Friedrich: Automation, Frankfurt/M., 2. Aufl. 1965.

Pólya, Georg: Schule des Denkens. Vom Lösen mathematischer Probleme. Bern 1949.

Pólya, Georg: Vom Lösen mathematischer Aufgaben. Einsicht und Entdeckung, Lernen und Lehren, 2 Bde., Stuttgart 1966, 1967.

Pólya, Georg: Mathematisches und plausibles Schließen. Typen und Strukturen plausibler Folgerung. 2 Bde., Stuttgart 1962/63.

PSSC-Programm: Teachers Guide. New York.

Prowasznik, Franz: Die Bildungswerte des Mathematikunterrichts, Wien 1962.

Rahmel, Ruth: Über mögliche Organisationsformen von Gesamtschulen. Bildung und Politik, Heft 11—12, 1967.

Raschert, J.: Langfristige Aufgaben der Bildungspolitik. Bildungsinhalte der Industriegesellschaft. In: Die Neue Gesellschaft, Jg. 12, 1968, S. 47—55.

Reform von Bildungsplänen. Grundlagen — Möglichkeiten. Sonderheft 5 zu „Rundgespräch" (hrsg. v. Hess. Lehrerfortbildungswerk). Frankfurt 1969.

„Report of the Nuffield — Foundation", O-Level, A-Level. Teachers Guide (Biology Texts 4 Bde.)

Revuz, André: Moderne Mathematik im Schulunterricht. Freiburg 1965.

Robinson, S. B.: Konzept einer Lehrplan-Reform. In: betrifft: erziehung. (1968) 6. 11.—13.

Robinson, Saul B.: Bildungsreform als Revision des Curriculum. Aktuelle Pädagogik. Neuwied 1967.

Robinson, Saul B.; Thomas, H.: Differenzierung im Sekundarschulwesen, Gutachten und Studien der Bildungskommission, Stuttgart 1968.

Röhrl, E. (Hrsg.): Der Mathematikunterricht. Beiträge zu seiner wissenschaftlichen und methodischen Gestaltung.

Röhrs, H. (Hrsg.): Der Bildungsauftrag des Gymnasiums. 406 S. Frankfurt 1968.

Röser, E.: Das sozialpädagogische Grundaxiom der Bildung. Ein Beitrag zur inneren Schulreform. In: Pädagogische Rundschau. 21 (1967) 10, S. 774—786.

Rolff, H. G.: „Arbeitslehre" in der Gesamtschule, in Frommberger-Rolff: Pädagogisches Planspiel Gesamtschule, a.a.O.

Rolff, Hans G.: Bildungsplanung als rollende Reform. Eine soziolog. Analyse der Zwecke, Mittel und Durchführungsformen einer reformbezogenen Planung des Bildungswesens. Frankfurt 1970.

Roth, Heinrich (Hrsg.): Begabung und Lernen. Gutachten und Studien der Bildungskommission, Bd. 4, Stuttgart 1969.

Roth, H.: Stimmen die deutschen Lehrpläne noch? Oder: Die kommende Revolution der Inhalte, in: Deutsche Schule 1968, Bd. 60, H. 2, S. 69—76.

Sander, T./Rolff, Hans G./Winkler, G.: Die Demokratische Leistungsschule. Zur Begründung und Beschreibung der differenzierten Gesamtschule, Hannover u. a. 1967.

Schlemmer, J. (Hrsg.): Bildung — die Grundlage unserer Zukunft. München 1968.

Schlemmer, J. (Hrsg.): Die Wissenschaft und die Zukunft des Menschen. München 1965.

Schröder, Heinz: Der Mathematik-Unterricht im Gymnasium. Hannover 1966.

Schultze, Walter: Die Erziehungsaufgabe der Schule in den Lehr- und Bildungsplänen und das Problem der Planbarkeit von Erziehung. In: Handbuch für Lehrer Bd. 3 (Hrsg. v. W. Horney, W. Schultze) Gütersloh 1963.

Schwartze, Heinz: Grundriß des mathematischen Unterrichts. 3. Aufl. Bochum (Kamps Pädagog. Taschenbücher Bd. 30/31).

Seidelmann, Karl/Lorenz, Gerd Ekkehard: Überfachliche Bildungsbereiche im gymnasialen Unterricht. Neuwied 1966.

Seidenfaden, Fritz: Der Vergleich in der Pädagogik. Braunschweig 1966. Westermann Taschenbuch.

Smith, B. O./Stanley, W. O./Shores, J. H.: Fundamentals of Curriculum development, New York 1957. (2. Aufl.)

Speck, Josef (Hrsg.): Probleme der Curriculum-Forschung. Bericht über den 5. Kongreß des Dt. Instituts für wissenschaftl. Pädagogik, Münster 1969.

Steinbuch, Karl: Die informierte Gesellschaft, Stuttgart 1967.

Steinbuch, Karl: Falsch programmiert, Stuttgart 1968 dtv.

Strunz, Kurt: Der neue Mathematikunterricht in pädagogisch-psychologischer Sicht, 5. Aufl. Heidelberg 1968.

Taba, H.: Curriculum Development, New. York 1956.

Thomas, Murray / Sands, Lester B. / Brubaker, Dale L.: Strategies for Curriculum Change: Cases from 13 Nations. International Textbook Company Soranton, Pensylvania 1968.

Thyen, Hermann / Müller, Walter: Rechentüchtigkeit und mathematische Bildung. Vergleichende Untersuchungen von Rechenbüchern für das 5. bis 8. Schuljahr der Haupt-, Realschulen und Gymnasien. In: Max Traeger Stiftung — Forschungsberichte Bd. 5, Darmstadt o. J. (1967).

Töpfer, H. u. a. (Hrsg.): Praxis der Mathematik, Monatsschrift der einen und angewandten Mathematik im Unterricht. Köln.

Topitsch, E.: Zeitgenössische Bildungspläne in sprachkritischer Betrachtung in: Haseloff, O. W. und Stachowiak, H. (Hrsg.): Schule und Erziehung, Ihre Probleme und Ihr Auftrag in der industriellen Gesellschaft. Berlin 1960.

„New Trends in Biology — Teaching", Frankfurt.

„New Trends in Chemistry — Teaching", Frankfurt.

Tyler, R. W.: Basic principles of curriculum and instruction. Chicago 1950.

UNESCO: Empfehlungen und Richtlinien zur Modernisierung des Mathematikunterrichts an den allgemeinbildenden Schulen.

UNESCO (Hrsg.).: Perspektiven der Bildungsplanung. Bildung im Blickfeld von Wirtschaft und Gesellschaft. Deutsch herausgegeben und eingeleitet von Hasso von Recum, Frankfurt 1967.

Vogt, H.: Sozialistische und industriegesellschaftliche Bildung und Erziehung in der DDR, Stuttgart 1969.

Vogt, Hartmut: Bildungsprobleme der Industriegesellschaft in West und Ost. Braunschweig 1967.

Volkskammer der DDR: Materialien der 9. Tagung der Volkskammer am 10. und 11. 6. 1968 in Berlin. Ergebnisse der Einführung neuer Lehrpläne und Lehrmethoden an den zehnklassigen allgemeinbildenden polytechnischen Oberschulen.

Weizsäcker, C. F. v.: Gedanken über unsere Zukunft. Göttingen 1967.

Weniger, Erich: Die Theorie der Bildungsinhalte und des Lehrplans. 6. bis 8. Aufl. Weinheim 1965 (Didaktik der Bildungslehre Teil 1).

Widmaier, H. P.: Bildungsplanung. Ansätze zu einer rationalen Bildungspolitik. In Zusammenarbeit mit Klaus Bahr. Stuttgart 1966.

Widmaier, H. P.: Einige Ansätze zur Planung des Bildungswesens, in: Institut für Bildungsforschung in der Max-Planck-Gesellschaft (Hrsg.): Internationales Seminar über Bildungsplanung, Referate und Diskussionen (hektographiertes Manuskript), Berlin 1967.

Wilhelm, Th. (Hrsg.): Die Herausforderung der Schule durch die Wissenschaften. Beiträge zur Lehrplangestaltung. Festgabe für Fritz Blättner zum 75. Geburtstag. Weinheim 1966.

Zimmer, J.: Curriculum-Forschung: Chance zur Demokratisierung von Lehrplänen. In: Didactica, Jg. 1969, H. 1.

Beiträge zur Bildungsforschung/Bildungspolitik

Perspektiven der Bildungsplanung
Bildung im Blickfeld von Wirtschaft und Gesellschaft. Eine Veröffentlichung der UNESCO. Deutsch hrsg. und eingeleitet von H. von Recum. IV, 159 S., 6 Tabellen. (7911)

Begabung und Bildungschancen
Eine Veröffentlichung der OECD. Deutsch hrsg. und eingeleitet von H. P. Widmaier. Mit einem Anhang »Begabungsbestand und Bildungsbereitschaft« von K. Aurin. VI, 240 S., 9 Abb., zahlr. Tabellen (7912)

IEA — Leistungsmessung in der Schule
Eine internationale Untersuchung am Beispiel des Mathematikunterrichts. Hrsg. von T. N. Postlethwaite, mit einem Vorwort von T. Husén. VI, 142 S., 9 Abb., zahlr. Tabellen. (7913)

Weltproblem Chancengleichheit
Bildungsplanung als Gesellschaftspolitik. (Eine Veröffentlichung der OECD.) Deutsch hrsg. und eingel. von H. Thomas. 184 S., 3 Abb. und zahlr. Tabellen. (7915)

Übergangsauslese und Leistungsdifferenzierung
Eine Untersuchung am Beispiel der Grammar und Comprehensive Schools in England. Von D. Hopf. 133 S. (7916)

Politik, Wissenschaft, Erziehung
Festschrift für Ernst Schütte (zum 65. Geburtstag) mit Beiträgen von Th. W. Adorno, H. Becker, C.-H. Evers u. a. VI, 218 S., 1 Tafel. (1748)

Bildungsplanung und Raumordnung
Studien zur Standortplanung von Bildungseinrichtungen und zu räumlichen Aspekten des Bildungsverhaltens in Hessen. Von R. Geipel. VIII, 198 S., 38 Abb., 13 farbige Faltkarten als Beilage. (7429)

Sozialräumliche Strukturen des Bildungswesens
Studien zur Bildungsökonomie und zur Frage der gymnasialen Standorte in Hessen. Von R. Geipel. VI, 218 S., 20 Farbtafeln, 49 Abb. i. Text, 12 farbige Faltkarten als Beilage. (7426)

Diesterweg